司法部科研项目
(2000年)

外部性损害与国家补偿法律制度研究

黄河 李永宁 申米玲 ○ 著

WAIBUXING SUNHAI YU GUOJIA BUCHANG
FALÜ ZHIDU YANJIU

陕西新华出版传媒集团
陕西人民出版社

图书在版编目（CIP）数据

外部性损害与国家补偿法律制度研究／黄河，李永宁，申米玲著． —西安：陕西人民出版社，2020.8
ISBN 978－7－224－13751－4

Ⅰ.①外… Ⅱ.①黄… ②李… ③申… Ⅲ.①农业—国家赔偿法—制度—研究—中国 ②环境—国家赔偿法—制度—研究—中国 Ⅳ.①D922.114

中国版本图书馆 CIP 数据核字（2020）第 166227 号

责任编辑：陶　书
封面设计：蒲梦雅

外部性损害与国家补偿法律制度研究

作　　者	黄　河　李永宁　申米玲
出版发行	陕西新华出版传媒集团　陕西人民出版社
	（西安北大街 147 号　邮编：710003）
印　　刷	西安牵井印务有限公司
开　　本	787mm×1092mm　16 开
印　　张	16.25
字　　数	230 千字
版　　次	2020 年 8 月第 1 版
印　　次	2020 年 8 月第 1 次印刷
书　　号	ISBN 978－7－224－13751－4
定　　价	56.00 元

前言

《外部性损害与国家补偿法律制度研究》一书，是司法部 2000 年立项的《外部性损害与国家补偿法律制度研究——兼论西部开发的法律对策》研究课题的成果。本课题是我国研究经济外部性与国家补偿法律制度问题最早的一个科研项目，课题成果也是中国法学界研究该问题较早的成果之一。早在 1999 年 6 月，时任中共中央总书记江泽民同志发出西部大开发的号召时，我们就开始尝试运用经济学的外部性理论研究西部开发的法律问题。2000 年我作为项目主持人与西北政法学院的李永宁、申米玲等老师共同申报了《外部性损害与国家补偿法律制度研究——兼论西部开发的法律对策》的司法部课题。该课题立项后，我组织力量开始研究，除课题组成员外，西北政法大学 2004 界经济法硕士研究生王莹莹、马运全、王伶俐、任颖、刘元华也参与了这项工作。课题组成员先后在《中国法学》（西部大开发与送法下乡专刊 2000 年）、《经济法论坛》（2003 年）、《法律科学》（2004 年）等学术期刊上发表了《外部性损害与国家补偿制度研究》、《西部生态农业的外部性损害与国家补偿法律制度片论》等论文。研究成果初步形成后，在进入审定、专家评审阶段时，组织对我的工作进行了调整，从西北政法学院调整到陕西省高级人民法院任职。工作变动，不仅使该课题的评审、验收结项工作推迟了，而且我主持的国家社会科学基金项目《修改与完善农业法若干问题研究》、中国法学会部级研究课题《承包经营权流转法制保障研究》以及我参加的国家社会科学基金项目《生态保护与利益补偿法律机制问题研究》等课题的完成都受到影响。直到 2007 年该课题才结项。随后几年，其他课题成果也先后通过了评审。除我主持的中国法学会研究课题成果于2007年正式出版——《农业法视野中的土地经营权流转法制保障研究》外，其他课题成果未正式出版。

本课题成果为什么一直没有出版？一是新工作岗位需要我全身心投入到新业务之中，没有多少精力考虑出版的事情。2004年我从西北政法学院调到陕西省高级人民法院工作，任副院长。先后分管立案信访、法官培训、民商事及知识产权审判等工作。我从政法学院的一名教师转任为一名法官，从经济法系的主任转任省法院的领导，深感重任在肩，不敢懈怠，适应性的工作岗位需要一个过程，需要投入大量精力熟悉司法实践，需要不断积累审判经验。责任和压力都很大。就当时分管的涉诉信访这一项工作而言，我就花费了很多时间去处理这类案件。当时的涉诉信访工作，基本上是法院一家"独奏"，并非像现在中央和地方各级党委、人大和政府都高度重视信访工作，形成了一盘棋工作格局，各部门相互"协奏"。在"信访不信法"的错误认识下，涉诉信访量比较大，做信访人的思想工作难度也很大。这就需要反复给当事人释法说理，引导其依法维权。2007年底，我不再分管涉诉信访工作，但法院的案件数量随着社会经济发展每年以几万件递增，法官和法院领导的工作负担都很重，我几乎无暇顾及本职工作以外的科研工作。2017年10月，我任法院副院长已经有十四个年头，同期也兼任了政协西安市第十一、十二、十三届委员会副主席职务，在同一职位同一职级已超过了十年的任职时间，按照领导干部任职年限的相关规定，组织调整我到省检察院工作，任副检察长，分管民事行政检察监督、公益诉讼和法律政策理论研究等工作。新的工作岗位需要我熟悉相关业务。我请院里的同志帮我找一些检察理论方面的书籍，以便我学习理解、逐渐掌握检察工作规律及检察权运行规律，但这方面的著作和论文相对较少，这个时候，我才真正感受到我国法学界理论研究的重点不同问题：研究实体法理论和实践问题的学者较多，研究程序法理论和实践问题学者相对较少；实体法研究的成果颇丰，程序法研究的成果较少。在程序法研究方面，研究审判程序的学者较多，成果不少，而研究检察工作实践与理论的学者较少，成果相对少一些。到检察院工作一段时间后，我进一步认识到，这种情况也与我国检察工作的性质和长期以来形成的工作习惯有关。与审判工作相比，检察工作审慎、保守，甚至略显"神秘"。外界对检察职能了解不全面，对检察工作范围知晓率不高。就民事检察监督工作而言，相当一部分法律工作者只知道民事检察监督就是对生效裁判的监督，对执行工作监督、审判人员违法违纪行为监督，知之甚少。所以，到检察院工作一段时间后，我想通过检校合作等方式提高检察工作的开放性，增强社会对检察工作的了解，助推学界对检察理论的研究。同时，我刚刚担任副检察长不久，我国监察体制开始改革，国家监察委员会成立，检察机关自侦部门（反贪污贿赂局、反渎职侵权局等）转隶，检察职能发生重大变化；公益诉讼工作全面推开；检察机关开始内设机构改革，最高人民检察院提出刑事、民事、行政、公益诉讼"四大检察"、"十大业务"全面协调充分发展的工作部署和思路。作为分管公益诉讼和民事行政检察工作的院领导，一方面要推进公益诉讼这一全新的检察业务。检察机关提起公益诉讼只有试点期间的一些原则性规定，立法还待进一步完善。办案过程中经常遇到一些新问题，我和公益诉讼部门的同志边办案边总结，边实践边积累，努力用实践丰富理论研究，推动立法。另一方面要将检察机关长期的工作短板——民事行政检察监督工作不断补强。检察机关长期重刑轻民，民事检察工作是检察院业务工作的弱项，这项工作与法院的民商事审判相比而言在司法理念、工作机制、队伍专业化程度等方面都有较大差距。我利用在法院分管民商事审判的工作经验，与民事检察部门的同志共同研究如何全力推进民事检察工作，采取了一些工作举措，如依法理顺检察官独立办案与内部监督的关系、成立办案团队提高案件质量、组织部分检察官到省法院相关业务庭进行工作交流、研究民事案件抗诉标准等。经过努力，我省的民事检察工作有了新进展，多项业务核心指标还是比较靠前的，一个案例入选全国检察机关第十四批指导性案例。新岗位新业务，使我没有精力考虑课题成果的出版问题。二是课题成果还需要进一步修改和完善。课题成果虽然通过验收、结项，但专家评审时，提出了一些有见地的修改意见和建议，如课题的基础材料比较充实翔实，用的笔墨较多，国家补偿法律制度的构建还需要进一步的完善。为此，我曾在工作之余，查阅了相关资料，国内法学界出版了一些国家补偿法律制度方面的专著，也发表了一些论文，我拜读后，认为他们研究问题的理论支撑点和研究路径与我们不同，这些研究成果主要是以土地征收、征用等合法行政行为引起的国家补偿，不是以经济正外部性的存在及克服为基础来构建国家补偿法律制度的，因此，可供借鉴参考的资料有限。这也是没有出版的一个原因。三是出版经费也是一个重要因素。因课题经费有限，出版费用一直没有着落。2019年西北政法大学陆续资助出版了一批科研成果。我主持的这一课题，是我在校任教期间申报并基本完成的。承蒙西北政法大学环境法学科项目的推介，方有了出版的希望。大约在2020年元月初，李永宁教授给我说，课题成果的出版问题基本落实，让我再审一下。当时我很难为情，但又非常欣慰。难为情之处在于，作为课题主持人，因自己的原因拖延了出版工作；欣慰之处在于，大家共同努力，课题成果终于能与读者见面了。我给李永宁教授说，因我参加省政协会，在省上"两会"后，我抽时间完成整理修改任务。今年春节较往年早，省"两会"后，再有4天就要过春节了。2020年春节前后，我国荆楚大地暴发了罕见的新冠肺炎疫情。武汉封城。全国各地大约有4万多医务工作者逆行而上，奔赴疫区与湖北人民共同抗疫。面对大疫，各级人民政府按照中央的要求果断采取有效措施，群防群控，要求在春节放假期间居家防疫，不能走亲访友，不能聚集，尽可能不在外走动，并延长了假期。我利用这一段时间重新审读并整理了十几年前的课题成果。

从2000年课题立项算起已过了二十年，从2007年课题结项至今也过了十三年。这期间，学术理论风起云涌，后浪推前浪，这项早期的研究成果，当今的学术理论价值在哪里？作为课题主持人，我认为，本课题研究成果中提出的一些解决问题的法律对策，我国在21世纪初陆续出台的相关政策或法律法规中有所体现，如农业补贴、农业税减免、第十个五年计划增加对西部地区财政转移支付和建设投入资金、中央财政加大对中西部高等教育财政倾斜政策、新修改的《环境保护法》增加了生态保护补偿制度等等。但是，我国法学理论界对因正外部性引起的国家补偿制度研究得还不够深入，研究成果还不多，支撑相关立法的理论基础还不厚实。所以，该研究成果的理论与学术价值仍然存在。主要表现在以下几个方面：一、它是我国比较早的以外部性理论为基础，并把外部性理论的"私人领域"（个人、企业）扩展到"区域范围"（国家与地区之间、地区与地区之间）的研究成果。课题组经过大量实证分析和理论研究，得出西部地区落后的根源之一就是外部性中的正外部性导致的地区产权损害引起的结论，而这些问题依靠市场或区域间协商是解决不了的，应该从国家政策或法律层面着力平衡区域之间利益关系，以克服资源配置中的市场失灵，让西部区域性利益得到补偿。二、它是我国比较早的研究国家补偿法律制度这个重要问题的理论成果。我们在国家提出西部大开发的背景下，通过对西部地区资源环境与社会发展等方面外部性问题的分析，得出西部地区投资与利益失衡问题非常严重，且受益主体存在模糊性和不确定性等结论。而这些问题依靠现有的法律制度是解决不了的，必须构建一种新的法律制度，即国家补偿法律制度。三、它是我国比较早的明确国家补偿法律制度属性的研究成果。我们认为国家补偿法律制度应当属于经济法学理论体系中的宏观调控法律制度的内容，它解决的是区域社会经济发展不平衡、不协调及利益失衡等问题。而这个不平衡、不协调的经济关系民商法是调整不了的。因此，我在本世纪初修订中国政法大学出版社、中国人民大学出版社分别出版的《经济法学》、《经济法》教材时，专门增加了"区域经济协调法律制度"一章。这可能是我国各种版本的《经济法》教材最早安排这一部分内容的。至于生态补偿法律制度的归属问题，我和李永宁教授认为应属于环境法学的内容之一。我国现有的环境法学的著作或教材的理论体系，大多数是以负外部性理论为其经济学基础，而缺少以正外部性理论为基础构建相应的法律制度，如天然林保护、生态林建设、自然保护区、湿地保护、退耕还林还草等生态环境建设方面的法律制度。四、经济正外部性与国家补偿法律制度构建这一理论问题亟待进一步深入研究。从1998年《森林法》修改提出"森林生态效益补偿"制度、国家环保局2007年发布生态补偿试点指导意见、2014年我国新修订的《环境保护法》增加了生态保护补偿制度的内容，20多年来，生态补偿已经陆续在相关法律和政策中有了体现。但一部《国家补偿法》的出台，仍在"千呼万唤"之中。这足以反映出法学理论界和立法机关对因正外部性引起的国家补偿问题的认识还存在很大争议，本书的观点仍然具有重要的现实意义。

在此需要特别说明的是，为了保持学术观点的原始性，本书出版时，未作大的修改，包括专家评审时提出的一些问题，如西部农业客观资料篇幅过大，部分论述前后有些重复，有的观点还需要进一步深入论证等。为了保持数年前研究成果的原汁原味，我仅对一些语言表达作了修改。相信课题成果，对某些读者或者读者的某些认识有垫脚石的作用，哪怕成为有些学者批评的对象。基于这种认识，我们将研究成果奉献给读者，奉献给奔流不息的学术研究洪流，奉献给我们所处的催人奋进的伟大时代。

课题主持人：黄河
2020年3月26日

目 录

MULU

绪 言

外部性损害与国家补偿制度研究——西部开发的法律对策　　1

第 1 章　外部性基本理论　　23

1.1 外部性的含义与类型　　23
　　1.1.1 外部性的含义　　23
　　1.1.2 外部性的类型　　27

1.2 克服外部性的一般对策　　28
　　1.2.1 政府干预　　28
　　1.2.2 市场调节　　37

1.3 外部性理论的发展演变　　38
　　1.3.1 外部性概念的提出　　39
　　1.3.2 外部性理论的演进与发展　　42
　　1.3.3 外部性理论的基本形成　　43
　　1.3.4 道德的约束　　44

1.4 外部性理论的意义　　45
　　1.4.1 外部性理论与私人决策、公共决策　　45
　　1.4.2 外部性理论与立法、司法　　47
　　1.4.3 外部性理论与市场经济　　53

1.5 外部性理论的意义　　55
　　1.5.1 外部性理论与私人决策、公共决策　　55
　　1.5.2 外部性理论与立法、司法　　56
　　1.5.3 外部性理论与市场经济　　56
　　1.5.4 外部性理论与国民经济的健康发展　　56
　　1.5.5 外部性理论与经济学、法学的发展　　57

第 2 章　西部农业的外部性损害与产权保护　　58

2.1 我国西部农业的现状与问题　　58

2.1.1 关于农业的含义 ... 58
2.1.2 西部农业的特征 ... 63
2.1.3 我国西部地区农业的生态问题 ... 64
2.2 西部农业的外部性及其产权损害 ... 67
2.2.1 西部农业的外部性表现及其原因 ... 68
2.2.2 外部经济性对西部农业的产权损害 ... 79
2.2.3 产权损害引发的的一些消极后果 ... 86
2.3 西部农业外部性补偿的价值选择：生态价值还是经济价值 ... 91
2.3.1 案例一："我种的树为啥不能砍" ... 92
2.3.2 案例二：守着"绿色银行"取不出钱来 ... 93
2.3.3 几点启示 ... 94
2.4 解决西部农业生态问题的最终方案：建立国家补偿法律制度 ... 97
2.4.1 国家补偿解决生态问题的优点辨析 ... 98

第3章 西部资源性行业的外部性及其克服 ... 100

3.1 西部地区能源和矿产资源禀赋概况 ... 101
3.1.1 西部地区能源和矿产资源的禀赋现状 ... 101
3.1.2 西部地区能源矿产资源开发中存在的主要问题 ... 103
3.2 西部资源类行业的外部性与产权损害 ... 107
3.2.1 制度性外部经济对地区产权的损害 ... 107
3.2.2 西部资源类行业产权损害的深层思考 ... 113
3.3 西部资源性行业外部性的克服与路径依赖 ... 121
3.3.1 资源产权的界定 ... 121
3.3.2 资源性行业国家补偿的法律建构 ... 125
3.3.3 西部资源性行业国家补偿的路径选择 ... 131

第4章 西部科技教育的外部性损害与产权保护 ... 138

4.1 西部教育的基本现状及其外部性损害的表现 ... 138
4.1.1 教育的本质及其在西部开发中的重要作用 ... 138
4.1.2 西部教育的现状及问题 ... 141
4.1.3 西部教育外部性表现及原因 ... 143
4.2 西部教育产权损害的理论分析 ... 146
4.2.1 教育产权损害的基本理论 ... 146

  4.2.2 西部教育行业产权的外部性损害   150

  4.2.3 解决教育产权损害途径的艰难选择——国家教育补偿制度   156

 4.3 西部大开发中的国家教育补偿制度   158

  4.3.1 国家教育补偿制度的理论基础及其法域性质   158

  4.3.2 国家教育补偿制度的主体及补偿方式   160

  4.3.3 国家教育补偿制度中补偿费的主要使用用途   169

第5章 西部国防装备工业的外部性损害与产权保护   172

 5.1 建国后西部国防科技工业发展回顾   172

 5.2 西部国防科技工业的现状   174

  5.2.1 国防科技工业取得的辉煌成就   174

  5.2.2 "三线"建设遗留的问题   175

  5.2.3 "三线"建设对西部地区的影响   176

 5.3 关于西部国防科技工业的外部性损害   178

 5.4 国防科技工业的外部性克服与产权保护   181

  5.4.1 以国家补偿的方式克服西部国防科技工业的外部性   181

  5.4.2 通过对西部国防科技工业的自身改革克服其外部性   187

 5.5 国防科技工业要结合自身优势，全面参与西部大开发   191

  5.5.1 国外国防科技工业参与落后地区开发的经验   191

  5.5.2 国防科技工业全面参与西部大开发   193

第6章 外部性克服：国家补偿法律制度   195

 6.1 关于正外部性损害经济解决途径的法学分析   195

  6.1.1 市场解决方式解决西部经济正外部性损害的困境   196

  6.1.2 以政府为主的非市场解决方式   200

 6.2 国家补偿方法的法律分析   205

  6.2.1 以政府主导的国家补偿行为的法律属性：

     属于非权力政府经济行为范畴   205

  6.2.2 规制该行为的法律制度的属性：我们认为以政府主导的国家

     补偿行为的法律规制应属于经济法理念上的法律制度   206

  6.2.3 国家补偿与相关制度的比较分析   208

  6.2.4 国家补偿制度的价值体系   210

 6.3 国家补偿制度建立的政策基础   210

6.4 国家补偿法律制度的主体 　　211
6.4.1 补偿方 　　212
6.4.2 受偿方 　　213
6.5 国家补偿责任 　　214
6.5.1 理论依据 　　214
6.5.2 西部经济正外部性损害引起的国家补偿责任构成要件 　　216
6.5.3 特征：因西部开发外部经济而产生的国家补偿责任具有以下特征 　　218
6.6 国家补偿的原则 　　219
6.6.1 可持续发展原则 　　219
6.6.2 依法补偿的原则 　　219
6.6.3 公平兼顾效率原则 　　220
6.7 国家补偿的程序 　　221
6.7.1 申请 　　222
6.7.2 审查 　　222
6.7.3 拒绝与接受 　　223
6.8 国家补偿的方式 　　223
6.8.1 直接补偿 　　223
6.8.2 间接补偿 　　223

附录1： 西部开发法律需求的经济学分析 　　225

附录2： 西部开发的法律对策 　　240

绪 言

外部性损害与国家补偿制度研究
——西部开发的法律对策

我国西部落后于东部,究其原因时,大多归之为西部地区自然条件差、地区经济起步晚、生产力落后、劳动力素质差、经济体制改革滞后,以及中央政策向东部倾斜等原因。事实上,上述诸多原因只是反映了问题的一个方面,是落后在形式上的一种实然表现,并没有触及问题的实质症结。如果停留在这种简单表象的形式层面,自然又会生出为什么会出现上述诸多形式原因的进一步疑虑。所以,研究西部开发,有必要透过一系列简单表象的形式层面,抓住"形而上"的实质症结,才能做到对症下药,从根本上解决西部地区的落后面貌,并把国家西部开发的相关规定真正落到实处。正是基于这一理论视野,本文把西部落后的实质症结定位在外部性存在所导致的地区产权①的损害上,认为在产权不完整的情况下,必然产生诸多扭曲的关系形态,诸如上述诸方面只是产权损害的扭曲关系形态的系列表现形式。在此基础上,本文以为西部开发有必要从界定产权入手,通过基本理论分析,构建相应的法律制度。在分析方法上,本文将采用经济学的分析方法为主,从理论和实证两个角度展开对上述问题的讨论,以其为西部开发法律制度的建立提供坚实的法理基础,使西部开发奠基在持续而稳固的根基之上。

一、外部性存在与产权损害

外部性也叫外在性,包括外部(在)经济和外部(在)不经济,是指"一

---

① "产权"一词,在本文中的含义指权利、利益。

个或多人的自愿行为在未经第三方同意的情况下强加于或给予他们的成本或收益"。① 外部性的最大危害是使私人成本和社会成本发生分离。当外部经济存在时，会使私人成本大于社会成本，意味着外部性的制造者给社会提供了不能补偿的收益，等于代为它人取得收益支出了成本。反之，当外部不经济存在时，会使私人成本小于社会成本，意味着外部性的制造者无偿取得了来自社会的收益，等于别人代为他取得收益而支出了成本。② 外部性存在的时候，如果社会缺乏一套有效的产权保护机制，使外部性的制造者把这些外部效应内部化，私人成本和社会成本的分离就会成为事实状态，外部性危害就会成为真正的危害。

用外部性理论来分析一国区域经济时，一国某一地区或者局部就可看成是外部性的潜在制造者，地区或者局部的活动可能减损自身利益而惠及区外，产生外部经济；也可能侵蚀区外利益而使自身增益，产生外部不经济。利益地盈损既得不到受益区的适当补偿，也无须向受害区做适当赔偿。外部性危害的两个方面，受益或者受损一般都不是绝对的，即很少有绝对受益或绝对受损的情况，损益有时候可能正好相抵。但当受损大于受益时，利益均衡即遭致破坏，一方之所得会大于其所失，一方之净收益因此会向外转移，并给其带来纯粹的产权损害。纵观我国西部，由于自然、政策、经济结构等人为的和非人为因素的影响，在外部性领域的典型特征是地区外部经济远远大于地区外部不经济，导致地区受损大于地区受益，地区产权遭受损害。经济上表现为投入资源，而收不回完全价格，地区利益大量向区外流动并沉淀于东部，③ 地区产权不断受到区外侵蚀，地区经济增长遭受阻滞，地区生活水平提高速度降低，人民收入相对减少，社会发展受到延缓，东西部差距越拉越大。本文以下将从四个方面探讨这种地

---

① [美]考特·尤伦：法和经济学[M] 张军等译，上海：三联书店，1994。
② 李永宁：现代西方经济学原理[M] 西安：西北大学出版社，1997。
③ 张积玉、杨发民：中国西北经济社会发展研究[C] 西安：陕西师范大学出版社，1998。

区外部性①及对地区产权的具体损害。

（一）能源矿产资源行业的外部性及其产权损害

能源矿产资源行业是我国西部地区传统的支柱行业。我国西部地区地域辽阔，地形复杂，地质多样，蕴藏着极其丰富的各种资源。已探明矿种121种，占全国探明矿种148种的81.8%，其中有45种储量占全国一半或接近一半，有的如铬、钛、汞、铂、稀土、钾、石棉等，占80%以上，而且矿藏又相当集中。但由于历史原因，资源性产品价格一直偏低，西部地区输出低价矿产资源等初级产品，输入高价格的工业及生活用品。资源性产品低价格是相对于其投入成本而言的。就其投入成本的结构来看，主要由四部分组成：（1）国家资源税；（2）劳动要素投入；（3）资产折旧费；（4）地方税费。其中国家资源税是国家资源所有权在经济上的体现，对其是否合理我们存而不论，后三项则涉及地区利益。在传统计划价格体制下，由于资源性产品价格偏低，资源性产品的高成本投入在事实上被计划价格完全扭曲，表现在上述成本构成的后三项，其中：（1）资源性行业的劳动要素投入得到的是较低的价格（工资）；（2）资产折旧长期推行低折旧率政策；（3）资源补偿费和地方资源税长期维持低水平。与实际投入相比，价格构成的这三个方面，显然并不完全反映实际投入的数量，并远远低于实际投入量。对地区来讲，表现为投入了资源，但不能取得完全价格，实际投入的相当一部分因低价格交换而丧失，转移给了交换的相对方，向区外提供了大量无须补偿的收益。这种外部经济是经由特定的价格政策指引而发生的，资源性产品行业因此被这种特定的价格政策人为的塑造成为一个外部经济的积极制造者，并长期向区外释放外部经济。所以，这种外部经济可定义为制度性外部经济或低价格外部经济。

制度性外部经济的存在，造成地区产权因收益净转移而不断受到区外侵蚀，对地区产权构成严重地侵害。主要表现在以下三个方面：第一，对劳动要素的产权损害。在资源性行业，低价格外部性的表现之一就是劳动

---

① 本文以下谓之外部性（或外部经济），是从给予他人收益，即外部经济的角度来论述外部性问题。也即把外部经济简言之为外部性。

要素应得收益的一部分通过低价格交易转化成交换相对方的实际收益,相比劳动投入,劳动要素得到了一个扭曲低价。而事实上,资源性行业使用的劳动要素在劳动强度、工作危险性及人身危害等方面都远远高于社会平均的劳动投入量。但低价格交换,显然违背了公平原则,使劳动实际投入的一部分没有得到价格的合理体现,表现为一种无偿劳动投入,等于是通过劳动要素的制度性外部经济把劳动投入的这一部分排斥为交换相对方的私人成本,而对方并不需要做对等给付,因此直接消减了劳动要素的原本利益。作为权利的经济本源,利益地消减必然反映为劳动要素的应有权利受到了侵蚀。其完整产权因此遭致破坏。在这里,外部性明显的表现出作为事物的力量总是倾向于破坏平等,所以,法律的力量就应该总是倾向于维护平等,[①] 但长期以来,克服外部性以"维护平等"的法律在事实上是不存在的,而实际存在的交易制度的一些缺陷却替代了平等的法律供给。实际维护了不平等的长期平衡,使不平等成为一种合理存在。所以,传统上资源性行业对劳动要素的吸纳多采取从农村招工的形式来实现,而在旧的户籍制度下,农民权利的更不平等[②]及"跳出农门"的高机会成本在很大程度上掩盖了资源性行业劳动收益率低的权利扭曲状态。支撑了资源性行业权利扭曲状态下的劳动要素供求平衡和资源性行业的长期存在。因为,虽然资源性行业产品价格低,存在劳动要素的产权损害,但相比十分脆弱的农民权利以及西部地区农村的低工值,对农民仍有很大的吸引力。加之"全民优于集体"的制度幻觉,跳出农门亦被认为是一种追求进步的政治时尚,也膨胀了权利扭曲下的低价格劳动供给。这样,劳动供给不断增加形成的不断壮大的劳动产权与外部性长期延续形成的对劳动产权的不断消减就达到了一种奇怪的平衡,西部落后成为一种自然趋势。第二,对资本要素的产权损害。资本要素的产权损害集中表现在资源性产品行业资本要素高损耗和实际的低折旧政策之间的矛盾。由于折旧率低,意味着资本要素转移价值不能全部收回,其中未实现折旧的转移价值部分通过市场交换净

[①][法]卢梭:社会契约论[M].商务印书馆,1990.
[②]周其明:农民平等权的法律保障问题 U王 武汉:法商研究,2000(2).

流向了交换的相对方,形成资源性产品低价和制成品高价的主要制度根源,致使资源性产品行业资本要素的实际价值被不断侵蚀、消减,资本要素的实际价值和账面价值出现严重脱节,长期延续下来,甚至出现资本空壳,而账面泡沫却很大。现实表现为资源性行业资本设备普遍老化,设备更新长期不能解决,技术改造缺乏资金。对这种极端产权扭曲,长期以来,未曾建立一套有效的法律制度促其恢复。在制度建设上,政治替代了一切,极力渲染"人定胜天"的机械唯物主义,全力塑造"铁人"精神。作为一种价值追求,却意外的替代了应有的法律供给,用人力替代机械力,人力的膨胀因此掩盖了机械力的消减,致使资本产权发生扭曲性流动。一方表现为产权空壳化,而另一方(相对方)又表现为实质性的利益积累。这种"空壳化"资本损害过程,同时强化了资源性行业劳动的无偿投入,进一步加剧了劳动要素的产权损害。

能源、矿产资源行业的产权损害直接带来的经济危害是:一是成为西部地区低收入的主要根源。由于资源性行业劳动要素的产权损害,劳动者应得的部分收益被无偿转移,工资收入被人为压低,这种低收入对整个地区的收入水平自然存在一个向下拉力,使地区收入水平在低层次达到了制度扭曲下的相对稳定均衡。二是地方财政能力受到抑制。由于西部地区典型的二元经济结构,地方财政的主要增长因素存在于现代工业部门,而西部现代工业的支柱性部门就是能源、矿产资源行业,由于能源、矿产资源的地方产权损害,导致地方源于其资源开采的收入有限。地方财力有限影响到地方建设的规模和速度,影响到地方财政中用于工资支付的数额,影响到地方财政的转移支付能力,进而影响到地方财政对地方人民收入增长应有的贡献。同时,地方财政不足也构成地方经济发展滞后的重要原因之一。三是资源性行业产权损害导致西部地区生态破坏,环境恶劣。由于资源性产品的低价,要素收益小于要素投入,价格被严重扭曲,生产率被人为压低。所以,走内涵式提高要素生产率以扩张收益的空间余地很小,这就决定了只能采取粗放式扩张策略以增加收益,导致出现滥采滥伐、遍地开花、无序利用的资源性产品生产格局,使生态平衡遭受严重破坏,水土流失日益加剧，荒漠化面积不断增加，形成西部地区乃至全国可持续发展的严重障碍。从外部经济趋向外部不经济，即使西部自身受损，也对全国的生态环境构成威胁。

(二)国防科技工业的外部性及其产权损害

上世纪五、六十年代，我国在西部地区部署并建成了比较庞大的国有工业体系，西部地区的国有工业是西部地区二元经济中现代部门的主要支撑力量。资料显示，1994年工业总产值中西北五省区国有工业所占比例高于全国平均水平33个百分点，集体和城乡个体工业所占比例却低于全国23个百分点。[1] 西部地区的国有工业又大量集中于国防科技工业领域，据四川省(包括重庆)1986年统计，国防科技工业拥有的固定资产原值已占全国国防科技工业的17.6%。国防科技工业作为公共物品——国防安全的主要制造者之一，除过国家直接投入大量资源进行生产以外，西部地区的大量区域性资源也参与其中，并与国有资源一起共同完成了公共物品的生产。当地区资源替代国有资源被用于公共物品生产时，其所形成的地区资源转移的外部性影响必然对地区产权构成损害。

国防科技工业的外部性影响主要有以下几个方面。第一，国防科技工业的最终产品——国防安全[2]作为一种典型的公共物品，其基本特征就是"搭便车"消费，消费者并不需要为其消费支付价格，是一种完全外部性产品。这种完全外部性产品应由国家提供全额资源投入，但当国家投入不足而由地方资源补充投入时，其完全外部性被实际分割为两部分：由国有资源提供的外部性和由地区资源提供的外部性。西部地区作为我国国防科技工业的重要生产地，其资源投入显然要大于其他地区的投入，因此必然发生地区资源的净外部性转移。第二，我国国防科技工业的发展实践反映出国防科技工业生产的一个重要特征是投入多，产出少。其中投入多表现为

---

[1] 李燕军：西北地区经济发展浅论，载张积玉、杨发民：《中国西北经济社会发展研究》，陕西师范大学出版社，1998。

[2] 我们把国防科技工业的产品区分为两个层次，一是国防技术和武器装备可看成直接产品，或叫中间产品；国防安全则为最终产品。

国防科技工业倾注了大量的人、财、物资源投入，特别是冷战时期，国家有限的资源更是首先用于国防科技工业领域。产出少表现在两个方面：一是直接产品产出率低；一是产出在很大程度上不能得到一个正常的交换价格。之所以出现这种情况是由国防科技工业的特殊性所决定的，为了建立起强大的国防，要求国防科技工业必须进行超前创新，追踪世界军事工业的最新发展，其创新技术并不需要直接外化为实物产品，表现为直接产品产出率低。作为非产品状态的创新技术也不可能存在一套市场定价系统，即使具体的实物产品，作为公共物品的中间形态也不可能得到正常的市场价格回报，这就意味着国防科技工业是纯释放外部性的特殊部门。但具体到生产企业，如果国家不能按创新技术和具体军工产品形成的实际成本给企业以充分补偿，其差额部分等于是转由企业来承担，企业付出了资源既无法从市场取得正常的价格回报，也得不到国家的完全补偿，企业成为外部性的实际承担者。企业承担了外部性，必然表现为企业资源发生了净转移，企业产权遭致损害。第三，国防科技工业的外部性。还表现为其"投入闲置"的必然性上，按一般理解，投入闲置即意味着资源过剩，配置不合理，缺乏经济效率。但国防科技工业的"投入闲置"绝非无效率的表现，而是释放外部经济的一种必然形式。因为，在和平时期，并不意味着必须摧毁所有的军品生产能力，为了确保国防安全，维护祖国统一，保存一定的国防生产能力是必须的。为此，要求必须配置一定的资源（劳动、资本等生产要素）作为战备之用。所以，虽然闲置，仍是有效的闲置。但因为这种投入闲置并不形成直接的经济效益，没有直接的价格体现，也就很难得到一个正常价格，付出资源——形式上表现为"闲置"，却不能得到合理的价格回报，等于是为国家、为社会做出了无私奉献，提供了一种积极的外部影响。

国防科技工业的外部性中由西部地区承担的部分对国家、对社会是有利的，但对企业自身，对国防科技工业比较多的西部地区而言，外部性引起的地区利益净转移，必然对地区产权构成一种消减力量，损害到地区局部产权的完整性。第一，对国防科技工业劳动要素的产权损害。劳动要素的产权,其实体内容也即劳动要素的价格体现,表现为收益或工资。劳动要素的收益(工资)具体可划分为两部分:一是基于政策规定的基本工资,一是体现企业效益的奖励工资,包括奖金、补贴和各种福利待遇,也可以叫作效益工资。就工资的实际运行看,民生产业的效益工资在正常情况下一般都在工资构成中占很大比例,甚至远远高于基本工资。但国防科技企业由于前述的特殊性,其生产过程主要表现为技术创新过程和战略资源储备过程,[①] 虽然这两个过程在事实上构成国防安全的重要内容之一,但一国国防安全的增减并没有一套利益量化机制,并以此来确定其效益价值,这就使得奖励工资缺乏一个确定性的量化依据,在物质产出不明显的情况下,往往给人一种没有效益的直观错觉。这就决定了国防科技工业的劳动要素在得到政策性基本工资之外,奖励工资的数量一般都很少,大多数企业有限的奖励工资也多源于各种形式的民品生产加工。有的企业甚至虚拟出一个所谓"综合奖",挂在职工的工资账上,或者靠向银行贷款来发"综合奖"。使得这一部分原本应正常支出的要素价格并没有列入企业的正常支出项目。劳动要素投入的这一部分也无法得到相应的价值回报,发生劳动资源的净转移,消减了劳动要素的完整产权。第二,对地区其他产权的损害。按照产业区位理论,一般情况下,产业的配置必然带动地区相关产业的发展。但因为国防科技工业固有的封闭性,与其他产业之间的关系被人为割裂,影响了其对地区产业发展的示范、带动效应,并在事实上形成了国防产业和民生产业互不关涉的二元工业经济结构。二元工业经济结构的存在,造成地方得自于国防科技工业的经济性影响——对地区产业发展的积极促进作用十分有限,而地方的其他相关资源,诸如水、电、路等基础设施却被国防科技工业无偿使用或低价使用,导致地方投入资源但不能取得完全的经济补偿,发生地方资源的净转移,对地方相关产权构成侵害。

[①]除过技术创新过程和军事资源储备过程,并不排除也存在效益化过程,即最大限度的军事物质产品生产过程并实现市场交换价格的过程。就我国国防工业的实际情况而言,其效益化过程并不明显。

国防科技工业对地区产权的侵蚀，构成地区经济落后的原因之一。一是地区参与其中的各种经济资源不能取得正常价格，特别是地区劳动要素投入不能取得正常的工资收入，对地区人民收入增加产生了一定程度的消极影响。二是导致地区财政受到很大制约。因为地区财政资源大量替代国家资源被用于公共物品的生产，加之国防科技工业与地方财政的关联度小，地方源于国防科技工业的收入有限，造成围绕国防科技工业的地方财政收入明显不平衡，收入小于支出的状态严重制约了地方的财政能力，以及地方财政对增加人民收入、推动地区经济增长应有的贡献。三是由于国家没有一套有效的机制促使国防科技工业的外部影响内部化，经费投入明显不足，加之合理的国防资源储备在形式上表现为"资源闲置"，既影响到地区资源的合理配置，也增加了地区的就业压力和地区财政的转移支付能力，进一步降低了地区经济总量和平均收入水平。

（三）科技教育的外部性及其产权损害

我国西部地区的科技教育事业总体上比较落后，据第四次全国人口普查统计资料显示，西部不识字或识字很少的人口数占在业人口数比重为39.5%，高出全国平均水平8个百分点，高出东部地区11个百分点，西部90年代农业人口受教育年限仅相当于东部80年代的水平。[①] 但也不能排除局部地区的科技教育事业在全国居领先地位，尤其是高等教育具有一定的优势，像陕西的科技综合实力仅次于北京、上海，居全国第三位。然而西部地区科技教育事业存在的外部经济影响在很大程度上削弱了其对地区经济的积极推动作用，产生了与其科技实力不相称的经济发展状态。所以，长期以来，如何发挥科技教育对经济发展的积极作用，就一直是困扰西部地区的一个重要问题。本文认为，要解决这一问题，有必要深刻分析西部科技教育的外部经济影响，并有针对性的采取一些具体措施限制明显不合理的外部影响，克服产权损害，使西部地区科技教育发挥出对推动地区经济发展的应有作用。

[①]郑必坚：关于实施西部大开发战略决策的初步思考[N]丁光明日报，2000.2.29.

西部地区科技教育的外部经济影响集中表现在以下四个方面：首先，西部地区科技教育的要素投入所获收益低于其正常价格。仅从劳动要素的工资收入来看，中小学拖欠教师工资、克扣教师工资的现象大量发生在西部地区，教师付出了劳动，但连最起码的、远远低于东部地区教师平均工资水平的基本工资甚至都不能得到保障。高校教师和科研机构的研究人员的工资水平同样低于东、中部地区，付出同样的劳动，但不能同工同酬，个人因此承担了更多的社会成本。为了克服社会成本对个人利益的损害，大量科技人员疲于为生计而奔波。资料显示，西部地区科技人员的国际论文数，专利申请数，人均科技成果市场承交额均低于全国平均数。[①] 这种现象的出现并不是因为西部地区科技人员的产出率低，而是因为其承担了太多的社会成本影响了它的生产率，如果把这一部分社会成本也内化为要素价格，其产出率自然会更高。其次，西部地区高等教育培养的优秀科技人才大量流向了东部发达地区，带走了本应属于西部地区的部分利益。这种利益流失表现在：（1）我国传统的高教制度是一种典型的计划制度，招生指标分解到地区，国家高等教育投资因此被实际分割到不同地区，但人才大量流向发达地区，在事实上扭曲了高等教育投资的分配结构，落后地区因自身人才大量流失，应得利益因此大量减少。（2）由地方财政支持的普通高校着重于使用地方资源为地方培养人才，但人才的大量流失，引起相应的经费投入全部为人才流入地所接收，等于是代为他人付出了人才培训成本。我国东部地区的快速发展，深圳从一个小渔村发展成一个现代化城市，除国家政策支持，东部地区的努力外，西部地区在人才流失掩盖下的大量资源支持无疑也是一个重要原因。再次，西部地区大量科技成果在东部地区实现转化，也促使西部地区为全国的发展付出了直接成本。最后，西部地区的成熟型人才和大量熟练劳动力流向东部，流向其他地区，也导致西部地区无偿支出了大量人才培训费。普遍存在的"孔雀东南飞"效应，通过市场机制的无情作用，把西部地区有限的经济资源再分配到其他

[①] 中国科学院地质学部：关于加快西北地区发展新思路和新战略的若干建议，《经济研究参考》，2000(2).

地区，扭曲了国家经济的整体协调发展，使东西部差距越拉越大。

西部科技教育行业的外部性所造成的产权损害主要有以下几个方面：第一，对西部地区科技教育资源的产权损害。西部区域性科技教育资源集中在两个方面，一是西部科技教育行业的人力资源配置，二是西部科技教育行业的其他非人力资源配置。就人力资源配置来看，由于外部性的存在，致使西部科技教育行业的人力资源价格偏低，人力资源实际投入因外部性而扭曲，发生人力资源收益的净转移。一个简单的实证是西北地区陕甘两省专业技术人员的国际论文数、人均技术市场成交额和人均专利申请数基本与全国水平持平，也即其生产率水平与全国平均水平基本一致，但其实际收益却远远低于全国平均水平，反映了其应得的部分收益发生了转移，以低价格（收益）为国家培养高质量的人才并提供与全国产出率水平基本一致的科技成果。科教人力资源投入对自身的产出率低——表现为取得了一个低收益，但对国家、对社会的产出率则很高——表现为取得了与全国水平基本一致，甚至高于全国平均水平的产出率。《光明日报》曾发表署名文章："为什么许多青年经济学家都出自西北大学"，就是西部科教人力资源高产出的一个明证。产出率的这种差异，以及东西部科技人力资源自身收益率的差异都进一步反映出外部性对西部科教人力资源的扭曲性转移。损害了科教人力资源的地区产权。就其他非人力资源配置来看，西部地区地方财政支持的高等院校毕业生和成熟型专业技术人才的大量外流，以及科技成果通过非市场渠道实现的异地（区外）转化，都造成西部区域性非人力资源大量向区外流动，代为区外支付了相应的人才教育费、培训费和科技成果开发研制费等直接费用，损害了西部区域性产权。第二，国家对西部高等教育的经费投入被部分蚕食。如前所述，国家支持的高等教育事业，因西部原生源地毕业生大量跨地区流动，国家的教育经费投入因此被严重扭曲，伴随落后地区人才的大量外流，造成国家教育投资倾斜流向发达地区，使得落后地区源于国家教育经费投入的部分利益被发达地区实际截流，源于国家经费投入的这部分产权因此遭致损害。第三，作为地区产权的完整内容，还应包括地区的正常发展权。科技教育作为经济社会正常发展的重要支撑和主要的持久性的动力源泉，围绕科技教育，由不合理外部性所导致的地区产权损害，必然扭曲教育资源配置，妨碍教育的正常发展，进而会减弱地区持久发展的支撑力，损害地区正常发展权，使地区陷入不正常的发展状态，这无疑也是构成西部落后的一个原因之一。

科技教育行业的产权损害其经济上的影响除过降低地区收入水平以外，另一个更关键的影响则是使地区经济社会的发展受到严重的阻碍。关于对收入水平的消极影响前文已进行了比较多的说明，以下主要就其对经济社会发展的阻碍作一简单分析。就科技教育行业的产权损害来看，其实际表现无非以下四个方面：(1)行业内人力资源低价格回报；(2)区域性非人力科教资源的区外净转移；(3)国家教育经费的扭曲性流动；(4)科技成果非交易性区外转化。这四种现象带来的直接危害是：第一，人力资源低价格回报必然构成科教创新的经济障碍。由于外部性存在，致使西部科教人力资源承担了一定的社会成本，在没有相应的法律机制使这一部分社会成本得以补偿的情况下，科教专业人员通过自身内化社会成本的努力必然分散科教专业人员的精力和智慧，限制创新活动的正常开展，扼杀创新思维的形成和积累，最终对地区科教创新机制的培育和发展形成障碍。第二，区域性科教资源净转移和国家教育经费的扭曲性流动减弱了科教创新应有的经济力支撑。同时，作为资源转移和国家经费扭曲性流动载体的人才流失，也使得科教创新丧失了必须的人才支持，人才质量的下降进一步恶化了大量高级经营型人才成长的基本条件，并形成地区传统产业市场不断萎缩的主要根源。资料显示，西安民生的总销售额中，当地商品销售额仅占总销售额的5%，[①] 足见创新不足与经营人才短缺对地方传统产业的沉重影响。由于人才市场的上述变化，致使人才市场出现"劣进优出"的尴尬局面，科技创新的基础变得越来越脆弱。第三，科技成果非交易性区外转化，不仅造成地区资源的直接流失，也使地区科技成果开发面临不利选择，影响地区科技开发的经济效果。以上三个方面都影响到地区的科技创

[①] 关于销售额资料，见时任陕西省政府秘书长王忠民2000.4.1日在西北政法学院的学术报告：西部开发的机遇与挑战。

新，使地区科技创新难以形成稳固而坚实的基础，使地区经济社会发展遭遇创新不足的严重障碍，使东西部差距越拉越大。

(四) 农业的外部性及其产权损害

我国西部地区地域辽阔，现代工业发展迟缓，农业(包括林、牧业)是西部地区的主要产业。但囿于西部地区的气候和自然条件，农业在很大程度上仍停留在广种薄收、靠天吃饭的状态，农业商品化程度低，自给性农业倾向明显。但西部农业的外部性却十分突出。

由于我国西高东低的特殊地理特征，加之受西伯利亚冷气流的影响，我国西部地区农业相比东部地区对整个国家的生态建设和环境保护有着更为突出的影响，西部农业的外部性主要表现在以下几个方面：第一，西部农业有利于防止水土流失，克服土地荒漠化，改善全国的气候和生态环境。如果西部农业完全以短期效益为追求目标，走粗放式发展道路，无疑会加快西部地区的水土流失和土地荒漠化的进程，对黄河、长江中下游地区会构成灾难性威胁。所以，西部地区的农业发展，受益的不仅仅是西部地区，全国其他地区都会从中受益。第二，农业的外部性还表现在日益扩大的工农产品价格剪刀差上，长期以来，我国的农业生产者补贴值一直为负。1982年为 -12.7%，1984年为 -25.91%，1990年为 -26.1%，1992年为8.5%。整个80年代，我国从农业部门发生的净资源转移为年均1400亿元，是该时期政府对农业部门的财政转移支付的10多倍。而同期发达国家的补贴值却相当高，如日本1986年的补贴值高达75%。[①] 第三，我国西部地区集中了诸如大熊猫、藏羚羊、金丝猴等大量珍稀物种，西部地区的广义农业承担着这些珍稀物种的保护任务。西部地区因此要投入大量资源，而这些资源投入所产生的效益则为全中国，甚至全世界所共享。

西部地区农业的外部性对于实现全国的生态平衡、推进国家工业化的发展，以及保护珍稀物种是有益的。但由这种外部性加于西部农业的社会成本，如果不通过政府补贴的方式，予以足额补偿，而由西部农业单独予

---

① 何黛峰：走近WTO——论我国农业保护政策，云南财贸学院学报，1999(4).

以承担，则必将侵害到西部农业的产权。具体表现为：第一，对农业劳动要素的产权损害。由于西部农业有利于在中国西部地区形成一道绿色屏障，既有利于减缓形成于西伯利亚的冷气流对中国大陆的冲击，在中国西部干旱地区储存水源，改善全国的气象条件，减少灾害性天气的发生。又有利于西部干旱区，特别是黄土高原干旱区形成良好的土壤植被，防止土地荒漠化，减少泥沙下流量，确保长江、黄河中下游地区的水利安全和沿途人民的生命财产安全。所以，西部农业的受益区不仅包括西部地区，东中部地区亦从中受益。但西部农业的发展主要依赖于西部地区农业劳动要素的投入，国家，包括东中部地区并没有为西部农业的发展投入劳动要素。西部农业劳动要素投入所产生的收益被实际分割为两部分：一部分作为西部农业劳动要素的收益，构成西部地区农民的收入；一部分则为东中部地区所取得，构成其生活质量的重要内容，也避免了其为治理当地环境，防止旱涝灾害做更大的投入。但东中部地区取得这一部分利益并未向西部农业劳动要素支付任何价格，收益的无偿取得反映为西部农业劳动要素的收益发生了净转移，减少了西部农民的应得收入，对西部农业劳动要素的产权构成侵害。第二，对农业非劳动要素的产权损害。农业非劳动要素是指农业生产所需要的各种非人力生产资源，主要有土地和资本两大要素。因为农业生产过程除劳动投入外，资本和土地共同参与了生产过程。由于上述"第一"的原因，收益的净转移也必然包括了资本和土地的收益转移。投入资本和土地，但收益的一部分却无偿流向了非产权所有人，侵害了土地和资本等非人力生产资源的完整产权。这种侵害，除种植业以外，更严重的表现于林、草业领域。因为西部农业承担者在西部地区的荒漠高山植树育草的任务，而植树育草并不形成直接的经济效益，其对生态环境的改善也没有一套效益量化系统，即使能够量化其效益价值，作为受益方，包括东中部地区也很难判断其所应该补偿的受益份额。所以，这一部分投入在很大程度上构成一种无偿投入。作为无偿投入，在价值量上表现为是对已有产权的一种净扣除，产权损害进入更为严重的状态。第三，对土地产权的其他损害。由于西部农业存在特殊的外部积极影响，为了避免外部性制造者以消极的方式限制外部性,① 对西部土地资源的使用就有许多制约条件。这种制约影响了土地产权完全依土地所有权人②的自主意志进行运动,使产权运动出现外部性障碍。主要表现在两个方面:一是土地使用决策不完全依土地所有权人意志来确定,而要考虑到是否有利于环境保护、生态安全等全局因素,并受制于"退耕还林,退耕还草"等政策约束来做出决策。二是地上作物也不以所有权人自主意志处置,权利行使要受政策指引,譬如林木的采伐等约束权利行使的一些限制性政策。对权利行使的以上两方面限制,直接根源于确保西部农业外部性的有效释放,对国家是有利的,但在外部性利益不能补偿的情况下,对西部地区则形成了一定程度的损害。

这种产权损害在经济上的危害表现为:一是导致西部地区农民收入陷于低水平循环。因为地区外部性对农业劳动要素的产权损害,使地区农民承担了更多的社会成本,相应减少了地区农民的应得收益,在外部性不能有效解决的情况下,农业劳动的低收入状态会长期存在于西部地区的农业部门。二是低收入水平导致农业积累能力差、农业发展资金短缺、发展高效农业与生态农业以及实现农业创新的支持力严重不足,必然导致滥砍滥伐、垦地种田的粗放式农业经营策略得以延续,使环境治理受阻,导致生态环境日益恶化。三是在上述两方面原因的共同作用下,西部农业的现代化进程受到消极影响。农业的积累不足,难以形成有效的刺激力以冲破传统的农业经营模式,二元经济结构得以长期存在,西部经济社会的发展受到严重阻碍。

二、外部性克服与产权保护

前文我们对西部地区经济的外部性、外部性对西部产权的损害以及产权损害在经济上的危害进行了较为详尽的论述。下面我们将在上述分析的基础上展开对西部产权保护的讨论。

---

①周林彬:法律经济学论纲〔M〕.北京大学出版社,1998.
②此处所有权是指集体土地的所有权主体——农业集体经济组织的简称。

在分析外部性时，我们是基于四种行业（或组织）形态来展开分析的，可以看出，作为外部性的制造者和受益者基于组织形态下都带有公共性质。①本文以为解决公共领域的外部性采用"禁令"或"损害赔偿"的行政法或民商法形式都是行不通的。因为，禁令要求受益区禁止受益，这无疑会对受益区的权利构成新的侵害。而且，即使禁令能够奏效，在公共领域，外部性的制造者仍无法收回自己的外部性收益，除非是停止制造，这又会对制造者本身构成侵害。而损害赔偿也必须基于确定性的权利义务主体关系下才能实现，因为，只有主体确定，归责才会有明确的依据，也才会确定权利义务的各自边界。但在公共领域，双方主体显然都是不确定的，况且西部区外的受益也并非基于主动侵害而受益，所以，损害赔偿的形式也是行不通的。另外，基于外部性原理而设立的财产法原则—"规范的科斯定理"②在这里也是不适用的。因为科斯定理是基于私人产权之下通过法律设定权利边界，并通过私人交易——譬如购买污染权而继续污染来解决外部性问题的。而在公共领域，内含的大量交易即使在权利实现清晰界定以后，达成合作的可能性仍然是很小的。而且，如果真能做到这一点，则私人交易的结果必然导致大量的西部人口东迁，这又将与现行的户籍制度发生冲突，并对东中部地区的正常发展构成更大的隐患。基于以上分析，本文以为解决西部地区经济的外部性，保护西部产权，推进西部经济社会的健康发展应着重通过社会政策，采取经济法（或环境法）的方法，通过建立国家补偿制度来实现。以下，本文将结合前文分析的四个方面，具体探讨解决不同领域外部性所需要的社会政策和经济法方法。

（一）资源性行业的外部性克服与产权保护

西部资源性行业的外部性集中表现为资源性产品价格偏低，导致资源性要素投入不能完全收回，发生资源性行业收益净转移，损害资源性行业

---

①这里的公共性质是相对于严格的私人产权而言的，但并不排除在产权系统中存在某些私人性质。如基于农业集体经济公共性质的个人劳动要素的私有性质。

②规范的科斯定理：建立法律以消除私人协议的障碍。见[美]考特·尤伦：法和经济学[M]，上海三联书店，1998. P138.

西部产权。解决资源性行业外部性，实现资源性行业产权保护，从理论上看，最简便的方法就是对资源类产品实施最低限价的公法保护政策，依法提高资源类产品价格。但这种做法显然不具有实践的意义，是根本行不通的。这是因为：第一，低价格外部性是对特定生产力条件的一种历史反映，随着时代变迁和生产力的发展，低价格外部性已不再是外部性的一种主要形式。传统上，由于社会平均生产率很低，资源性行业生产要素又相对集中，加之能源、矿产资源本身的不可再生性。所以，资源性产品低价没有反映投入的实际价格水平，导致投入不能全部收回，发生收益净转移的外部性，但随着社会生产率的整体提高，价格自然存在下降的趋势，资源性行业也不例外。在这种情况下，低价格外部性发生的基础条件已经丧失，再通过提高价格以图消除外部性必然违反经济规律，产生事与愿违的后果。从价格发展的正常规律看，存在由高至低的自然过程，而我国资源类产品价格则恰恰相反，经历了一个由低至高的发展变化，对低价格外部性产生了一个自发整合过程。但由于长期外部性积累导致的产权损害，资源性行业设备普遍陈旧，生产率低下，价格的有限提高，并没有从根本上解决长期积累的问题。第二，面对我国正在进行的经济结构调整，传统产业的发展空间已经基本饱和，结构调整会使传统产业的比例进一步下降，伴随而来的必然是对资源性产品的需求减少，在需求收缩的情况下，价格上调已没有足够的拉动力，调价亦不可能实现。第三，我国即将加入WTO，随之而来的是市场的全面开放，市场开放后，国外资源类产品会登陆我国，本国企业也会向国际市场采购，实现进口替代。而国际市场资源类产品价格普遍较低，与我国资源类产品形成剧烈竞争，价格上调的国际市场环境也不具备。以上三个方面决定了通过提价以克服"外部性"既不符合经济规律，也不符合经济运动的实际需要和国际国内的特殊环境。所以，本文以为解决资源性行业的外部性，着重在于通过国家的适当补偿以弥补低价格外部性造成的产权损害，重点解决两大问题：一是资源性行业的设备更新和技术改造；二是大幅度提升资源性行业的生产率水平。实现这一目标可采取的政策和经济法律手段有以下几个方面。第一，对西部地区资源性产品行业的设备更新和技术改造加大国家支持的力度，应以财政支持为主，增加国家直接投资，通过实现资源性产品行业的技术改造和设备更新提高资源性产品的劳动生产率，降价资源性产品成本，增加资源性产品收益。第二，改变资源利税收入中国家和地方的分割比例，重点向地方倾斜，增加资源补偿费，提高地方资源税率，适当调低国家资源税。使地方能从其区内资源的使用中取得更多收益，增强地方的财政能力，为地方合理开发资源创造条件。第三，在资源性产品行业生产率提高的基础上，依据资源性产品行业生产要素的实际贡献支付报酬，特别是提高工人的工资，使劳动付出得到正常回报，并带动西部地区收入水平的普遍提高。第四，对资源性产品行业的资产进行整合重组。以消除、补偿外部经济为法律依据，对资源性产品行业的负债进行清理，对其中与外部性相关的银行负债予以冲销，其他合理负债转作国家投资，加快对资源性产品行业债转股的改造力度，使得资源性产品行业对西部经济增长的贡献率进一步增加。

（二）国防科技工业的外部性克服与产权保护

围绕以国家补偿为核心的国防科技工业的外部性克服与产权保护应首先解决两个认识问题：一是对国防科技工业不能单纯以生产率高低作为衡量标准。因国防科技工业企业作为中间公共物品的生产者之一，其着重在于科技创新和军事资源储备两个方面。而科技创新与军事资源储备本身并不存在一个效益价值量化系统和市场价格标准，作为公共物品，应由国家无代价投入进行生产。所以，不能以企业实物生产率高低作为非国有生产要素价格回馈的标准，而应以要素市场价格作为要素收益供给标准，克服非国有生产要素投入而无足够收益的产权扭曲现象。二是应区别国家补偿与国家投资的界限。国家作为公共物品的唯一供给者，其投资于国防科技工业领域完全是国家义务的必然体现。而国家补偿则是基于前述外部性分析，对非国家资源参与公共物品生产时，在其收益不能充分实现的情况下，为了避免造成不必要的非国家资源产权损害，而做出的合理补偿。针对国防科技工业的外部性克服与产权保护，应采取的政策和经济法律手段主要有以下几个方面。第一，国防科技工业应以科技创新为不懈的追求目标。要有风险意识，要看到不是每一项技术创新都必然会取得成功，要把创新风险作为一项正常成本支出，并给予正常的价格回报。为了集中精力实施科技创新，有必要对现有国防工业体系进行改造，大幅度压缩常规武器、设备生产能力，使过剩生产能力完全与国防科技工业体系脱钩，转向民生生产体系。第二，国防科技工业改造、精简过程中，全部良性银行负债一律转为国有股份，彻底消除企业背负的不合理债务包袱，减少利息支出，使企业留有更多资金可用于改善工作环境，增加职工工资，提高福利待遇，从根本上扭转贡献与待遇不一致的问题，堵住国防科技人才大量流失的漏洞，吸引大量精英人才参与国家国防建设，快速提高国防科技工业的整体水平。第三，除过尖端武器设备以外，允许军工企业根据世界市场武器需求变化，主动出击，寻求合作，增加对外武器销售。通过市场交换，使国防科技工业的相关产品取得正常的市场价格，使要素投入能有所回报。第四，对国防科技人才按照人才的市场待遇结合其实际贡献确定工资，从经济上以公平的态度承认其贡献，改变只讲奉献不予回报的计划经济作风，为人尽其才创造优良的经济环境，推进我国西部地区的国防科技工业迅速崛起，并成为西部经济的一个重要支柱。

(三) 高等教育的外部性克服与产权保护

完全免费的教育可看成是一种纯粹公共物品，随着高等教育收费制的推行，受教育者也必须支付一定数量的费用，但相比生均实际经费投入量，个人支付的费用仍是有限的，高等教育因此转变为准公共物品，[①] 受教育者仍可"低价乘车"，其中不需个人支付的部分费用，可看成是一国高等教育对公民个人提供的外部性，这是高等教育外部性的一种形式。但本文所谈高等教育的外部性并非指上述这一形式，而是严格限定于本文前已达及的从西部地区角度来看，由地区资源投入和国家教育经费的扭曲性流

[①] 公共物品是指由政府提供的具有非排他性和非竞争性的物品，即任何人无须支付价格即可消费的物品。准公共物品是指由政府提供的具有一定排他性和竞争性的物品。

动所引起的地区收益净转移,所要克服的就是这种地区收益净转移部分。本文认为要克服高等教育引起的地区收益净转移,保护地区产权仍需要以国家补偿为核心,采取各种社会政策和经济法律手段来进行,具体包括以下几个方面的内容。第一,国办高等教育的招生规模,因涉及国家教育经费投入,其招生规模应根据地区人口数量,按一定比例分解到各地区,体现国家财政的公平支出原则。毕业生分配应允许跨地区自由流动,但对地区之间流动应进行平衡,对地方的净流出量,按照生均经费投入量计算总经费支出,回补给地方,避免落后地区得自于国家的这部分利益因人才的大量流失而无偿流向其他地区,损害地区利益。第二,对地方办高等教育毕业生净流出量,亦应按地方的生均经费投入量计算支出总量,再由国家财政予以补偿,克服地方收益流向他方的情况。第三,进一步规范人才市场,实行人才的有偿流动。因为成熟型人才的形成,地方单位为此支出了一定的成本,大量成熟型人才的无偿流动使得这部分成本支出形成流入地区的收益,造成流失单位的产权损害。正是人才的无偿流动刺激了国内市场方兴未艾的人才大战,因为人才资源构成地区产权的一部分,吸引到人才就等于增加了地区产权,所以,有必要规范人才市场,实行人才的有偿流动。第四,西部地区囿于财力限制,高等院校教师工资普遍偏低,与东部地区相比,教师劳动没有得到完全承认,国家有必要对高校教师的工资确定一个基本保障线,对落后地区教师工资达不到保障线标准的差额部分由国家财政专项于以补足,在实质上稳定西部地区高等院校的师资队伍,为西部地区高等教育的发展创造条件。

(四)农业的外部性克服与产权保护

农业的外部性集中表现在两个方面:一是由生态农业所引起的外部性。西部生态农业是以植树种草、自然保护和水土保持为基本特征的,西部生态农业会直接改善全国的生态环境,由此引起的西部农业的净收益转移即为西部生态农业的外部性。一是由工农业产品价格剪刀差引起的农业外部性。剪刀差的实质是价格差,其法律特征是主体地位被扭曲,并在部门之间形成不平等的法律关系,致使农业部门收益净转移至工业领域即为剪刀差外部性。关于剪刀差外部性，因涉及全国范围，并非西部地区农业的一个特有现象，故本文在探讨农业外部性克服与产权保护时对剪刀差外部性将不予涉及，重点放在西部地区生态农业的外部性克服上。关于生态农业的外部性克服，一直以来的基本观点是认为应该由国家拿出税收的一部分补偿生态农业的制造者因此造成的经济损失，依法确立生态农业的生产补偿权，使生态农业的外部性收益在制造者和受益者之间进行合理分割。本文对这种观点持赞同态度，但以为在进行实际补偿时，应结合西部生态农业的实际情况采取有针对性的具体补偿政策。除过国家补偿以外，本文认为基于公平原则，东中部受益区也应采取一些实际步骤支持和帮助西部地区发展生态农业①。具体包括以下三方面内容。第一，实物补偿。实物补偿的重点是落实好国务院制定的"退耕还林、退耕还草、以粮代赈"的生态保护政策。在具体执行这一政策时，要因地制宜，认识到林、草的培育不是一朝一夕的事情，应区分轻重缓急，循序渐进，有组织的退耕还林、退耕还草，避免一轰而上。这样做既可以使以粮代赈政策足额到位，充分发挥政策的效力，避免形成新的平均主义。又可以防止乱铺摊子，还林、还草"大跃进"，形成新的生态隐患。应注意的问题是"粮赈"形式的实物补偿应以原"耕田"的产量为补偿标准，不能撒胡椒面，使退耕还林、退耕还草形成新的利益扭曲，人为减少地区人民的正常收益。第二，经济补偿。实物补偿如果以原"耕田"产量为补偿标准，在林草未形成经济效益之前必然影响到退耕的经济利益，为了使退耕政策真正得以贯彻，在实物补偿之外，还应按林、草的远期价值进行货币补偿，作为退耕的经济收益，使"退耕"的经济成本取得完全补偿。把建设"山川秀美"作为西部地区生产活动的一项内容之一，使生产与收益直接挂钩，具体由国家依外部性原理进行直接的经济补偿。对西部地区的珍稀物种保护，同样应采取上述两种补偿办法，涉及退耕的应同时享受实物补偿和经济补偿；不涉及退耕的，以经济补偿为主。第三，除上述国家补偿以外，东中部地区作为"山川秀

---

①南美的哥斯达黎加是一个农业国，该国鼓励农民植树造林，然后通过森林造氧，使邻国受益，邻国给哥斯达黎加适当补偿。

美"工程的受益者之一，亦应采取具体步骤帮助西部地区实施退耕政策。具体可根据退耕政策的两个阶段采取灵活多样的方式帮助西部地区。在退耕阶段，可采取诸如提供草种、树苗、退耕机械等措施，还可采取承包方式建设诸如"广东林""江苏林"等还草、还林工程。退耕完成以后，可以通过提供维护、保养设备、材料甚或资金等方式养护林草，使"山川秀美"工程成为全中国人民共同参与的一项伟大工程，最大限度的减少、内化西部经济的外部性，确保西部产权的完整性，使西部开发顺利向前推进。

（《中国法学》西部大开发与送法下乡专刊 2000 年）

第1章

外部性基本理论

1.1 外部性的含义及产生的原因

外部性(Externalities),又称外在性、外部效应、外部经济和外部不经济等。它是普遍存在的经济现象。它贯穿于社会经济发展之中,并对企业的生产和居民的生活产生重要的影响。外部性问题的存在不仅意味着资源配置没有达到帕累托最优,而且经济学界认为负外部性是导致资源破坏和环境污染的根源。因此,克服和解决外部性问题就成为众多经济学家研究的热点问题之一。

1.1.1 外部性的含义

在1954年,蒂博尔·希托夫斯基(Tibor Scitovsky)发表了一篇名为《外在经济的两个概念》的文章,在文章一开始他就说:"外在经济概念是经济学中最难以捉摸的概念之一。"这种说法至今仍然是正确的。因为,到目前为止关于外部性的定义尚未有一个统一的说法。外部性表示的是一个经济主体与它的外部环境所发生的关系的经济学概念。其含义是指在竞争市场经济中的市场价格不反映生产的边际社会成本,因而产生的"市场故障"。反映的是,经济效果传播到市场机制之外,并改变接受外部效应的厂商的产出和由其操纵投入之间的技术关系。用函数表述为,假设第 i 个生产者有产生 q_i,不仅受他控制的变量——向量 x_i 的变化所影响,而且受其他生产者 j 所控制的变量 e_j 所影响,形成这样的生产函数:

$$q_i = f_i(x_i; e_j)$$

这只是对外部性的概括总结。① 凯斯(Kase)和费尔(Fale)对外部性的要领是这样论述的:"当一个人或一群人的行动或决策对某些第二方或第三方加强了成本或赋予了利益时,就可以说存在一种外在性。有时,外在性也叫溢出效应或邻近效应。当决策制定者对社会成本和社会利益不加考虑时,导致的结果是缺乏效率的。"② 在现代生活中,外部性的现象处处可见,如古代墓葬的发现和开发带动了当地的旅游产业、生产过程中的各种污染、交通拥挤、生活垃圾、公共场所吸烟等等。这些现象都是与社会的经济发展或人们的生活紧密分不开的,每个人的行为都可能对其他人产生影响。因此曼昆(N. Gregory Mankiw)对外部性下的定义是:"外部性是一个人的行为对旁观者福利的影响。如果对旁观者的影响是不利的,就称为'负外部性',如果这种影响是有利的,就称为'正外部性'。"③他认为,在外部性存在时,社会对市场结果的关注会扩大到超出市场中买者与卖者的福利之外;它还包括受到影响的旁观者的福利。这是因为买者与卖者在决定需求或供给时并没有考虑到他们对别人产生了外部性。

现代微观经济学中最伟大的成就之一就是提出了假设条件,在这个条件下,消费者追求的效用最大化和厂商追求利润的最大化之间的独立活动将使得所有市场均同时达到必然的和自发的均衡,这被称为一般均衡理论。一般均衡的实现条件是:竞争性力量会使得市场上的每种商品和服务的边际收益和边际成本相等;但是在现实的经济活动中存在着大量的事实是:社会边际成本与私人边际成本、社会边际收益与私人边际收益不一致。如果是由市场造成这种"不一致",经济学将其统称为"市场失灵"。如果是由政府干预所造成的"不一致"经济学将其称之为"政府失灵"。而外部性问题就是市场失灵的其中一种。因此,萨缪尔森(Samuelson,P. A.)对

---

① 《新帕尔格雷夫经济学大辞典》,1996年版,第280页。
② K. E. 凯斯、R. C. 费尔:《经济学原理》(上册),中国人民大学出版社1994年版,第556—557页。
③ 曼昆:《经济学原理》(上册),三联书店、北京大学出版社1999年版,第208页。

外部性的解释是："当生产或消费对其他人产生附带的成本或收益时，外部经济效果便发生了；就是说，外部性是指成本或效益被施加于其他人身上，然而施加这种影响的人却没有为此而付出代价。更为确切地说，外部经济效果是一个经济人的行为对另一个人福利所产生的效果，而这种效果并没有从货币或市场交易中反映出来。"①而平狄克·鲁宾费尔德对外部性的定义给出了更加直白的解释："外部性是并不直接反映市场中的生产和消费效应，它是市场失灵的主要来源。"②

这些论述都是对外部性的概括性的总结。除此之外，西方经济学者包括中国的一些学者如贝特(Bator)、鲍莫尔(Baumol)和奥茨(Oates)等等，都对外部性的定义给出了许多不同角度解释，但主要集中在以下三种：

第一种解释，主要是界定在经济活动中的个体与个体行为之间的外部性问题。以瓦伊纳(Variner)的观点为代表。认为：当一个行为个体的行动不是通过影响价格而影响到另一个行为主体的环境时，我们称存在着"外部性"。③ 这一定义表明了在经济活动中人与人之间存在着相互之间的利益关系，即一个(或一些)行为主体的生产活动使其他人无辜地承担了本不该他(们)自己承担的成本或获得的利益，结果导致了个人和团体的利益无法最终实现最优。

第二种解释，主要是从决策成本和交易成本的角度来考察外部性问题。以詹姆斯·E·米德(J. E. Meade)的观点为代表。认为："一种外部经济(或外部不经济)指的是这样一种事件：它使得一个(或一些)在做出直接(或间接地)导致这一事件的决定时根本没有参与的人，得到可察觉的利益(或蒙受可察觉的损失)。"④这一定义表明的是经济主体在决策中，假如双方意见一致，即使决策成本很高，双方达成的契约也是最有经济效率的，

---

①萨缪尔森：《经济学》(第12版)，中国发展出版社1992年版，第1193页。
②平狄克·鲁宾费尔德：《微观经济学》，中国人民大学出版社，第481页。
③Varian, Hal R Microeconomic Analysis, 2nded, W. W. Norton & company, 1984. P. 259.
④詹姆斯·E·米德：《效率、公平与产权》，北京经济学院出版社1992年版，第302页。

同时交易费用较小，外部成本较低。假如双方是通过讨价还价达成的契约，那么，交易费用就会上升，外部成本就会增大。

第三种解释，主要是从成本与收益的角度来考察外部性问题。以道格拉斯·诺思(North，D. C.)和罗伯特·托马斯(Robert. P. Thomas)的观点为代表。当某个人的行为所引起的个人成本不等于社会成本时、个人收益不等于社会收益时，就存在外部性。即他们所说的"个人收益成本与社会收益成本之间的差异，意味着第三方(或更多方)在没有他们许可情况下，获得或承受一个收益或成本"。[①] 这个定义表明的是成本与收益在遇到外部性影响时，会严重扭曲。因为在经济活动中，当一个(或一些)人的经济行为带来外部性时，其他许多人会从中受益(或会承担成本)，而他本身的收益会减少(或成本会减少)。所以在遇到外部性时，成本与收益这个经济学最基本的概念，就变得难以测算了。

第四种解释，布坎南(Buchanan)和斯塔布尔宾(Stubblebine)用函数关系式表述了对外部性的认识，"外部性可以表达为 $U_a = U_a(X_1, X_2 \cdots X_n, Y_1)$ U_a 表示 a 的个人效用，它依赖于一系列的活动($X_1, X_2 \cdots X_n$)，这些活动是 a 自身控制范围内的。但 Y_1 是由另一个人 B 所控制的行为，B 被假定为社会成员之一。"[②]这一函数关系说明了，只要某个人的效用函数或某一个厂商的生产函数所包括的变量在另一个人或厂商的控制下，即存在着外部性。从这一定义不难看出，他们将市场经济中的个体之间所有的相互依赖关系都视为"外部性"。

另外，也有人从区域经济关系的角度解释外部性，把外部性区分为"私域外部性"和"公域外部性"。认为私域外部性是指私人相互之间的影响，而公域外部性则是指地区之间、行业之间或者国家之间的相互影响。"用外部性理论来分析一国区域经济时，一国某一地区或者局部就可看成是外部性的潜在制造者，地区或者局部的活动可能减损自身利益而惠及区

[①]Donglass. C. North and Robert. P. Thomas: The Rise of the West World. Cambridge University Press. 1973. P. 2—3.

[②]Buchanan. J. M and Stubblebine W. E. Externality Economics 1960.

外，产生外部经济；也可能侵蚀区外利益而使自身增益，产生外部不经济。利益的盈损既得不到受益区的适当补偿，也无需向受害区做适当赔偿"。①"公域外部性"与"私域外部性"相比，最显著的特征为受益主体的不特定性，或者是指某一个区域，而不是指某一具体的主体，所以公域外部性的制造者和受益者具有非特定性。本书以下各章将以此为基础展开对外部性问题的分析。

总之，外部性就是指随经济活动所产生，又没有得到市场承认的危害或利益；是一种市场低效率或无效率的表现。

1.1.2 外部性产生的原因

外部性产生的原因是多方面的，有的是在经济发展过程中造成的，有的是市场机制造成的、有的是制度所造成的；有的是在生产过程中引起的，有的则是在消费过程中引起的；有的是由于产品的性质引发的、有的可能是由于决策所导致的；有的是由一方面简单原因造成的，有的则是由多方面错综复杂的原因造成的。总之，在竞争性均衡中，资源配置最优化的(边际)条件遭到破坏时(帕累托相关)外部效应实质上就出现了。② 提到外部性问题的产生的原因，人们会立刻与生产或消费联系在一起，认为外部性产生的原因是在生产活动或消费活动的过程中给他人或其他经济主体造成的积极的或消极的影响，使其在不知不觉中获取了利益或遭受了损失(增加了成本)。实际上外部性产生的原因很多，归纳起来主要有：由经济发展引起的外部性、由市场机制引发的外部性以及由制度造成的外部性，有道德习惯引起的外部性等。当谈到正外部性产生的影响时，人们会立刻想到经典案例：养蜂人与果农的经济关系。同样当说起负外部性造成的影响时，人们马上会联想到企业在生产活动中烟尘、污水、生产废弃物等，在消费活动中的生活垃圾、汽车尾气等对生态环境和自然资源的破坏或者

---

①李永宁、黄河：《外部性损害与国家补偿法律制度研究》，载《中国法学》2000年送法下乡与西部大开发专刊。

②鲍莫尔ＷＥ、奥茨ＷＪ：《环境经济理论与政策设计》，经济科学出版社2003年，第11页。

是对他人或其他经济主体造成经济损失。事实上，外部性所造成的影响，不仅有积极的、有消极的，负外部性问题也不仅仅是对生态环境和自然资源的影响，它还会对社会是否能健康协调发展以及社会是否会安定团结造成一定影响。

1.2 外部性的类型和外部性理论的演进发展

1.2.1 外部性的类型

随着经济学家们对外部性问题的热烈讨论，对外部性会在什么样情况下发生？它的产生会带来什么样的结果等问题也进行了深入的研究。使得外部性理论从多方面都得到了不断完善和发展。外部性问题也已经演变发展成为一个错综复杂的概念体系，成为经济学、法律经济学的一个重要概念。同时，各派经济学家对其类型从不同的角度出发进行了较为详细的划分。

1. 按一般类型划分，外部性可分为广义或狭义、技术性和货币性以及宏观和微观外部性。

（1）外部性有广义与狭义之分

广义外部性包括技术外部性和货币（金融）外部性。最初外部性这个概念是在马歇尔（Marshall）1890年的著作《经济学原理》中提出的。按照他的分析：外部经济是整个行业规模扩大和产量增加而使个别厂商所得到的好处。整个行业的发展，可以使个别厂商得到修理、服务、运输、人才供给、科技情报等方面的便利条件，这些都有可能使个别厂商降低平均生产成本，享受外部经济。外部不经济是指整个行业规模扩大和产量增加而使个别厂商成本增加，收益减少。引起外部不经济的因素包括由于整个行业的发展而出现的招工困难、原材料和动力不足、交通运输紧张以及地价上涨，等等。对外部性的这种理解，后来被称作货币（金融）外部性。

另一种对外部性的解释就被称作技术外部性。它是指一个经济主体的活动对其他经济主体的福利所产生的影响，因此用外部影响来说明外部经济和外部不经济,强调的是某一经济主体的活动对外部的影响,而不是外部因素对某一主体的影响。这对区别货币(金融)性和技术性外部经济和外部不经济这一对概念,是至关重要的;更重要的是,作为外部影响的外部经济和外部不经济,是不被市场价格所反映的。而货币(金融)外部经济或外部不经济不具备这种性质,它们一般是可以通过市场价格得到体现的。所以,一般把马歇尔意义上的外部经济和外部不经济称为货币性的,而把作为外部影响的外部经济和外部不经济称为技术性的。货币(金融)外部性和技术外部性的总和被称为广义的外部性。而技术外部性被称为狭义的外部性。[①]

(2)技术外部性和货币(金融)外部性

有些学者认为是瓦伊纳(Variner) 1931 年具体区分了技术性外部经济和金融性(货币性)外部经济的概念。

技术外部性,是指某种消费活动或生产活动对消费者的消费集的间接影响,或消费者的效用函数或生产者的生产函数。所谓间接性是指,其影响涉及的不是进行这一经济活动的厂商,而是别的厂商,并且影响不通过价格系统起作用。由于技术外部性在社会经济发展过程中,对厂商生产和居民生活产生的影响更大,所以人们在讨论外部性时,一般是指技术外部性。货币(金融)外部性,它是指厂商之间或者产业和它的厂商之间的价格效果。即通过价格体系起作用的外部性问题。例如,在具有不完全偶发市场的经济中,价格便横跨能选择消费计划的子空间。在具有不对称信息的经济中价格就传播信息。当经济行为者影响价格时,他们通过改变其他经济行为者的可行的消费系列或他们的信息结构,从而影响其他经济行为者的福利。由于金融(货币)外部性是由价格体系引起的,而不是"市场障碍"的原因,不影响资源配置效率问题,所以与福利经济学不相关。技术外部性后来演变发展成与福利经济学有关的现代外部性概念体系。金融(货币)外部性后来则演变成"市场的相互依赖性"而成为与发展经济学有关概念体

[①]《现代西方经济学辞典》,中国社会科学出版社,第18页。

系。主要为发展中国家或地区制订发展计划中起作用。① 无论是谁区别了技术性与金融性(货币性)外部性的概念,对于研究外部性理论是极为重要的。

(3)宏观外部性和微观外部性

宏观经济学中所说的外部性从内涵到表现形式都与微观经济学中的概念有区别。宏观外部性是指:个人行为对宏观经济造成影响,这种影响又反过来波及每一个行为人的福利。正如美国学者哈丁(Hardin)的"公有物的悲剧"就是典型的事例。哈丁以牧民过度放牧为例阐述了"公有物的悲剧"。他设想了一个向一切人开放的天然牧场,每个牧羊人的直接利益的大小取决于他所畜养羊只的数量。因此,每个牧羊人都在利益机制的驱动下增加羊只数量,想充分利用公有牧场获取其最大利益。结果超载放牧导致了天然草场的退化,甚至牧场丧失其价值。而这一后果则是由所有人来承担。他的这一思想说明了,在私有制条件下,公有物被无限制的使用,使每个人最大限度地将其蚕食为自己的私有财富。而此行为的最终结果是对公有物的损害和对包括自己在内的所有人整体利益的丧失。构成了公有资源不可逆毁坏的悲剧。这是一个典型的微观趋利行为导致宏观外部性的事例。也就是说,具有理性预期并遵循利益最大化原则的个人经济活动,并不一定有利于宏观经济的稳定。个人的行动在微观上可能是理性的、效用最大化的,但由于这些个人的经济活动有着相互的作用,所以某些时候就会造成宏观经济的波动。而宏观经济的波动又反过来又影响每一个人。用函数表述为:假设行为人 i 的福利 yi 取决于 i 的一组生产活动($X_a \cdots X_b$)以及一个外生变量 u。那么行为人的福利函数为:

$Fy_i = f(X_a \cdots X_b; u)$

假设该福利函数二次连续可微。用 X 表示所有行为人的行为给 Xi 带来的共同影响。给定外生变量,如果对于所有的行为人 i 来说,满足下列条件,就存在宏观外部性。

---

①《新帕尔格雷夫经济学大辞典》(第二卷),经济科学出版社,第282页。

ayi/ax ≠0

就是说，如果给定外生变量，所有行为人行为的综合结果对每个行为人福利都为非零。微观外部性主要是指一个（或一些）人的经济活动对"旁观者的福利的直接影响"。而宏观外部性则更多的强调，处于不同市场的行为人的共同作用的结果，表现的是行为人之间的一种间接影响，而且所有的个人既是影响的施加者，又是影响的承受者。①

2. 从外部性的作用方向划分，可分为积极作用和消极作用。

外部性的作用方向也可理解为外部性的影响后果。斯蒂格利茨（Joseph E. Stiglitz）在《经济学》一书中指出：外部性可被分为积极的和消极的两类，其划分取决于个人是否无偿地享有了额外收益，或是否承受了不是由他导致的额外成本。具有积极外在性的产品——诸如研究与开发——在市场上会供给不足。在决定购买多少产品时，每一个人或厂商都只想到他自己获得的收益，而并不考虑带给别人的收益。同样道理，具有消极外在性的产品，诸如空气及水污染，在市场上供给过量。② 事实上，在 20 世纪的上半叶，外部性就被分为外部经济和外部不经济。它反映的是，经济效果传播到市场机制之外，并改变接受效果的厂商的产出和由起操纵的投入关系。用函数表述是，假设第 i 个生产者产出 q_i，不仅受他控制的变量——向量 x_i 的变化所影响，而且受其他生产者 j 所控制的量变 e_j 所影响，即：

$$g_i = f_i(x_i; e_j)$$

所以，外部经济是指 i 因为引的存在而受益，希望 j 能增加 e_j。例如，上游的居民植树造林，保持水土。下游的居民因此得到质量优和数量足的生产和生活用水，这时社会效益大于私人效益，产生外部经济性。如图所示：

---

① 金俐：《论宏观外部性于宏观经济学的发展》，载《四川大学学报》2001 年第 4 期。
② 斯蒂格利茨：《经济学》，中国人民大学出版社 1997 年版，第 493 页。

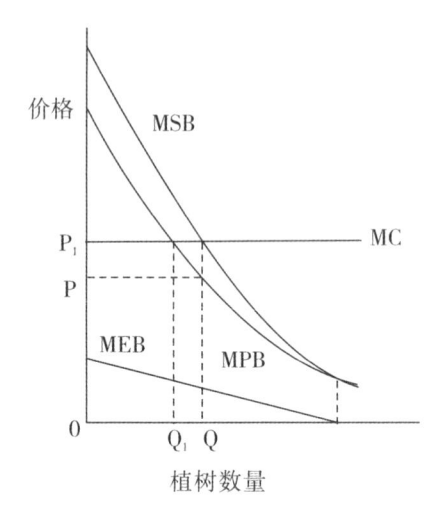

[图：纵轴为价格，横轴为植树数量。曲线MSB、MPB下降，MC为水平线，MEB下方。交点对应P₁、Q₁和P、Q]

由图可见，当存在外部经济时，边际社会效益 MSB 大于边际私人效益 MPB。差额是外部经济效益 MEB。种树人投资植树造林时，其投资行为由 MPB 和边际成本 MC 决定，这时私人植树数量 Q_1 小于由 MSB 和 MC 决定的有效植树数量 Q。当要求私人植树数量达到 Q 时，必须降低植树的成本。因此，如果外部经济得不到有效补偿，就会导致资源的配置失误。

外部不经济则是指 i 因为 ej 的存在而受损害，希望 j 能减少 ej。如图所示：

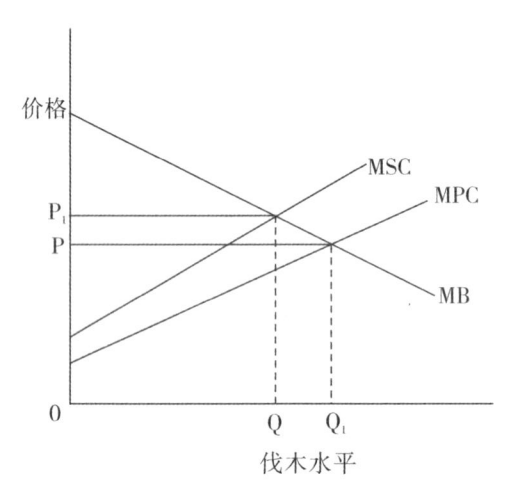

[图：纵轴为价格，横轴为伐木水平。MSC、MPC上升，MB下降。交点对应P₁、Q和P、Q₁]

当存在外部不经济时，边际社会成本 MSC 大于边际私人成本 MPC。差

32

额是外部经济成本 MEC。但是一个私人利益最大化的植树人砍伐森林时，其砍伐水平由边际效益 MB 和 MPC 决定，这时私人砍伐水平 Q_1 大于由 MB 和 MSC 决定的有效水平 Q。当要求砍伐水平达到 Q 时，必须提高伐木的价格，因此，如果外部不经济得不到有效纠正，也会导致资源的配置失误。

这两种外部性表明了，第一，是它们伴随着生产或消费活动而产生。第二，它们的影响后果或是积极的或是消极的。后来外部经济的概念在主要欠发达国家或地区制订发展计划中起到了突出的作用。

3. 经济活动主体不同划分，可分为生产外部性和消费外部性。

生产外部性是指，一个（或一些）生产者在从事经济活动时，给其他人或其他生产者带来损害或利益，而该生产者又没有因为这一后果支付赔偿或得到报酬。如果给其他人或生产者带来的是积极的影响，就是正生产外部性（或外部经济），如养蜂业对果农的影响；相反给他人或生产者造成的是消极影响，就是负外部性（或外部不经济），如造纸厂的污水对养鱼场的影响。

消费外部性是指，一个（或一些）人在消费活动中给他人带来的损害或利益，而该消费者又没有因此支付赔偿或得到报酬。如果此消费行为给其他人带来的是积极的影响，就是正消费外部性，如某人放烟花其他人观赏；如果此消费行为给其他人带来的是消极影响，就是负消费外部性，如吸烟给别人造成的影响。

4. 从产生的原因划分，可分为三种，即经济发展引起的外部性问题、制度造成的外部性问题以及市场机制造成的外部性问题。

从造成外部性的原因划分，就是讨论引起外部性的几种主要情况。在这里我们主要讨论负外部性（外部不经济）产生的原因。

(1) 经济发展引起的负外部性问题。在经济发展中引起的外部不经济问题主要是生态破坏、环境恶化、资源过度而低效利用问题。经济发展既依赖自然环境和自然资源的支持，又对自然环境和自然资源产生不利的影响。环境经济学认为，环境容量也是资源，对环境容量利用不足或者不利用，是资源配置的低效率或者无效率。但是环境容量也是有限的，对环容量利用过度甚至损害环境容量，同样是资源配置的低效率或无效率。环境的恶化是人类行为的结果，或者说是经济发展不当造成的后果。环境经济学把物质平衡理论作为研究环境外部性的理论基础，通过对整个环境——经济系统物质平衡关系的分析，得出外部不经济是环境恶化的根源的结论，揭示了环境污染的经济学本质；并把环境恶化的原因概括为：成本和收益、稀缺和价格、权利和义务、行为和结果的脱离和背离。①

三次科技革命，给人类创造了巨大的经济财富，把人类带入了文明的社会；但是在人类享受现代物质文明的同时，承受着生态被破坏、环境被污染、资源日益匮乏的代价；承受着由于自然界遭到破坏所引起的自然灾害造成的巨大经济损失；承受着污染引起的各种疾病；承受着人口快速增长的压力。现在环境问题、资源问题、人口问题已经成为制约经济增长，甚至威胁人类生存和发展的严重问题。对此提出了可持续发展理论。世界环境和发展委员会于1987年在发表的《我们的未来》报告中，对于可持续发展定义为："既满足当代人的需求又不对后代人满足其需求的能力构成危害的发展"。② 这一定义即可以理解为，当前人们福利水平的提高不能建立在未来人们福利水平下降的活动基础上。可持续发展理论最大的贡献就是引入了时间概念，用长远规划的动态分析合理地配置资源，主要解决的问题是人类代际之间行为的相互影响，尤其是要消除当代人对未来人的不利影响。因此，有些学者把经济发展过程中产生外部性也称为"时间外部性"或"代际外部性"。代际外部性顾名思义是指，当代人的经济行为对未来人的福利产生的影响，换言之，当代人不是通过更有效地利用资源，通过技术革新来增加赢利，而是通过过度使用不属于自己的资源，把本应自己支付的成本转嫁到子孙后代身上，使他们不得不承受当代人在经济活动中造成的后果。代际外部性也可分代际经济和代际不经济。代际经济是指当代人的经济活动给未来人的福利产生了积极的、正面的影响，这种思想

---

① 张帆：《环境与自然资源经济学》，上海人民出版社1998年版，第5页。
② 秦大河、张坤民等：《中国人口资源环境与可持续发展》，新华出版社2002年版，第126页。

在中国古代时就已存在。如，"前人栽树，后人乘凉"的成语就体现了代际经济的关系。代际不经济是指，当前人的经济活动给未来人的福利造成了消极的、负面影响。如"杀鸡取卵"、"竭泽而渔"等典故说的就是代际不经济。因此，实现代际经济是可持续发展经济学追求的目标。

(2)制度造成的外部性。制度外部性的含义主要有三方面：①制度是一种公共物品，本身极易产生外部性。萨缪尔森把公共物品定义为，一个人消费这些物品或服务不会有损其他任何人的消费。制度是一种公共规则，并不是针对某一个人的。但制度与一般公共物品相比，它是一种特殊的公共物品，是无形的；它是人的观念的体现以及在既定利益格局下的公共选择，或体现为法律制度，或体现为规则，或体现为一种习俗。②在另一种制度存在下，而在目前的制度下，无法获得的利润(或利益)，这是另一种意义上的外部性(外部经济)。③是由法律造成的，确切地说，是由于法律上禁止自愿谈判导致的。一旦造成这类外部性，产权的界定中就包含着让一方非自愿承担和履行义务的强制性。①

(3)市场机制造成的外部性。经济学大师亚当·斯密，曾经赞扬市场机制是一只"看不见的手"，它会自动调节各种经济因素达到持续平衡状态，但这只是在理想的完全竞争的条件下的状态。在现实中存在许多因素会让市场机制达不到有效地调节厂商和行业的生产，也不能最优地配置资源，从而造成市场失灵。外部性问题和公共产品的存在就是主要因素。外部不经济就是当事人在其经济活动中所造成的外部性成本，没有客观地反映在自己的成本中，而是转嫁给了其他人。这样，就造成了当事人的生产过量过多。例如，某家造纸厂生产纸张的私人成本包括材料、运输、资本、劳动、管理等成本，但对于整个社会来说，生产纸张的成本除了上述所有的私人成本外，还包括在生产过程中所产生的污水、废气对社会所造成的污染成本。在市场经济中，私人的经济活动决策基于利润最大化，所以当私人成本与社会成本不相一致，或私人利益与社会利益不相一致时，

---

① 朱中彬：《外部性的三种不同涵义》，载《经济学消息报》1999年7月23日。

对企业或个人的最优决策就不一定是社会的最优决策。即在外部性条件下，完全竞争并不能达到有效的资源配置。如图所示：

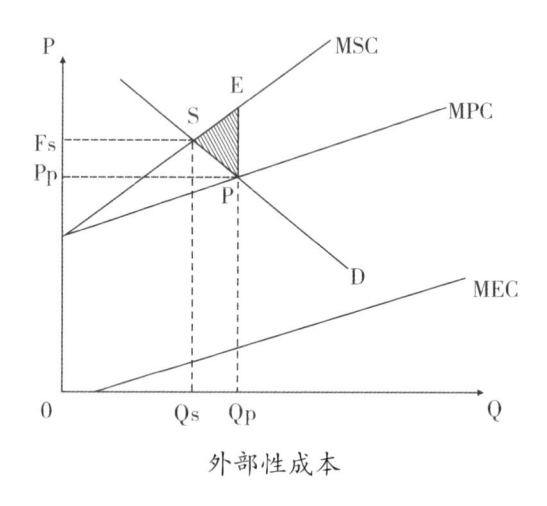

外部性成本

用 D 表示某厂商产品的需求曲线，MPC 表示私人的边际成本曲线，MSC 表示社会的边际成本曲线，MEC 表示边际外部成本曲线。该函数图叙述的是负外部性导致价格偏低，产量过高的情况，显示了社会边际成本大于私人边际成本时，其差额为边际外部成本（MEC）。由于厂商是根据 D 与 MPC 的交点 p 决定产量 Qp，对应的价格为 Ps 高于 Pp，这说明了由于厂商在生产过程中负外部性转嫁了外部成本，使自己的生产成本低于社会成本，导致了生产过度，超过了有效的产量，使产品价格偏低，给社会带来损失：△EPS，出现了资源配置效率损失。用古典理论的边际替代率等于边际转换率叙述，也就是，如果在没有外部性问题的存在，在完全竞争状态下，帕累托最优只需用私人边际率表示，当私人边际替代率等于私人转换率时，就能够实现资源的最优配置；但在外部性存在的经济中，就必须用社会边际率替代私人对其的直接和间接的影响。另外，放任自由的市场经济还会形成垄断，垄断在某种意义上说也是一种外部不经济。各种形式的垄断对资源配置会造成不利影响。因此庞古曾经就对此提出过主张，要用间接控制或直接控制手段来消除或限制垄断。

除此之外，从产品的性质分类，又可分为可分割外部性和不可分割外部性。如萨缪尔森(Samuelson)在《公共支出的纯理论》、巴托在《市场失灵的剖析》中都应用了传统的均衡分析方法。得出由于公共产品具有不可分割的性质。即任何人都不可能排他性地消费公共产品。所以公共产品的生产在市场条件下无法得到确切均衡的结论。不可分割性是指一种物品未付费的个人不可能被阻止享受该物品的好处。因为，公共产品的这种特殊性质就决定了人们在使用过程中会产生免费享受公共产品而不付费的"搭便车"现象。这样就会使公共产品的供给方不能获得优化配置生产的收益指标，而需求者也不愿表达自己对公共产品的主观需求。所以，生产者的需求曲线就无法确定，外部性也就形成了。

从公共产品的性质分类，外部性可分为公共外部性和私人外部性。缪勒(Dennis C. Mueller)认为：总的来说，公共物品的特性构成了集体选择存在的理由。[①] 而公共物品具有非排他性和非竞争性两个最基本的性质，体现在外部性问题上就构成了公共外部性和私人外部性以及不可分割外部性的分类。

从外部性的相互影响程度分类，还可分为可分性外部性和不可分性外部性。如1962年，戴维斯(Davis)和惠因斯顿(Whinstion)发表了一篇题为《外部因素、福利与对策论》的文章。文章中把外部性分为可分的外部性和不可分的外部性。他们认为：可分的外部性是指，假定B的生产活动影响了A的总福利，但A的边际收益不一定完全取决于B的影响，而是取决于A自己的生产活动。具体地说，就是A厂商的成本函数不是受B厂商的产量水平所影响。可分的外部性相互之间影响程度较小。在这种情形下，除了外部性外，产量、消费水平、成本都可以成为决定补贴和课税的因素。

1.2.2 外部性理论的演进发展

关于外部性的概念最早是谁提出来的，在学术界看法不一，有人认为是马歇尔，也有人认为是西奇威克。西奇威克他在1883年出版的《政治经济学原理》一书中，指出私人产品与社会产品之间存在着不一致的问题。

[①]Dennis C. Mueller, Publie Ⅱ, Cambridge University Press, 1989, 11.

并举例说明私人产品与社会产品之间的差异和矛盾，实际上他分析的就是外部性问题。因此学术界有学者认为，外部性问题最早是西奇威克提出来的。但是他并没有明确的提出外部性概念。在经济学说史上，第一个明确提出外部性概念的经济学家是马歇尔。他在《经济学原理》一书中，提出"内部经济"和"外部经济"的概念，并加以界定。自西奇威克和马歇尔对外部性问题做了开创性的研究之后，庇古是经济学史上第一个较全面系统论述过外部性理论的经济学家。他是外部性理论的一个重要的奠基人。之后又有许多经济学家从不同角度或用不同方法，对外部性理论进行研究，他们的研究成果丰富了外部性理论的内容。

关于外部性理论的演进与发展，主要经历了五个重要的阶段：第一阶段是庇古在马歇尔传统的基础上，全面论述了外部性理论，并提出了以国家干预为主解决外部性的主张；第二阶段是科斯在批判"庇古传统"的基础上，提出市场机制仍然可以解决外部性问题的理论和主张；第三阶段是米德、萨缪尔森、戴维斯等提出由市场调节和政府调节相结合来解决外部性问题的理论和主张；第四阶段是包尔丁、皮尔斯和托纳等提出的用循环经济来解决环境污染这类外部性问题的理论和主张；第五阶段是共产党人提出的科学发展观，用更科学、更全面的方法解决外部性问题。

1.3 干预外部性的一般手段

生产生活中普偏存在着外部性问题，是不争的事实，无污染的生产是根本不存在的。因此，外部性问题就成了社会广泛关注的问题之一。哲学、伦理学从提高人文关怀、从道义主体与受体的关系、[①] 从加强道德意识、尊重自然等角度寻找外部性内在化的途径；科学家从各种技术角度，探索提高清洁能源和绿色生产技术来减小外部不经济产生的损害；而经济学家们对待矫正外部性途径是各持己见。如福利经济学、制度经济学从调

---

① 道义主体 moral agents 和道义受体 moral objects 的概念和区别，详见 Taylor, Respect for Nature：a theory of environmental ethics. Princeton University Press, New Jersey, 1986, P14—24。

整合各方面利益关系研究外部性问题；从政治、法律的角度来寻求如何强化政府监管职能，利用经济、法律等手段来缩小社会边际成本和私人边际成本之间的差距；新古典综合学派则是从宏观经济政策和微观的均衡理论等经济学的原理来矫正外部性；环境资源经济学、生态经济学、可持续发展经济学从环境、资源及人口与社会协调发展的角度阐释外部性的矫正问题。总之，所有研究外部性的目的都为了：一是要把外部性控制到最优水平；二是要减小外部性损害。

克服和解决外部性问题主要是通过各种不同方式对外部性问题进行矫正，使私人成本或收益与社会成本或收益趋于一致。目的是要矫正资源配置中的帕累托最优的偏离和缓解日益严重的环境污染问题。萨缪尔森等认为，一种自由放任的未加管制的经济会具有一定的污染量或其他外部经济效果所导致的物品。因此，对于这些外部经济效果"在每一种情况下，政府都能采取措施以缓和缺乏效率的自由放任的结果。不论采取什么特殊办法，对付外部经济效果一般的药方是，外部经济效果必须用某种方式使之内部化。这意味着，污染者或生产外部经济效果的人必须具有矫正外部经济效果的动力。"[1]他们主张外部性问题内在化途径，是由政府给予当事人一定动力。以激励的方式纠正外部性的效应。这样"被修补的看不见的手"才会有效率。

一般认为克服外部性问题的方式有四种，即政府管理、市场调节、政府与市场的结合及道德的约束。

1.3.1 政府干预

政府干预一般采取三种手段，即经济手段、行政手段与法律手段。

(1)经济手段，征税与补贴。征税与补贴是政府用来抵消外部性对资源配置不良影响的重要干预措施。这种方法的思路是：在存在外部性的市场失灵情况下，由政府来管制。对产生外部经济的企业进行补贴，使企业扩大生产规模以适应社会需要；对产生外部不经济的企业课征适当的税

---

[1] 保罗·A·萨缪尔森等：《经济学》第12版，第1203页。

收，以课税的方式把企业造成的外部成本内部化，促使它们减少或消除对外部的影响。由于这种方法最早是由庇古提出来的。故也称之为"庇古税"（Pigovian Taxes）。采用"庇古税"的目的是矫正产品的价格，以达到有资源配置和消除社会边际净资产的背离的效果。如图所示：

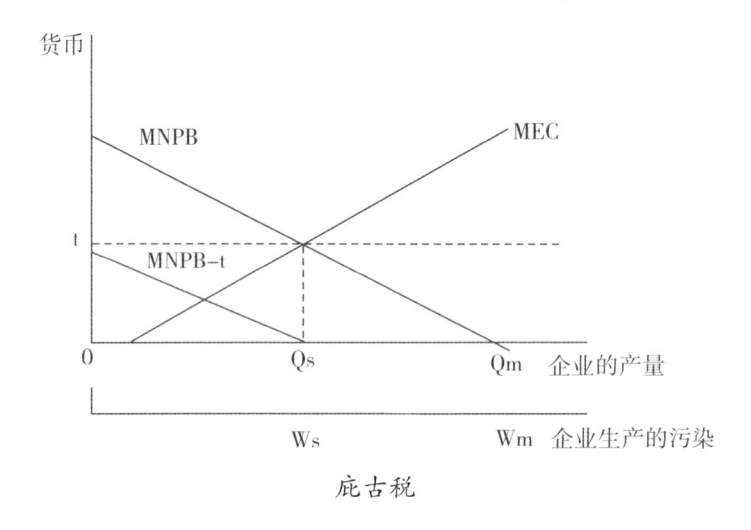

庇古税

MNPB 为企业的边际私人净效益，MEC 为边际外部成本。企业为利润最大化生产所有 MNPB > 0 的产品，把产量扩展到 Qm。社会最优要求当 MEC > MNPB 时停止继续扩大生产，即生产 Qs。税 t 使企业在 t > MNPB 时停止扩大生产，即把生产限制在社会最优量 Qs 的水平。也就是说，t 把 MNPB 向左下方移动到 MNPB − t。同时，税使排污量从 Wm 降低到 Ws。如果税率正好等于最优产量 Qs，所对应的边际外部成本 MEC 就是外部产生的边际损害。这样企业如果产量超过 Qs，所负的税款就会超过边际私人净效益。所以企业会把产量限制在 Qs 水平，而排污量也会控制在 Ws 的水平。由于 t 是最优税收，它使最优污染量等于边际外部成本（MEC），因此，最优的"庇古税"又被称为在最优的污染水平等于边际外部成本时的排污收费。

（2）行政手段，管制与指导。具体措施是排污标准，它是目前世界上使用最广泛的政府对污染排放量的管制方法。这种方法的思路是：政府直接规定外部不经济的许可数量(排污数量),也就是规定排污的标准。这个标准也是根据污染物的最高排放限度(通常是以一定的健康指标)制定的。然后对每一污染源强行采取的污染物排放限量,超标者将受到惩罚。也就是政府用行政干预方式来减少外部性问题。

(3)法律手段,强制与惩罚。这种方法的思路是:当前由于人们已处在法制社会,通过立法解决外部性问题,用法律武器来预防和补偿外部性的影响。关于这一途径在下面详细论述。

(4)庇古税与排污标准的效益比较。

庇古税与排污标准相比,其优点是:在达到同样目的时,成本较低。如图所示,MAC_1、MAC_2、MAC_3 分别是生产同样产品企业的边际控制成本曲线。

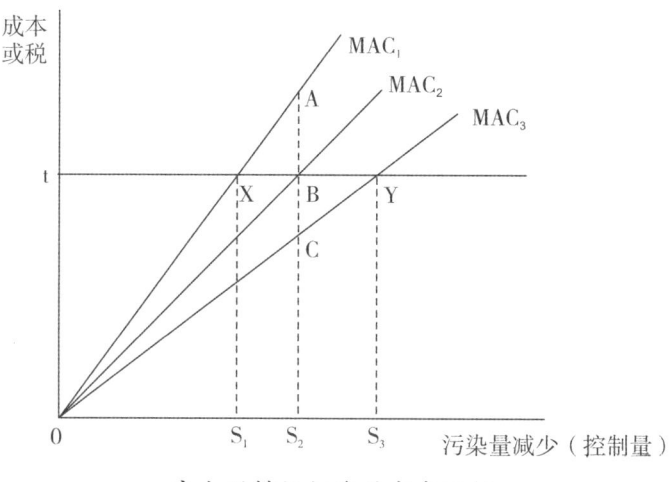

庇古税排污标准的成本比较

假如要控制同样的污染量,三家的控制成本从高到低依次为企业1、企业2、企业3。假如 $S_1S_2 = S_2S_3$,且 $S_1 + S_2 + S_3 = 3S_2$,政府规定的污染标准为 S_2。如果采用排污标准,三家企业的控制成本分别是 A、B、C。如果采用庇古税 t,三家企业的控制成本分别为 X、B、Y。比较两种管制手段的控制成本,因为:总控制成本(排) = $\triangle OAS_2 + \triangle OBS_2 + \triangle OCS_2$

总控制成本(税) = $\triangle OXS_1 + \triangle OBS_2 + \triangle OYS_3$

总控制成本（排） - 总控制成本（税） = $\triangle OAS_2 + \triangle OCS_2 - \triangle OXS_1 + \triangle OYS_3$

得：$\square S_1 XAS_2 > \square S_2 OYS_3$

故：总控制成本（排） > 总控制成本（税）

上述表明，达到同样的排污控制量，庇古税比排污标准的成本较低。

庇古税的缺点是：一是确定准确的外部边际成本十分困难。实施庇古税的前提条件是要确定准确的外部边际成本，而此成本的确定，需要详细真实的各污染源的信息以及计量所有外部不经济积聚造成的成本。因此，在实际操作中，不可能确定准确的外部边际成本。二是政府部门难以得到企业的私人边际净收益曲线的信息。因为，没有激励机制可以让企业向政府报告其真实的私人成本和收益。如果得不到"庇古税"所要求的必要信息，"庇古税"只是一个理论。另外庇古税由谁付，也是争论的一个话题，它关系到分配是否公平的问题。

1.3.2 市场调节

利用市场机制解决外部性问题的方式有两种，即企业合并及产权交易。

（1）企业合并。相信市场自身能够解决外部性对资源配置影响的经济学家们认为，外部性问题存在时，市场之所以达不到资源的有效配置，是因为市场机制的独立、分散决策所至，是经济主体作决策时，没有把外部性问题考虑进去。如，上游化工厂污染下游渔场，但工厂作产量决策时，决不会考虑对渔场污染的成本，因而导致成本低估，产量过高。如果通过某种方式使独立分散的经济决策者自身能够承担或享受外部性带来的成本或利益，他们就会这样决策，将有关企业合并成一家或同属于一个利益集团。这样就能使外部性问题内在化，自动提高了资源配置效率。

（2）产权交易。产权理论学家们认为，外部经济内部化带来帕累托改进的事实可以表明，涉及外部性的各方如果能互相合作，那么每一方都有利可图。但合作的前提，一是产权是明确定义的；二是协商是毫无成本的。也就是说，当某一经济主体的生产活动危害到其他经济主体的利益时,在谈判成本较小和每个经济主体具有明确的所有权的情况下,有关各主体可以通过谈判协商的办法解决外部性问题。关于这个问题在制度经济学派对外部性问题内在化的观点中继续阐述。

1.3.3 政府与市场作用的结合

这两种作用的结合具体方式是排污权交易,也称交易许可证制度。它是指管理部门制定总排污量的上限,按此限发放排污许可,排污许可可以在市场上买卖。排污权交易的主要思想,是建立合法的污染排放权利,即排污权。这种权利通常以排污许可证的形式表现,并允许将这种权利像商品一样在某一市场上买卖。它是以政府调节和市场机制结合来控制外部性问题的一种途径。排污权交易是美国经济学家戴维斯(J. H. Dals)在20世纪70年代提出,80年代在欧美一些发达国家先后试点,是当前备受各国关注的环境政策之一。

(1)优点

①成本小。排污权交易与排污标准、庇古税等相比成本是最小的。

②政府管理部门容易操作并能调节排污权的市场价格。政府管理部门可以根据一定的健康指标作为总排污量的上限,以此发放排污许可,具体操作相对容易;并且政府管理部门可以通过发放或购买排污权的数量来调节排污权的市场价格。如图所示,排污权需求的变化会影响排污权的市场价格。如果,有新的排污者进入该行业,使排污权总需求曲线从 Q_0 移到 Q_1。假设管理部门希望保持原有的总排污量,发放排污权的数量就不变,排污权的供给曲线仍然为 S_0,而排污权价格就会从 P_1 升到 P_2。如果,管理部门认为有新的排污者进入,排污权需求增加,需要增加发放排污权的数量,在增加发放排污权数量后,使排污权的供给曲线右移到 S_2,而排污权的价格则下降到 P_0。相反,如果管理部门需要严格控制排污量,可自己进入市场,购买排污权,使排污权需求曲线左移到 S_1,其价格会上升到 P_3。

排污权供给和需求的变化

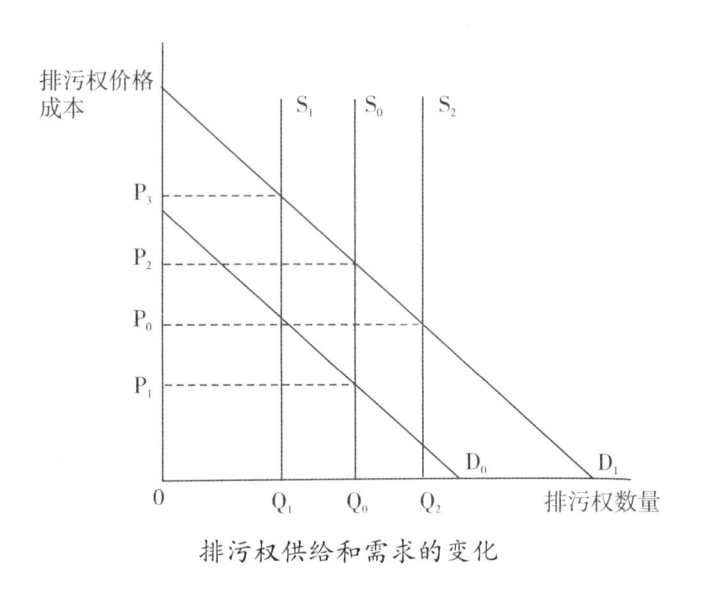

③民间环保机构也可参与。环保机构如果希望降低污染水平，也可进入市场购买排污权。使排污权的需求增加，市场价格上升，企业减少排污量。

④对排污者也有一定的利益激励作用。

(2) 缺陷

排污权交易在操作上有一定的难度，主要是排污权的初始分配问题。排污权交易的标的实质是环境容量使用权，是一种物权，因此排污权的初始分配就意味着是利益的分配。它的分配形式不仅对企业本身的利益有着重要影响，而且对社会某些集团的利益也有重要关系。所以公平高效地分配排污初始权是实施排污权交易的关键。目前对排污权的初始分配有三种形式，即无偿分配、定价出售和拍卖。

1.3.4 道德的约束

道德的约束是政府作用和市场作用外的一种制约外部性问题途径。这种方式主要是依靠社会道德教育、舆论监督以及民间环保组织的参与等，以提高公民环保意识和对外部性的生产者进行监督，用自觉加监督的办法促进环保事业。他们的作用对于抑制外部性问题具有不可替代的作用。

1.4 外部性理论的发展演变

1.4.1 外部性概念的提出

外部性这一思想最早可以追溯到经济学大师亚当·斯密(Smith)。他在1776年，出版了他的划时代之作《国富论》。在这部经典著作中，斯密把"看不见的手"作为经济机制学说的理论基础，提出由"看不见的手"作为经济运行过程的自然规律而实现调节作用。他在赞扬自由放任的市场经济时曾论述到：市场经济不但好，而且是出于天意。因为在其中，每个人在他改善自身处境的自然努力时"都受着一只看不见的手的指导，去尽力达到一个并非他本意想要达到的目的"。即"他追求自己的利益，往往使他能比在真正出于本意的情况下更有效地促进社会的利益"。① "看不见的手"发挥功能的机制是自然的事理，"个人的自然利害关系与倾向，恰好符合于公众的利害关系"，而"个人的利害关系与情欲，自然会使他们把资本投在通常最有利于社会的用途"。② 斯密认为，在"看不见的手"的作用机制下，商品生产者为实现自身利益，能够把握反映供求关系的价格信号，引导劳动、资本等各种生产要素，在部门间合理转移，向收入高点流动，经过竞争各种要素在生产部门和经济领域中的收入又会趋于大致相等，最后通过风险等非货币因素的作用，使经济主体得到利害均等。因此，在"看不见的手"的引导下，达到各种要素持续平衡状态，其中无须人为的指导或政府的干预督导。然而，正是这种个人利益和社会利益一致的乐观看法，产生了自由放任的经济政策和政府对经济的不干预思想。他认为政府在经济领域的只能是保证市场机制的良好运作，但是他又认为，政府的职能是"建设并维持某些公共事业及某些公共设施"。这说明在那时候人们已经认识到了：第一，在经济活动中，个人利益和社会利益之间有着密切的关系；第二，社会需要公共福利，而提供公共福利对私人企业在无利可图的

---

① 斯密：《国富论》(下卷)，商务印书馆1996年版，第27页。
② 斯密：《国富论》(下卷)，商务印书馆1996年版，第199页。

情况下，政府要发挥其作用。因为某些活动具有独特的公共性质，或者这些活动是在自然垄断的条件下进行的，需要政府的管制。除此之外，政府的作用就是保证市场机制的良好运行。所以在19世纪，放任自由的经济政策和政府不干预思想盛行。

英国经济学家，剑桥学派的奠基人之一亨利·西奇威克（Sidg - wick Herry），对此观点有不同的看法。他认识到了经济活动中的私人成本与社会成本、私人收益与社会收益之间存在着不一致的问题。并在1883年，出版的《政治经济学原理》一书中，阐述了他的不同观点，他说："个人对财富拥有的权利并不是他对社会贡献的等价物"，并以一个经典的例子说明他的这一观点：假设某人为自己建造了灯塔，灯塔在为自己服务的同时也为他人服务，但得到服务的人并没有为此花费成本；而在某些情况下，人们可能会为他人的行为付出代价而又得不到应有的补偿。从他的言语中，明显能看出他是指私人产品与社会产品不一致的问题。他认识到了外部性的存在。所以，西奇威克就提出了与传统不同的观点——用政府干预来解决经济活动中的私人产品和社会产品不一致的问题。[1]

后来，西奇威克的观点又被新古典经济学的代表阿弗里德·马歇尔（Alfred Marshall）在1890年再次提出，并将这一问题首次与外部性概念联系在一起。他用局部均衡的分析方法，在论证工业组织与效率的关系时，在研究产品（商品）生产规模扩大时，他第一次提出了"外部经济"和"内部经济"这一概念。在他的被西方当时称作经济学圣经的《经济学原理》一书中指出"我们可把任何一种货物的生产规模之扩大而发生的经济分为两类：第一是有赖于这工业的一般发达的经济；第二是有赖于从事这工业的个别企业的资源、组织和经营效率的经济。我们可称前者为外部经济，后者为内部经济"。外部经济往往能因许多性质相似的小型企业集中在特定的地方——通常所说的工业区分布——而获得。[2] 马歇尔用一些例子来说明，集中的工业区是一种外部经济、一种资源。在那里，会创造出熟练的劳工

---

[1] Sidgwick Herry：Principles of Political Economy London：Macmillan 1883.
[2] 马歇尔：《经济学原理》（上卷），商务印书馆1997年版，第284页。

市场，有"高度专门"的生产工具，有先进的工艺方法和技能迅速相互交流，并且有先进附属产业或生产专门化的服务性行业，以及改进铁路交通和其他基础设施。这些都为个别企业的发展提供了各种服务。

马歇尔对外部性理论的贡献是：（1）他第一个提出了外部性的概念；（2）他不仅从产业分工和聚集的利益论述了外部经济问题，而且还提到制度会引起外部经济问题。这些论述为外部性理论的演进和发展以及后来各学派研究外部性理论奠定了基础。其缺陷是：（1）由于当时的条件限制，他只做了一般的论述，缺乏深刻性。只是在分工利益和规模经济的联系中论述到此问题。（2）未提到外部不经济的问题，也未论述消费领域外部性的问题。

1.4.2 外部性理论的演进与发展

1. 庇古。自西奇威克和马歇尔对外部性问题有了开创性研究之后，马歇尔的学生，被誉为福利经济学之父的庇古（Pigou）也在他的著作《价值与财富》中再次提出外部性问题，并在1920年提出了静态技术外部性的基本理论。他在《福利经济学》著作中，用私人边际成本和社会边际成本、边际私人纯生产值和边际社会纯生产值等概念作为理论分析工具，形成了静态技术外部性的基本理论。庇古的外部经济和外部不经济是从马歇尔那里引申来的，但是他所表达的含义与马歇尔赋予它们的含义是不相同的。庇古认为，外部经济与外部不经济这一对概念描述厂商的经济活动对部门内和部门外其他厂商及其他经济主体的影响，若厂商的行为给其他厂商及其他经济主体带来无须付酬的利益，就是外部经济；若厂商的行为给其他厂商及其他经济主体带来的是得不到补偿的损失，就是外部不经济。他指出"我在前面指出，在某些产业内投入了错误数量的资源，是因为这些产业的边际社会纯产品的价值不等于边际私人纯产品的价值。指出这点时，存在着一个不言而喻的假设，即在各产业的主体上，这两种价值是相等的。"[1]但在外部性问题的存在下，社会边际净产值小于私人边际净产值。

---

[1] Pigou, The Economics of Welfare. 4th edn, London：Macmillan. 1932. P199.

因此庇古认为，由于经济行为的外部性影响的存在，即使在排除了垄断的自由竞争条件下，也无法实现亚当·斯密的理想状态——使私人追求自身利益最大化的行为导致社会利益最大化。所以，政府干预是实现资源优化配置的重要手段。同时庇古认为，经济学家也有探索解决外部性问题的责任，并以在乡村附近修建公路出现烟尘对农民造成损害为例，提出对受损害的农民应给予补偿。后来，庇古又进一步探讨了政府使用税收和补贴的方法，对成本递增行业的经济活动进行调节的问题。他在《福利经济学》一书中提出"所有要讨论的问题是：如何消除使社会资源不能用最有效的方式在不同用途或不同职业间予以分配的许多障碍。希望找到某些方法，使政府在目前或未来能用以管制某种经济力量的活动来促进经济福利，进而促进国民全体的总福利。"[①]庇古从经济福利的角度重点考察了为什么私人条件下的社会产品会发生差异，从而妨碍了国民收入的增加，所以他认为国家干预是必要的。他在书中还对私人边际成本、净资产和社会边际成本、净资产进行了区分，为以后研究外部性问题奠定了理论基础。同时他为消除社会边际净资产与私人边际净资产的"背离"开出了良方，即补贴与税收。他认为国家可以通过采取对投资者以特殊鼓励或特殊限制的办法加以消除，并建议政府应向产生外部经济的厂商进行补贴；对造成外部不经济的排污者征税，用补贴或税收来弥补私人边际成本和社会边际成本、社会边际收益和私人边际收益之间的差距，使二者趋于一致。这种税也被称为"庇古税"（Pigovian Taxes）。但是，芝加哥学派的创始人奈特（Knight, F. H.）对庇古用税收和补贴方法解决外部性问题的观点提出了批评，并认为庇古所指的市场机制失灵实际上仅仅意味着政府建立和保护私人财产权利的失败。

在马歇尔和庇古提出静态技术外部性理论后，1928 年，阿温·杨（A. youg）发表了他的著名论文《收益递增与经济进步》，又系统地阐述了动态的外部性思想。所谓动态的外部性，它不同于传统的外部性问题的分

[①]Pigou, The Economics of Welfare. 4th edn, London: Macmillan. 1932. P116.

析，即在产业内部不是对个别厂商和产业之间的简单分析，而是指随着产业增长的劳动分工的扩大，专门从事新活动的厂商的出现，其中一部分厂商专门为其他厂商开发设备或为之服务。阿温·杨的动态外部性思想，进一步完善了外部性理论。

马歇尔(Marshall)是最早提出外部性概念的经济学家，而庇古是近代经济学史上第一个比较全面论述外部性问题的经济学家，可以说是外部性理论的奠基人。其特点和贡献是：(1)对外部性问题论述较全面。既论及了外部经济问题，也论及了外部不经济问题；既论及了生产外部性问题，又论及了消费外部性问题；还提出了解决的对策。(2)对外部性问题认识较深刻。不仅论及了外部性问题的现象，而且指出了外部经济与外部不经济本身所包含的内在矛盾，即社会边际净资产与私人边际净资产之间的矛盾。

2. 科斯。科斯(Coase，R.H.)对庇古税提出了质疑。科斯在1960年发表的《社会成本问题》一文中，对于传统处理外部性问题的庇古税，提出了两个质疑。第一，传统解决外部性问题时，忽视了它们之间的"相互的性质"。他以"失散的牛群毁坏临近地区作物的问题"为例，对于这种对他人有损害的活动进行了分析。强调外部性问题之间存在相互性质，认为在经济活动中，当A对B造成外部性损害时，如果只考虑限制A，就会给A造成损害。因为限制了A的自由和经济活动，就会使A减少产量和收益。所以，他认为，庇古在他的著作《福利经济学》中，对解决外部性问题的措施：或让造成外部性损害的当事人对受害人负责；或对造成外部性的当事人课税；或干脆让那些受害人迁出受害区。科斯说："这些措施是不适当的，因为其结果往往不是最好的，甚至通常是不好的。"第二，传统解决外部性问题时，没有从社会总产值最大化或损害最小化出发。因为对A进行限制所造成的损失，可能会大于不对A进行限制的情况下A对B企业造成的损害。因此，处理外部性问题的正确方法是，要尽量使当事人所遭受的损失较小。他指出："经济学家们在比较不同的社会安排时，适当的做法是比较这些不同的安排所生产的总社会产品，而私人产品与社会产品作一般的比较则没有什么意义。""必须决定的真正问题是,是允许甲损害乙,还是允许乙损害甲?关键在于避免较严重的损害。"[①]所以,科斯对于解决外部性问题提倡通过市场经济手段,他认为,政府的某种带有倾向性的干预无助于问题的解决;在明确产权的条件下,个人之间的谈判有可能将外部性问题内在化,市场能达到社会最优。

新制度经济学认为,新制度学这门学科就是探寻资源配置的制度结构,它是对新古典理论的补充和发展。因为新古典理论在把制度和结构设为假定的条件下,探究实现资源配置;而新制度经济学则研究的是制度结构与资源配置和经济发展的关系。在新制度经济学的研究领域中,产权理论、交易成本理论是重要的理论。产权理论讨论的核心问题之一就是外部性。新制度经济学从制度经济的角度分析外部性的实质,认为由于不能实现对产权进行完全的界定和充分实施,而使部分权利不能形成价格或处于模糊状态,成为任何人都可以占有而无须付费的公共领域。

1937年,科斯在发表的论文《企业的性质》中,提出了"交易费用"的概念;1960年他又发表了《社会成本问题》。这两篇论文都对外部性问题进行了比较深刻地讨论。他的《社会成本问题》中的论点,被称作"科斯定理"。科斯定理的主旨就是,只要市场交易的费用为零,无论产权属于何方,通过协商交易的途径都可以到同样的最佳效果。[②]也就是说,如果交易是无成本的,效率的结果与产权无关。

科斯定理的基本含义,如图所示。在无政府干预下,企业以利润最大化为目标,生产产品量 Q_1,但社会最优产品生产量为 Q_0。二者不一致。

[①]科斯:《社会成本问题》,载《财产权利与制度变迁》,上海三联书店、上海人民出版社1996年版,第40—41页。
[②]张军:《现代产权经济学》,上海三联书店、上海人民出版社1995年版,第100页。

由谈判达到的最优外部性

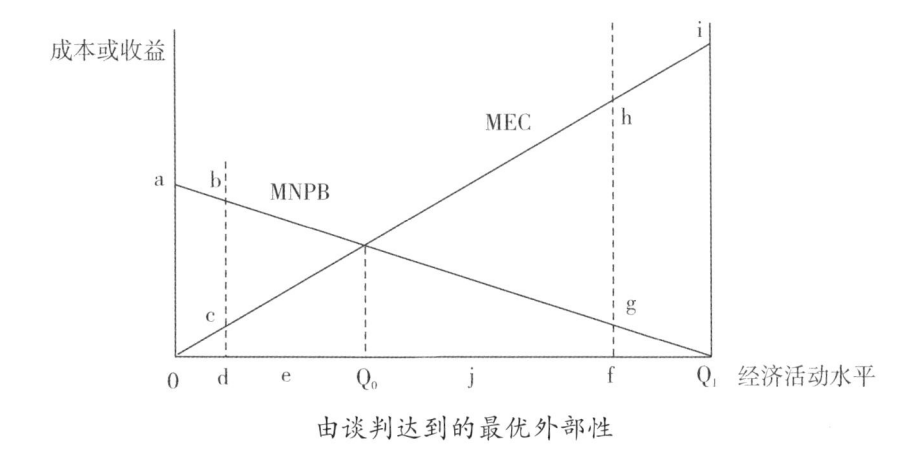

假设受害者拥有产权。意味着受害者有权不被污染，生产者没有权利排污。双方的谈判从原点0开始，在讨价还价中，如果达成的协议生产者可以生产，产量为d点，那么生产者可以得到净收益是0abd，受害者付出的成本是0cd，生产者补偿受害者的损失后，还有净收益0abc。这样生产者和受害者都受益，双方变得更好。也就是说，当经济活动水平移向d点是帕累托改进（注通常能使至少一人的境况变好而没有人的境况变坏的资源重新配置称为帕累托改进）。如果双方愿意，这种改进一直可以向右移到Q_0。但是达到Q_0后，再继续向右移情况就不一样了，因为这时生产者的收益小于受害者的损失，生产者不可能继续向受害者提供补偿，谈判的基础没有了。所以，如果受害者拥有产权，在双方愿意谈判的条件下，生产量从原点移向Q_0是必然趋势。假设生产者拥有产权。意味着生产者有权利在生产产品时污染环境。当生产量为Q_1时，排污量为i，双方通过谈判，可能使生产量水平向f方向移动。生产量向f方向移动，意味着产量的减少会使生产者减少收益，而受害者要向生产者进行补偿或贿赂。如果谈判结果产量在f点上，受害者可以给生产者一个小于$fhiQ_1$而大于fgQ_1的补偿或贿赂，使生产者减少生产和对受害者的损害。同理，生产量水平从Q_1到Q_0的移动都属于帕累托改进。

1966年，诺贝尔经济学奖获得者乔治·斯蒂格勒在他的著作《价格论》中，将科斯这一观点命名为"科斯定理"并简单的概括为"在完全竞争条件下，私人成本将等于社会成本"。因为，他认为只要不存在交易费用，外部效应将自动趋于消失。他还风趣的比喻，没有交易费用的世界就如同物理世界没有摩擦力一样奇怪。①实际上，科斯本人倾向于把"科斯定理"看作"分析具有正交易费用的经济路程中的一块垫脚石，以便进一步分析一个具有正交易费用的经济"。②科斯认为，"一旦考虑市场交易的成本……合法权利的初始界定会对经济制度运行的效率产生影响。"③因此，"科斯定理"与其说是在交易费用为零的条件下效率结果与产权无关的结论，还不如说是在存在交易费用时产权制度是如何作用于或影响经济效率的结果的。

科斯从产权的角度对外部性问题的阐述是为了论证市场的普遍性，是为市场辩护；是为了批判庇古关于外部性问题的观点。他的贡献在于，明确地提出了外部性的相互性，并提出了解决外部性问题的新思路——市场办法，即产权的交易和重组。但缺陷是：（1）对庇古的外部性观点肯定较少，否定较多；（2）对市场解决外部性问题的办法过于乐观，强调过度。

在科斯对外部性问题提出新思路后，不少产权学派的经济学家纷纷发表各自观点。如1967年，德姆塞茨发表了一篇被视为原始产权理论的经典之作《关于产权理论》，文中指出："新的产权是互相作用的人们对新的收益——成本的可能渴望进行调整的回应。当内部化的收益大于成本时，产权就会产生，将外部性内部化。"④德姆塞茨认为，所谓产权，是一种社会工具，它们的重要性就在于，在实际中它们帮助人们形成那些当他与他人打交道时，能够合理持有的预期。这种预期通过法律、习俗，及社会道德等表达出来。产权的所有者拥有其他人的承诺，允许他以各种特殊的方式

---

①张军：《现代产权经济学》，上海三联书店、上海人民出版社1995年版，第97页。

②王宏昌：《诺贝尔经济学奖金获得者演讲集1987—1992》，中国社会科学出版社1994年版，第156页。

③张五常：《经济解释——张五常经济论文集》，商务印书馆2000年版，第85页。

④德姆塞茨：《关于产权理论》，载《财产权利与制度变迁》，上海三联书店、上海人民出版社1996年版，第100页。

行事。这就意味着产权具体规定了如何使人收益,如何使之受损,以及调整人们的行为,谁必须对谁付费用。承认这一点,就比较容易地进而考虑产权与外部性之间的密切关系。所谓的外部性,是从事生产活动的当事人给他人或社会带来的利益或负面作用。所谓外部性内在化"是指一个过程,它常常要求产权的变迁,从而使得这些效应(在更大程度上)对所有的互相作用的人产生影响"。① 从德姆塞茨给产权、外部性和外部性内在化的解释可以看出,他强调,产权的主要功能在于引导各种激励机制,使外部性问题在更大程度上得以内部化。但产权的明晰是外部性问题内在化的一个重要前提,如果是不明晰的产权,则外部性问题不可能内部化。

3. 其他经济学家。在上述理论研究的基础上,1952 年,英国经济学家鲍莫尔(Bauml)在他的《福利经济及国家理论》一书中,对外部性理论进行一个较为系统的综述研究。他认为外部性问题就是由于工业规模扩大,特别是该工业中在其他厂商情况不变之下增加了生产,使得一家厂商的生产成本降低(或提高)了。鲍莫尔还对垄断条件下的外部性问题、帕累托效率与外部性、社会福利与外部性等问题进行了研究。

在外部性理论的研究中,不同学派的经济学家通过用不同的角度或采用不同的研究方法对外部性理论不断补充和完善。如,1931 年,瓦伊纳(Varner)把外部性又分为技术外部性和货币(金融)外部性。把马歇尔意义上的外部性称为货币(金融)外部性,而把对外部产生影响,又不被市场价格所反映的外部性称为技术外部性。

1.4.3 外部性理论的基本形成

到了 20 世纪 60 年代初,世界经济进入了高速发展阶段,而环境问题也开始从第一代逐步向第二代发展,(第一代环境问题被认为是区域性的,而且规模为中度的生态环境破坏,第二代环境问题被认为是全球性的,其影响大,危害严重,治理复杂。)环境外部性问题呈明显增多趋势。因此,

---

①德姆塞茨:《关于产权理论》,载《财产权利与制度变迁》,上海三联书店、上海人民出版社 1996 年版,P97—98。

经济学家开始更加认真地研究外部性理论了。外部性理论也随着经济学家的探讨逐步形成。这时研究外部性问题的思路主要有三种：

第一，是一般的外部性。在继承了庇古的外部性思想的基础上，对更多的外部不经济问题进行了深入的研究和探讨。如交通拥挤问题、油田和捕鱼区相互依赖的生产者共同联营问题以及日益令人备受关注的环境污染问题等等。特别是环境外部性问题受到重点关注。如鲍莫尔在《环境政策的理论分析》中，就建立了分析模型，讨论了庇古的税收和补贴政策的合理性。

第二，是对如何克服和解决外部性问题提出了许多"内部化"的途径。除庇古提出的传统政府干预方式外，更多的讨论集中在新制度经济学派提出的产权理论上。1960年，科斯（Coase，R. H.）发表了他的经典之作《社会成本问题》，他提出了产权界定和产权安排在经济交易中的重要性，解释了最初权利怎样用各种途径分配。认为对于经济活动中的外部性问题，无需政府干预经济交易，市场是有效的。此外，詹姆斯 E·米德（J·E·Meade）在他获得1977年诺贝尔奖的名著《效率、公平与产权》中，阿罗（K-Arrow）1969年在《经济活动的组织》一文都提到并解释了如何通过创造附加市场使外部性问题内在化。

第三，是沿着马歇尔、阿温·杨等经济学家的"规模经济"即动态的外部经济的思路。如1970年齐普曼（J. S. Chipan）在《经济学季刊》上发表的《规模的外在经济与竞争均衡》就充分体现了这一思想。1986年保尔·罗默（Paul Romer）在《政治经济学杂志》上发表的《收益递增与长期增长》一文中，还第一次系统地建立了外部性效应的竞争动态均衡模型。1988年罗伯特·卢卡斯（Robert Lucas）在《货币经济杂志》上发表的《论经济发展的机制》一文中，又明确地把人力资本的外部性效应当作经济增长的一个重要因素。

此外，斯塔雷特（Starrett）在1972年提出了与外部性相关的经济凸性的有关问题。麦肯齐（Mckenzie）1955年提出了关于存在一个具有外在经济效应的均衡的第一个理论。沙普利（Shapley）和舒贝克（Shubik）在1969年研究了具有外部性的核心。布坎南（Buchanan）在1969年、蒲洛特（Plott）等在1966年都还研究了同外部性有关的各种次优问题。

另外，关于外部性理论，许多经济学家都进行概括性的总结，如萨缪尔森、斯蒂格利茨、曼昆、凯斯等他们对外部性理论的贡献是对前人、同时代人有关外部性问题的综合和总结以及提炼，因而全面系统。当然他们的理论也是对发达国家解决外部性问题的实践总结。

1.5 外部性理论的意义

外部性问题的提出，是对经济学基础理论的进一步补充和完善。研究外部性的理论有利于正确地进行私人决策和公共决策；有利于立法和通过司法程序解决外部性问题引起的纠纷；有利于更深层次认识市场经济和正确处理市场与政府之间的关系；有利于正确处理自然环境与经济发展的关系，使国民经济保持持续健康的发展。

1.5.1 外部性理论与私人决策、公共决策

在外部性的定义中，可以清楚地看到，外部性就是个人或企业在其经济活动中的行为影响了其他人或企业的福利（或给其他人或企业带来福利），但是又没有激励机制使个人或企业在决策时考虑到这种对别人的影响。这样就造成了当事人在决策时，生产过量（不足）产品，以实现私人利益最大化。显然这种私人决策是违背社会利益最大化原则的。

另外，很多外部性问题是由于公共物品的特性所引起的。公共物品的特性源于其消费的不可分割性，一个人对公共物品的消费并不会减少可供其他人消费的数量。其结果是很难或不可能对使用公共物品收费，一旦国家提供了公共物品，所有公民都能享受它的好处。例如国家或某企业出资治理了城市的大气污染，他们不可能阻止其他居民免费"搭车"，共享好处。公共物品的这种性质，使得私人市场缺乏动力，不能有效地提供商品和服务。如环境问题，环境问题的本质在于其涉及外部性和公共物品。而困难的是社会怎样才能或应该怎样确定购买环境质量的量。

1.5.2 外部性理论与立法、司法

著名的法律经济学家理查德·波斯纳（Richard Posner）认为，在一个资源有限的世界中，效益是一个公认的尺度，表明一种行动比另一种行动更为有效，因而效益才是判定公共政策的一个重要因素。由此可见，法律经济学的核心思想是"效率"，即所有的法律活动和全部法律制度都应当以有效地利用自然资源，最大限度地增加社会财富为目的的。[1] 经济学的基本理论对法学理论产生了重要的影响。首先，因循理性、抽象思维方式的法学难以满足包括经济利益在内的时代要求，而注重经济效益的法律经济学却在正义和效率之间找到了结合点，为立法或以司法程序解决问题提供了新的方法。其次，对外部性理论的运用，为环境资源法的发展和评价提供新思路和分析手段。

1.5.3 外部性理论与市场经济

在对外部性理论研究的过程中，深化了对市场经济的认识。实际生活中的市场并不像古典经济理论赞扬的那样，是一个可以通过私人的自发行为实现资源最优配置的"完美无缺"的机制；它会因种种原因使私人边际净资产背离社会边际净资产，而失去配置资源效率，如市场的不确定性、信息的不对称性、资源的不可分割性，以及某些资产的产权不明晰等等。它也需要市场外的调节作用。

1.5.4 外部性理论与国民经济的健康发展

外部性理论的提出、演进及基本形成，为环境、生态、人口等经济学，特别是可持续发展战略提供了理论依据。外部性理论是自然环境资源经济学的基础理论，对于外部性理论的研究，特别是经济学家们提出的克服和解决外部性问题的各种途径，为环境的恶化、生态的破坏找到了根源；为资源的不合理利用找到了依据；为治理环境、保护生态探索了更广泛、更易实施的方法；为宏观调控找到切入点。

---

[1] 王哲、郭义贵：《效率与公平之间——波斯纳的法律经济学思想评析》，载《北京大学学报（哲学社会科学版）》1999年第3期。

1.5.5 外部性理论与经济学、法学的发展

对外部性理论的研究，不仅为经济学、法学的理论研究者拓宽了视野，使经济学的研究涉及了一个新的范畴——市场的相互依赖性；使法学的研究涉及了"经济效益"的概念，而且为具体解决外部性问题建立了可操作性的工具。

总之，外部性理论既有理论意义，又有实践意义。它既丰富了经济学理论、管理学理论、环境学理论，也丰富了法学理论。它对于国民经济的健康发展，对社会管理、法制建设都有重大意义。

第 2 章
西部农业的外部性损害与产权保护

2.1 我国西部农业的现状与问题

2.1.1 关于农业的含义

(一)农业的定位

什么是农业?农业是个古老的产业,又是一个永恒的产业。《资本论》第三卷认为"真正农业"即"人们赖以生活的主要植物性产品的生产"。[①] 所以,农业是指人们利用动植物的生长机能,采取人工培养和养殖的办法,以取得产品的物质生产部门。农业分狭义农业和广义农业,狭义农业指农作物种植业;广义农业则不仅包括农作物种植业,还包括林业、牧业、渔业和农产品加工业。

在不同的生产力发展阶段,"农业"内容也不完全相同。根据生产力和商品经济的发展,人们对作为"国民经济基础"的农业,至少经历了三个认识阶段:

一是原始农业及至传统农业生产水平阶段,即狭义农业,也就是以动植物生产为主的农业,其内容比较单一,主要体现在农业为人类提供衣食之源,生存之本。

二是在农业内部各业分工及非农产业有所发展的生产力发展阶段,即传统广义农业,也就是农、林、牧、渔业协调发展的广义农业,在这里农业是国民经济的基础。农业既为人类提供生存资料,又为非农产业,特别

---

①《马克思恩格斯全集》第 25 卷,人民出版社 1972 年版,第 694 页。

是加工业，提供原料、必需的资金、劳动力等要素。

三是在商品经济和专业分工有了较高程度发展的市场经济阶段，即现代广义农业，包括产前、产中、产后三个环节在内，农业已融入社会化大生产之中，是农产品的生产、加工与销售等环节的结合。①

上述三个不同的生产力发展阶段，"农业"内容不同，是一个动态的变化的概念。我国现阶段使用的"农业"一词是指广义农业，即种植业、林业、畜牧业和渔业等产地，包括与其直接相关的产前、产中、产后服务。②

从另外一个角度来看，在传统农业（俗称"绿色农业"）的基础上，又产生出了"蓝色农业"（即"海洋农业"和"太空农业"）和"白色农业"（包括微生物工程、细胞工程、基因工程农业），简称"三色农业"。③ 就其外延来说，已由生存功能，扩展到生活、生态、保健、医疗等方面，出现了旅游农业、休闲农业、绿色农业、教育农业等农业形态。

由此可见，农业不仅是人们生存的基础，而且是提高人们生活质量的基础；不仅是国民经济发展的基础，而且是国民经济可持续发展的基础；农业既是"弱质"产业，又是能带来丰厚回报的"强质"产业。

（二）生态农业

生态农业是从20世纪80年代兴起的。1970年美国土壤学家W. AIbreche 提出"生态农业"一词。1981年英国农学家 M. worthington 定义生态农业为"生态上自我维持，低输入，经济上有生命力，在环境、伦理和审美方面可接受的小型农业"。我国从70年代末80年代初开始建设生态农业，经过20多年的发展，生态农业在理论上和实践上都取得了较大进展。在生态农业基础上相继提出"可持续农业"、"集约型农业"，并确立了"整体、协调、循环、再生"的生态农业四原则。同时，在全国范围内开展了生态农业试点工作，仅国家级生态农业试点县就有100多个，省级试点

---

①陈文科：《最广义农业：农业产业化与〈农业基础论〉的依据》，载《理论月刊》1998年第4期。

②我国《农业法》第2条对农业的定义。

③罗伟雄：《农业根本论》与《农业基础论》，载《经济要参》2001年第27期。

县有 200 多个。生态农业建设在全国呈蓬勃发展的态势,取得了显著的经济效益、生态效益和社会效益。

与此同时,对生态农业的认识也逐步摆脱了 M. worthington 的"小型农业"局限,并赋予了生态农业能体现我国生态特点和农业生产现状的一些新内涵。在我国,越来越多的学者倾向于把生态农业定义为:是指在保护、改善农业生态环境的前提下,遵循生态学、生态经济学规律,运用系统工程方法和现代科学技术,集约化经营的农业发展模式。生态农业是一个农业生态经济复合系统,将农业生态系统同农业经济系统综合起来,以取得最大的生态经济整体效益。它也是农、林、牧、副、渔各业综合起来的大农业,又是农业生产、加工、销售综合起来,适应市场经济发展的现代农业。①

生态农业要求农业发展同其资源、环境及相关产业协调发展,强调因地、因时制宜,以便合理布局农业生产力,适应最佳生态环境,实现优质高产高效。生态农业能合理利用和增殖农业自然资源,重视提高太阳能的利用率和生物能的转换效率,使生物与环境之间得到最优化配置,并具有合理的农业生态经济结构,使生态与经济达到良性循环,增强抗御自然灾害的能力。②

具体而言,我国的生态农业内涵主要包括以下几个方面:一是在现代食物观念引导下,确保国家食物安全和人民健康;二是进一步依靠科技进步,继承中国传统农业技术精华和吸收现代高新科技相结合;三是以科技和劳力密集相结合为主,逐步发展成技术、资金密集型的农业现代化生产体系;四是注重保护资源和农村生态环境;五是重视提高农民素质和普及科技成果应用;六是切实保证农民收入持续稳定增长;七是发展多种经营模式、多种生产类型、多层次的农业经济结构,引导集约化生产和农村适度规模经营;八是优化农业和农村经济结构,促进农牧渔、种养加、贸工农有机结合,把农业和农村发展联系在一起,推动农业向产业化、社会

---

① 董竣:《什么是生态农业》,http://lidm.cxc.cc/stny.htm.
② 董竣:《什么是生态农业》,http://lidm.cxc.cc/stny.htm.

化、商品化和生态化方向发展。

关于生态农业建设的主要内容，一般认为主要有：通过调查统计掌握生态与经济的基本情况，进行农业生态经济系统诊断和分析，进行生态农业区划和农业生态系统的工程优化设计；调整土地利用结构和农业经济结构，优先保护农业生态环境，建设生态工程，合理利用与增值农业资源，改善农业生态环境；按照生态学原理和农业生态工程方法，从当地资源与生态环境实际出发，设计与实施适宜的生态农业模式；发展太阳能利用、小型水利水电、风力发电、沼气等清洁能源；使农业废弃物资源化，对其进行多层次综合、循环利用，实现无污染的清洁生产；对农业生态经济系统进行科学调控，实行现代集约化经营管理等。①

就生态农业的发展模式而言，农业部于2002年确定了10种典型生态农业模式向全国推广。② 从理论上综合分析这些生态农业模式并将其类型化，可概括为三种基本的生态农业模式：

(1)以"食物链"原理为依据发展起来的良性循环多级利用型模式。生物之间相互依存又相互制约，一个生态系统中往往同时并存着多种生物，它们通过一条条食物链密切地联系在一起。如按照食物链的构成和维系规律，合理组织生产，就能最大限度地发掘资源潜力，节省资源且减少环境污染。如利用作物秸秆作饲料养猪，猪粪养蛆，蛆喂鸡，鸡粪施于作物，在这循环中，废弃物被合理利用，可减少环境污染。利用食物链组织生产的还有作物—畜牧—沼气循环；作物—食用菌循环等。利用生态系统中生物间相互制约，即一个物种对另一物种相克或捕食的天敌关系，还可人为地调节生物种群，达到降低害虫、杂草及病菌对作物危害的作用，如利用赤眼蜂对付玉米螟，杀螟杆菌防治稻纵卷叶螟等。

(2)根据生物群落演替原理发展起来的时空演替合理配置型模式。根据生物群落生长的时空特点和演替规律，合理配置农业资源，组织农业生产，是生态农业的重要内容之一。采用这种模式，可充分利用农业资源，

---

① 董峻：《什么是生态农业》，http：//lidm.cxc.cc/stny.htm。
② 《农业部推出十大生态农业模式》，载《农民日报》2002年10月25日。

使产业结构趋向合理,并保护好农业生态环境。例如,为了让农副业生产向空间或地下多层次发展,可在田间实行高秆、矮秆作物搭配种植,同时在田间的沟、渠、过道的空间搭设栅架,载种葡萄、云豆等爬蔓作物;或可在温室、蔬菜大棚、专业化生产厂里,采用普通栽培、无土栽培等方法,进行多层次生产;还可将种植植物和动物养殖搭配起来等。在时间演替上,可采用间作方式,在同一土地上种植成熟期不同的作物,以充分利用资源。

(3) 在生态经济学原理指导下的系统调节控制型模式。在一个生态系统中,生物为了繁衍生息,必须随时随地从环境中摄取物质和能量,同时环境在生物生命活动过程中也得到某些补给,以恢复元气和活力。环境影响生物,生物也影响环境,受到生物影响而改变了的环境又对生物产生出新的影响。如果不顾这个规律,过度开发,只顾索取,不给回报,便会使环境质量下降,资源枯竭。所以生态农业必须通过合理耕作、种养结合来调节控制生态系统,实现良性循环和可持续发展。如合理使用化肥、农药,有机和无机相结合,资源利用和保护相结合,促进生态和经济两方面的良性循环。[①]

总结以上对生态农业的有关论述,可以看出,其中包含了两个最主要的关系:一是农业内部及农业与其他产业之间的关系,在这种关系中强调的是安全、合谐与效率,如农业内部的有机性、绿色性和自我循环性。二是农业与生态环境的关系,在这种关系中不仅强调安全、合谐与效率,而且强调农业发展的生态性、社会性和可持续性。针对前一种情形,主要依靠市场原则就可以很好的协调农业内部各业及农业与其他产业之间的关系。针对后一种情况,由于存在外部性障碍,单纯的市场原则将很难从根本上解决农业与生态环境之间的协调关系。因而,生态农业发展无疑需要更多的制度资源保障。结合西部大开发,就现实的情况而言,西部农业的环境价值显然具有十分重要的地位。西部生态农业发展更应该着力于解决

[①]《生态农业的三种模式是什么》,引自《绿色浙江》,http://www.zjep.gov.co/.

西部农业与生态环境之间的对应关系。只有这样，才有可能为西部地区、为全国的经济社会发展创造可持续发展的基础条件(关于其必要性本章以下将有专节讨论)。

2.1.2 西部农业的特征

我国西部地区的农业在全国占有重要地位。西部拥有丰富的耕地、林地、草地和其他农业资源。耕地面积占全国耕地面积的70%以上。此外，西部拥有全国90%以上的草原及草山、林地及宜林荒山荒坡。

西部拥有的农业劳动力占全国农业劳动力的30%以上，但是西部农业劳动力的价格大大低于东部地区。1998年农民人均生活消费支出，东部地区为2059.20元，西部地区为1294.97元。全国农业剩余劳动力大部分集中于西部。

西部地区也是我国农产品的主要产区，1998年全国主要农产品总产量中，中西部所占的比重为：粮食65.6%、棉花72.4%、油料66.5%、烟叶87.2%，其中，棉花、烟叶等均属商品性农产品，西部农村人口相对较少，自给性消费占的比重小于东部，其商品率则高于东部地区。

从西部地区本身看，农业在西部地区各产业中的地位也尤为重要。农业总产值占国民生产总值的比重也大大高于东部地区。

西部农业除了具备一般农业的特点之外，基于我国西部特殊的地理、气候等自然环境影响，又具有自身一些独特之处。

我国西部地区地域辽阔，现代工业发展迟缓，农业是西部地区的主要产业，但囿于西部地区气候和自然条件，在很大程度上仍然停留在广种薄收、靠天吃饭的状况。

具体到西南地区(包括川、贵、滇3省)，山地、丘陵、高原、平原纵横交错，气候极其复杂，生产方式较为落后。各省农业经济区域化较明显，且差异较大。其中四川盆地是全国重要的商品粮基地，盛产稻谷、玉米、油菜籽、花生等；云南、贵州则盛产烟叶、茶叶、油桐等。而且农业风险分布十分复杂，四川和云南境内洪涝、旱灾常交替发生，贵州则连阴雨、泥石流、洪涝灾害发生频繁。

对于西北地区，农业中畜牧业占有较大的比重。由于自然环境和经济条件的制约，至今仍主要为游牧式的粗放的生产方式，专业化、集约化和机械化程度较低。但具体到个别地区，个别产品仍然具有一定的优势。新疆的瓜果、羊毛、甜菜生产在全国占有极为重要的地位。

综上可见，我国西部地区农业的特征可概括为以下几个方面：

一是西部地区具有丰富的农业资源。但受自然、环境等方面的限制，农业资源的有效利用率很低，农业生产有比较大的发展空间。

二是西部农业相比东中部地区有较为明显的特色，一些优势农业产品在全国的农业生产中占有重要的地位。

三是西部农业对于我国的环境改善具有不可替代的重要意义。但因为传统农业生产方式的消极影响，传统的、不合理的作业方式造成，进场较为明显的生态破坏，构成全国环境改善的一个重大障碍。

四是西部农业的收益率低，西部农民的收入明显低于东中部地区的农民收入，农民生产的积极性不高，农业生产性投资缺乏稳定的收入支持，粗放式经营难以从根本上改观。

五是西部农业维持着许多珍稀动植物种的有效延续，但也造成了一些珍稀动植物种的减少，甚至灭绝。西部农业对于保护珍稀动植物种具有重要的意义。

总之，西部地区农业较之于东部地区而言，社会生产力不发达，市场发育不成熟，同时还受着人口剧增、土地锐减、资源浪费、环境污染等诸多因素的影响。另外，加之受西伯利亚冷气流的冲击，西部农业相比东部地区对整个国家的生态建设和环境保护也有着更为突出的作用。

2.1.3 我国西部地区农业的生态问题

关于西部农业的生态问题，我们考察的角度主要是西部农业当前面对的一些问题，这些问题可能是因西部农业的不当开发引起的，也可能是基于西部地区严酷的自然环境而必须面对的一些自然生态条件。至于究竟都有哪些问题，学者们因观察的角度不同，有提出"中国西部面临三大生态问题";① 也有提出中国"面临9大严重生态问题"②等观点。根据中国林业网的报道,我国西部地区的主要生态问题被归纳为以下8个方面③:

(一)降水稀少、气候干旱

西北地区由于地处亚欧大陆腹地,大部分地区降水稀少,全年降水量多数在500毫米以下,属干旱半干旱地区,其中黄土高原年降水量在300—500毫米之间,柴达木盆地在200毫米以下,河西走廊少于100毫米,敦煌只有29.5毫米,吐鲁番不足20毫米,若羌10.9毫米。由于降水稀少等原因,西北地区的地表水量约为2200亿立方米/年,占全国总径流量的8%左右,地下水储量约为650亿立方米/年,两项合计为2850亿立方米/年,相当于全国水资源总量28124亿立方米/年的10.13%——在占全国31.7%的面积上,只拥有全国10%左右的水资源;不仅如此,而且时空分布严重不均,多数河流含沙量大,给开发利用造成很大难度,近年又污染上升,致使西北的缺水更加严重。

(二)沙漠戈壁广布、生态环境严酷

中国的大西北分布着全国最大的沙漠戈壁。沙漠中包括塔克拉玛干沙漠(面积33.76万平方公里),古尔班通古特沙漠(4.88万平方公里),巴丹吉林沙漠(4.43万平方公里),腾格里沙漠(4.27万平方公里)以及毛乌素沙漠(3.21万平方公里)等,总面积49.2万平方公里,占全国沙漠总面积71.29万平方公里的69%。在中国西北分布的戈壁面积为41.75万平方公里,占全国戈壁总面积56.95万平方公里的73.3%。

(三)沙漠化不断扩大、载畜量严重下降

新疆沙漠化土地面积已达9.61万平方公里(合961万公顷,1.44亿亩),风沙化面积2.26万平方公里,并且由于胡杨林等天然植被的大面积

---

① 《专家认为中国西部面临三大生态问题》,http://www.scnu.edu./edu/jykx06/ed583.htm.
② 《面临9大严重生态问题,我国西部生态呈现功能性》,http://www.sc.cninfo.net/news.
③ 《西部的资源与生态环境》,http://nic6.forestry.ac.cn/chen/ecolgy/xbzy/home.htm.

衰败和死亡，尤其是绿洲周边天然植被的人为破坏和衰亡，沙漠化面积以每年400平方公里的速度扩展。青海省沙漠化面积已达12.52万平方公里（1252万公顷），当前沙化面积仍以每年1300平方公里（13万公顷）的速度扩展。在甘肃、宁夏乃至陕西也都存在着沙漠化问题。

新疆全境草地退化和沙化面积已达2133万公顷，占草地面积的37.2%，现在仍以每年29万公顷的速度退化；青海退化草场面积已达1173万公顷，占草地总面积的32.3%，沙化草地193万公顷，草原植被消亡，上地裸露的"黑土滩"面积已达333万公顷。

草地的退化、沙化使其产草量和载畜量严重下降，新疆的草地，平均l.49公顷（22.35亩）载畜量仅为一只。

（四）水土流失严重、治理效果欠佳

西北地区水土流失面积大，流失量大，陕西省尤为严重，年输沙量9.2亿吨，占全国年水土流失总量的1/5，其中输入黄河的泥沙量达8亿吨，加上甘肃省输入的5.18亿吨，仅两省水土流失而输入黄河的泥沙量即达13亿多吨，达到黄河泥沙量的大约80%。

（五）土壤盐渍化严重、土地生产力下降

新疆上壤盐渍化面积约为145万公顷（2175万亩），占耕地面积的45%；宁夏耕地中盐渍化面积8.67万公顷，占灌区耕地面积的26.6%，新灌区还存在着潜在的盐渍化威胁；陕西、甘肃和青海也在不同程度上存在着盐渍化问题。

（六）河湖萎缩干涸、水质严重恶化

新疆塔里木河因人为因素，其流程缩短了300公里，致使罗布泊消失；著名的青海湖近百年来水位下降了11.12米，近半世纪以来下降速度还在加剧；陕西境内最大的河流——渭河时常断流；所谓"八水绕长安"的八条河，一半以上严重萎缩，有的变成了排污沟，在八百里秦川已找不到干净的河流。长江和黄河源头——江河源水量在减少，湿地、沼泽萎缩，生态严重恶化。

（七）山区生态遭受破坏和威胁

从1949年到1985年，秦岭的森林植被覆盖率由36.5%下降到27%左右；商洛地区解放初有森林植被43万公顷(640万亩)，仅经20年到1971年只留下26.5万公顷(398万亩)，减少了近一半，结果使山区森林线升高300—500米之多，使水土流失、滑坡、泥石流等生态灾难加剧，山区河流水质恶化，水量减少，而且这种恶化趋势还在加剧！

(八)生存条件严酷、生物多样性受到威胁

近年在新疆受到威胁的野生动物种类占全部动物种类的22.3%，部分动植物已经灭绝；青海境内受威胁的物种约占总数的15%—20%，高于世界10%—15%的平均值。

如前所述，上述生态问题的出现可能源于农业不当开发的后果，也可能是先天生态不良的一种延续。但是，基于人可以改造自然的理由，即使是先天的原因，如果有科学合理的开发布局，有符合生态要求的农业开发方式，先天不良的条件也会向好的方面转化。但事实显然不是这样，因此有人指出："破坏生态的罪魁祸首是人类"。[1] 这种说法可能有失偏颇，但最起码反映了目前一系列生态问题的出现，人为的因素占了很大的成分。当然，人为因素当中除过一些消极的政策外，能形成长期的破坏性开发，其中肯定存在一些制度上的缺失，那么制度到底缺什么，究竟应该补充什么样的制度，才可以克服或至少减弱人为破坏的成分，这正是本书所要追寻和解决的问题。本书的以下各章将围绕这些问题展开集中讨论。

2.2 西部农业的外部性及其产权损害

我们在运用外部性理论来分析西部大开发的有关问题时，不难发现，外部性对地区产权的损害在西部农业这一领域表现得是较为突出的。只有深刻、透彻地揭示西部农业自身的特殊性，诸如包含土地、劳动力资源、农业资本要素的外部性表现，以及由此引起的许多产权不清晰、利益扭曲的现象，才能够抓住西部开发中农业生态问题的症结，对症下药，采取合理弥补损失的相关措施，西部农业产权损害才能降低到最小限度，农业生

---

[1]《西部生态还能不能恢复》，载《中国水利报》2002年1月7日。

产与资源循环才能实现有机结合,广大农民才有望摆脱贫困,并真正实现西部开发中农业的可持续发展。

2.2.1 西部农业的外部性表现及其原因

农业的外部性具体是指农业部门的活动,给他人主要是指非农业部门带来了额外的收益,或者造成了额外的损害,他人(非农业部门)却并未来对得自于农业部门的收益给付对价,或者也未弥补对来自农业部门的额外损害所产生的损失。前者可称为农业的外部经济性影响,后者可称为农业的外部非经济性影响。

在农业外部性存在时,由于受益部门并未为其受益支付对应价格,受损部门也未得到适当的赔偿,因此就扭曲了农业的产权关系。特别是在经济性影响大于非经济性影响,或者非经济性影响大于经济性影响的情况下,产权关系都必然失去平衡。一般情况下,基于农业的特殊性,农业部门的经济性影响往往会大于其非经济性影响。因而,在外部性存在时,农业部门更多的是会遭受一定的产权损害。由于我国西部地区特殊的气候、自然条件和地理特征,尽管在某些领域,某个阶段会产生外部不经济,但外部经济仍占主导地位。西部农业的外部性主要表现在以下几个方面:

(一)西部农业的外部不经济

在过去几十年中,由于受特定政策环境的影响,西部地区农业在很大程度上是以短期效益为追求目标,走粗放式发展道路的。无节度、无计划地垦荒(包括毁草)种植和滥伐林木,致使大量宝贵的林草植被被破坏。全国水土流失面积360万平方公里,西部省区就占了80%。沙漠化问题严重,而且主要集中在西部地区。50至60年代,沙漠化土地每年扩展1560平方公里,70至80年代每年扩展2100平方公里,90年代至今每年扩展2460平方公里,相当于每年吃掉一个中等县。[①] 许多地方在不具备条件又无防护措施的情况下,无计划、无节制地乱开滥垦的结果,形成了"老鼠跑过见脊梁"的悲凉景色。

---

① 雪海章:《西部大开发与农业可持续发展》,载《经济问题》2000年第9期。

因为陡坡地种植和移林毁草开荒,造成大量水土流失。进入长江、黄河的泥沙量每年达到20多亿吨,长江、黄河日渐淤积,灾害频繁,中下游地区不得安宁。如1998年的长江特大洪水,几乎全流域洪水泛滥。加上东北的松花江、湖南、湖北、黑龙江四省,共有29个省、市、自治区都遭受了这场洪水灾害,受灾人数上亿,近500万所房屋倒塌,2000多万公顷土地被淹,直接经济损失达1600多亿元人民币。

长江洪水泛滥,在很大程度上可归因于西部地区农业的非经济性。造成这种情况,除自然原因外,西部地区不合理的土地利用,也助长了洪水肆虐。中国科学院自然资源综合考察委员会的李文华院士对此进行了深入的研究,并得出如下结论[①]:

第一,森林滥砍滥伐。森林有巨大的涵养水源、调节径流的作用。森林的复杂立体结构能对降水层层截持,不但使降雨发生再分配,而且减弱了降水对地面侵蚀的动能。

森林的水源涵养作用因林分状况而有明显的区别。由于人为破坏,人工林年龄小,生长率低,蓄水固土能力差。

我国现有森林面积主要分布在东北和西南地区,恰恰是这次洪灾最严重的两条河流的上中游地区。由于长期以木材生产为中心,重采轻育、重取轻育,森林资源遭到了严重的破坏。黑龙江森林覆盖率由1949年的53.4%下降到1993年的35.55%;有林地中可采的成熟林面积由1948年的50%下降到1993年的13.3%。蓄积量由1948年的76.6%下降到1993年的20.6%;林分质量也明显下降,每公顷平均蓄积量由开发初期的199立方米下降到现在的100立方米;珍贵的红松林蓄积量减少了85.4%,阔叶林蓄积量减少了87.8%。我国西南川西滇北的森林分布于高山峡谷地区,不仅以丰富的物种组成、多样的生态系统类型和巨大的生产力享誉中外,同时具有重要的水源涵养和环境保护作用。然而,自50年代起,这里的森林也经历了浩劫。特别是60年代中期开始的"三线"建设,进一步扩大和

[①] 李文华:《长江洪水与生态建设》,载《自然资源学报》第14卷第1期。

加剧了天然林区的破坏,这既涉及西南林区(所谓金沙江林区开发会战),也涉及大兴安岭林区(所谓大兴安岭林区开发会战),这些地区正好都是洪水的源头地区。森林的面积和蓄积与50年代相比减少50%以上。地处长江上游的四川省已有50多个县的森林覆盖率只剩3%~5%。例如,阿坝自治州年木材消耗量超过年生长量的4倍以上。

第二,在片面强调以粮为纲的口号下不合理的耕作。

长江上游的川江流域是一个人口众多的古老的农业区,农业人口约占总人口的85.6%。在巨大的人口压力下,区内垦殖率很高。如川西地区山高坡陡,可耕地很少,农民不得不在河川两岸开荒种地。长江上游约有70%的耕地是没有水保措施的顺坡耕作,尤其是大于25°陡坡地的垦殖较为普遍。全区旱地约有264万平方公里,占耕地的53.8%,几乎都为坡耕地。金沙江、雅砻江和岷江流域坡度大于25°以上的旱地占34%,雅砻江达到45.6%。位于大渡河中游的峨边县和金口河区,耕地在25°以上的达到了70%~90%。据重庆地区调查,坡地耕作十分普遍,大于25°的坡地占总耕地面积的13.7%,5~25°的耕地84万平方公里,二者合计占总耕地的89%。又据陕西省的调查,汉江、嘉陵江是长江的主要支流,在陕西境内的过境长度分别为654千米和244千米;流域面积近8万平方公里。在流域范围内,安康地区的坡耕地占总耕地面积的70%左右。35°以上的"挂牌地"占总耕地面积的23%;汉中地区镇巴县陡坡开垦更为严重,大于25°的坡耕地占63.1%,大于30°的占41.3%,45°以上的极陡坡石夹缝耕地占19.7%,其耕垦度大大超出了自然条件所允许的范围。过度垦殖,往往伴随着林地减少,陡坡垦殖酿成水土流失严重。众所周知,水土流失是随坡度的增加而增加的。当坡度大于20°时,侵蚀模数每公顷达到5000—6000吨。根据三峡库区不同土地利用状况土壤侵蚀量的计算,林地、灌丛、草地和农地的年侵蚀量分别占三峡库区侵蚀量的6%、11%、23%和60%,入江泥沙的分布率分别占6%、12%、35%和46%。长江中游的大面积垦殖已有近千年历史,枝城至汉口的250千米江段能围垦的已基本围垦完毕,大大减少了洪水的容量。

50年代，长江上游水土流失面积29.95万平方公里，目前已达到39.3平方公里，占流域面积的39.1%。长江上游以年平均6.8亿吨的泥沙输入中下游，大部分沉积在荆江段和洞庭湖内。目前全流域水土流失面积55.18万平方公里，占流域土地面积的36.2%，年平均侵蚀土壤24亿吨。每年都有几百万公顷土地退化，甚至形成裸岩。据施季森、张金池报道，水土流失面积50年代为36.38万平方公里，80年代初为73.94万平方公里，并指出长江河道河床每年以1厘米的速度抬高。研究表明，长江泥沙主要来源于嘉陵江流域、沱江流域、乌江流域和金沙江流域。据宜昌站测定，多年平均年输沙量达5.3亿吨，水土流失主要物质来源于耕地，占入江泥沙量的60%~78%。由于长江夹带泥沙在长江入海口大量沉积，使得长江入海口北渊航道几乎近于闭塞，使行洪能力大大减低。

在长江上游100万平方公里的流域范围内，根据调查统计，年均侵蚀量15.68吨，长江干流宜昌站的年均输沙量为5.3亿吨，输移比为0.33。宜昌站以下，汉口站的年均输沙量为4.3亿吨。宜昌和汉口间的差值主要淤在洞庭湖。根据研究，洞庭湖平均每年入湖淤积量高达0.984亿立方米，其中82%来自长江中上游，而通过湘、资、沅、澧四水的淤积仅占18%。

土壤侵蚀不仅造成中下游的淤积，同时减少了"土壤水库"的调蓄作用。据史学正等的推算，长江上游面积为100万平方公里，以土壤平均厚度0.78米计算，其土壤整个孔隙之和为1973亿立方米，土壤水库的总库容量随着土壤侵蚀的加剧而损失严重。长江上游的35.2万平方公里的流失区中，在年侵蚀总量为14.78亿吨的条件下，其侵蚀模数就高达4200，相当每年剥蚀4.0毫米的土层，即每10年减少21.97亿立方米的蓄水能力。加之植被破坏以后，土壤裸露，雨滴直接打击在土壤表面，使土壤结构破坏，严重阻碍了雨水渗入土壤水库，从而加剧了雨水的下泄。

此外，近年来频频发生的沙尘天气，不仅影响到北方的14个省(市、区)，而且涉及台湾和日本，造成机场关闭、道路阻断、人员伤亡等，也是西部农业非经济性的表现形式之一。沙尘暴的形成，除西部地区气候干燥多风、沙源丰富等自然原因外，对地表植被和水资源的破坏也是重要原因之一。

所以，西部地区农业的外部不经济就其根本原因而言，主要有两个方面：一是西部地区天然形成的较为恶劣的自然环境，影响了人与自然的和谐关系，使得人本身在这种关系中处于相对弱势的地位。二是西部农业的经济性影响长期得不到合理的弥补，使得经济性制造者寻求自我救济引起的一种消极后果。关于后一种情况，将在下文中做进一步探讨。

(二) 西部农业的外部经济性

1. 西部农业外部经济的一般形式

农业作为一个古老的部门，一直以来都被认为是外部经济性影响的积极制造者。农业的外部经济性影响就是指农业部门在为其生产者带来产出和收益的同时，也为社会带来了好处。[①] 这种好处诸如农业的发展可以美化环境，净化空气，以及森林植被带来的蓄水能力的增强等方面。就我国西部地区而言，这种经济性影响的一般表现又可具体为以下几个方面：第一，植物多样性与林草覆盖率的增加可以有效防护我国江河上游的泥沙下流量，减少大江、大河中下游河床的泥沙淤积，有利大江、大河的河道畅通，可以避免中下游地区河水泛滥，减少河道疏通的经济成本，对于河道航运业的发展创造便利的条件。第二，植物覆盖率的提高，也可以有效增加江河上游地区的蓄水能力，对江河水流起到自动调节作用，不致于造成雨季的河水泛滥。在淡雨季，丰富的植被蓄水，也可以避免河道水流枯竭，确保中下游流域有充分的水源供应。第三，森林植被的增加，特别是三北防护林工程，既可以防沙固沙，又可以在西部地区形成一道天然的生态屏障，有效减缓内陆冷气流向中、东部地区的扩展速度，促成冷热气流的平稳对接，减少大风、雪、雹等灾害性天气的发生。第四，近年来出现的多沙尘天气，从另一方面也反映了西部特别是西北地区农业对植被的维

---

① 这里并不排除农业部门的发展也会带来一定的外部成本，形成非经济性影响。如定居农业侵入森林和脆弱地区，破坏整个生态系统，进而对野生生物造成不利的冲击，以及森林植被的减少降低了蓄水能力，易导致洪涝灾害、土壤侵蚀和旱季下游给水短缺等状况，但是对耕地及荒漠的生态性利用无疑会产生一种纯粹的正外部性。

护和培养，可以有效预防沙尘向中、东部地区扩散，避免在中、东部地区形成沙尘天气，给中、东部地区的经济建设和人民生活创造优越的环境条件。第五，西部有机生态农业的发展，既可以为西部地区人民提供绿色无公害农业产品，又可以减少化学元素对西部地区土壤结构的破坏，进而避免这些有害物质通过地表水流动对中东部地区造成土壤和水流污染。第六，西部农业发展所建立起来的"绿色生态屏障"，最终将有利于改善全国的环境和气候条件，既有利于西部地区、中东部地区，也可以从中受益。

以上西部农业经济性影响的一般形式，即具有农业外部影响的一般特征，但更重要的是由我国特殊的地理、地貌和气候特征决定的。正是在这种特殊的自然环境下，决定了西部地区农业对全国的独特的贡献形式。当我们具体分析这种种贡献时，还应看到，这里面利益和损害实际是一个矛盾统一体，如果西部农业符合上述要求而发展时，则会对区外有所贡献。否则，不仅不会有贡献，反而会带来损害。在这种情况下，社会有必要张扬的自然是其有贡献的一面，而抑制矛盾的另一面。而这种社会张扬必然需要一定的机制，需要相关的制度措施来完成，至于其具体内容，我们将在本章以后部分进行探讨。

2. 西部农业外部经济性的"剪刀差"效应

"剪刀差"概念产生于20世纪20年代的苏联。"剪刀差"最初源于"超额税"。"苏联在1921年初走上和平建设轨道后，国家为加快积累工业化资金，人为的压低农产品收购价格，使得部分农民收入在工农业产品交换过程中转入政府支持发展的工业部门，当时人们把农业和农民丧失的这部分收入称为'贡税'或'超额税'"。[①] 到1923年，苏共中央召开了政治局会议和九月中央全会，会议第一次把农业流入工业的超额税正式称作"剪刀差"。从此，"剪刀差"这一名词便流传下来。[②]

[①] 武力：《1949—1978年中国"剪刀差"差额辨正》，http：www.cass.het.cn./chinese/sol－jjs/.

[②] 武力：《1949—1978年中国"剪刀差"差额辨正》，http：www.cass.het.cn./chinese/sol－jjs/.

苏联的"剪刀差"概念在 30 年代被介绍到我国。新中国成立后，由于国民经济遭受长期战争的破坏，工业品相对奇缺，工农业产品的比价被严重扭曲，"1950 年工农业产品比价与抗日战争前的 1930—1936 年相比，扩大了 34.4%，农民在交换中吃亏很多。因此不少人就采用"剪刀差"概念来形容工农产品比价扩大的现状。"[①]这与当年苏联的"剪刀差"概念是有所区别的。在我国，"剪刀差"主要是指工农产品比价不合理的状态。

解放以来，虽然在我国经济发展的不同阶段，人们对"剪刀差"的认识有一定变化，譬如"剪刀差"的表示方法、严重程度、计算方法等。但有一些共同点是：(1)自 1949 年以来，我国工农业"剪刀差"是一直存在的，除过极个别年份外，我国工农业"剪刀差"的程度也是比较严重的。(2)在建国初期，为了实现国家工业化，在无外来资金保障的情况下，通过"剪刀差"为发展城市工业积累资金，是一种积极可行的必要手段。但改革开放以后，我国的工业化已经发展到了一定的规模。工业总产值已经超过了农业总产值，这种情况下，就应该清除"剪刀差"，并制定工业反哺农业的新的发展战略。(3)随着我国经济的快速成长，"剪刀差"问题有了一定程度的缓解，但由于农业发展的制约因素很多，农产品的价格波动很大，"剪刀差"在特定时期、特定范围仍有增大的趋势。如 2003 年受"非典"的困绕，陕西农村的瓜果、蔬菜大量积压，莲花白一公斤卖一分多钱尚找不到销路，[②] 这无疑会进一步加大"剪刀差"的程度。(4)长期以来，我国广大农村的普遍贫困，最根本的制度性障碍就是"剪刀差"的存在。"剪刀差"限制了农业的积累能力，限制了农民的增收能力，限制了农村科技教育事业的全面发展。所以，农村的贫困是和"剪刀差"紧紧联系在一起的。

据中共中央政策研究室、国务院发展研究中心的"农业投入"总课题组估计，在 1950 年—1978 年的 29 年中，政府通过工农产品"剪刀差"大约取得了 5100 亿元收入，同期农业税收入为 978 亿元，财政支农支出 1577 亿

---

①我国工业总产值 1956 年就已经超过农业总产值，1993 年工业总值达 52692 亿元，比农业总产值 1995.5 亿元，高出了近 5 倍。

②华商报(5 月 31 日—6 月 2 日)。

元，政府提取农业剩余净额为 4500 亿元，平均每年从农业部门流出的资金净额达 155 亿元。1979—1994 年的 16 年间，政府通过工农产品剪刀差大约取得了 15000 亿元收入，同期农业税收入为 1755 亿元，财政支农支出 3769 亿元，政府提取农业剩余净额为 12986 亿元，平均每年从农业部门流出的资金净额达 811 亿元。① 更多研究测算的数字则远远大于上述数字，如有资料显示，1949—1978 年工农业剪刀差额为 6000 亿—8000 亿元，1989 年—2000 年为 3.4 万亿。总之，从 1949 年以来，通过工农业剪刀差，我国广大农民为国家工业化的发展无偿提供了大量资金，为国家工业化的发展做出了巨大的贡献。有人甚至认为"中国的国家工业化的资本原始积累主要来源于农业"。②

一直以来，人们在研究剪刀差时，更多的是从不合理的工农业产品比价的角度研究剪刀差对农业部门的损害。因此，更多的是试图通过改变"不合理的"工农业产品比价来对其予以调整。但通过前文我们似乎可以看出，我国工农业产品比价的不合理，并非像前苏联时期是仅仅靠压低农产品收购价格来取得一种"超额税"。在很大程度上，我国工农业产品比价的不合理，更多的是基于历史和市场实际运动的一种结果，因此，单靠调整比价的政策就显得力不从心，或者根本就缺乏实际操作的空间和可能性。特别是在实行社会主义市场经济的今天，价格调整又必然的会触及主体自由定价的自主权利，也可能偏离市场需求的价格指引。如此以来，克服剪刀差就显得障碍重重，难度很大。

当我们依外部性原理来分析剪刀差时，可以看到，在剪刀差存在时，其必然表现出外部经济性的如下特征：(1) 剪刀差所反映的是在工农业的互动过程当中，农业活动的一部分收益通过价格媒介附带流入了工业部门，工业部门无偿取得了该部分收益。(2) 该收益的流动并不以工业部门

---

① 农业投入总课题组：《农业保护：现状、依据和政策建议》，载《中国社会科学》1996 年第 1 期。
② 温铁军：《中国农村基本经济制度研究》，中国经济出版社 2000 年版，第 177 页。

对农业部门的直接侵害为前提，也就是说这种流动具有自愿自发性。虽然在计划经济时代，计划价格可能会产生一定的影响，但在当事者（工农业部门）之间则不存在任何强制或被强制。(3)这种剪刀差收益，是农业活动的一种结果，但却未包含在农产品的价格当中，可看成是农业部门的一种外溢收益，或者叫外在收益，其获得者为农业部门以外的其他部门，即主要是工业部门。

因此，剪刀差毫无疑问的可以看成是农业外部经济性的表现形式之一。当然，如果只是简单的做出这样的定义，不同地区的农业自然都存在这样一种外在效应。但是，当我们具体分析我国西部地区的经济结构时，就会发现西部农业外部经济性的剪刀差效应又会带有某种独特性，正是这种独特性强化了其对西部地区农业更重要的影响，并成为影响西部地区农业发展的重要因素。这些独特性包括：(1)我国西部地区农业在西部地区国民产值结构中所占比例远远大于中、东部地区。有资料显示，1998年，第一产业占GNP的比重，全国为18%，东部为14%，中、西部超过20%。第二产业占GNP的比重，全国为49.2%，东部为45.7%，中、西部为40.5%，低于全国和东部地区，而且其内部结构也不合理，重工业超过全国平均水平，轻工业发展严重不足。在重工业当中，国防军事工业又占了相当比重。第三产业占GNP的比重全国为32.8%，东部为41.2%，中、西部大多省份为30%左右。这说明中、西部地区的农业经济特色较为突出，工业基础相对薄弱，第三产业发展滞后。特别是西部地区，农业经济特色更为明显。(2)由于军事工业在西部地区薄弱的第二产业结构中占有相当的比例，而军事工业的发展又具有一定的独立性，与地方经济的关联度很小，对地方经济的贡献率也较为有限。因此，应该说，西部地区第二产业占GNP的比重，在实质上应小于统计上的数据。这就更加强化了西部农业在地区经济结构中的突出地位。因此，剪刀差对西部地区的影响要远远大于中、东部地区。正是因为剪刀差对西部地区的影响远远大于中、东部地区，所以才造成了我国70%以上的贫困县集中在西部地区的客观情况。

当我们按照这样的思路来理解剪刀差时，实际上等于是给剪刀差赋予了一种正面的意义，把剪刀差看成是农业外在经济性影响的一种表达方式。基于这样一种理解，就可以从对"比价不合理"的艰难判断中解脱出来。因为：（1）比价是否合理很难有一个客观的具有很强操作性的判断标准。实践中，人们使用了很多标准，如粮食统购价和市场价的差额标准、劳动生产率标准、工资率差异标准、价值标准、文化程度标准等。但每一标准都是各说各话，测算出来的结果均有很大差异。（2）从市场需求和价格反映来看，虽然农产品的需求弹性比较小，但受制于自然等客观因素的影响，农产品价格的波动却比较大。这时候很难说哪个比价是合理的，哪个比价是不合理的。最有可能的情况是，在农产品价格较高时，其实反映了比较少的产量，其隐含的情况可能是大量农业劳动因自然原因而不能实现其价格，这种情况下，真实的比价扭曲也许是最严重的。因此，从外部经济性的角度来认识剪刀差，就可以解决上述问题。只要判断其外部经济性的存在，就可以比较容易的给出一个社会各方都能接受的补偿标准，从而从根本上解决剪刀差问题。

3. 西部农业对保护珍稀物种的外在效应

农业除了传统意义上的农业以外，还包括绿色农业、旅游农业、生态农业等。西部地区的生态农业同时承担着我国保护珍稀物种的艰巨任务。我国是世界上生物多样性最丰富的国家之一，西部地区有种类繁多的国家级珍稀物种，陕西省境内的大熊猫、金丝猴、华南虎，青海的藏羚羊等就属于国家一级保护动物。但是由于近年来森林砍伐和植被破坏，许多野生动植物的栖息和生长环境遭到破坏，加之乱捕乱猎，许多野生物种减少，甚至面临绝种威胁。西部地区在拯救濒危动植物，保护生态平衡方面发挥了重要的作用。2001年全国第三次大熊猫普查中，野外直观大熊猫达116只，濒危状况得到缓解。

在保护珍稀物种方面，西部农业的外部经济性主要表现在以下几个方面：一是西部农业承担着比较多的珍稀物种保护任务，这就在客观上增加了西部农业发展的制约因素。如在林区的一些开发性农业活动受到了很大的限制。西部农业为此所增加的成本投入，以及因此所产生的利益不仅是西部的，而且应当是全中国，甚至全人类的。二是在一些保护区的边缘地带，正常的农业活动也经常遭受来自保护区的一定的威胁。如保护区的动物流窜至划定的耕作区内，造成对农作物的大面积损毁。或者在保护区的边缘地带，为了防止动物流窜对农作物的损毁，而不得不建立一些人工屏障，甚至使用一定数量的人力建立起必要的预警和监督保护系统。三是对保护区的严密控制，也使得传统的采集和狩猎活动遭到限制，来自保护区的直接净福利与保护任务形成尖锐的矛盾，最终不得不牺牲个人福利而服从于社会利益。四是在一些生态脆弱地区推行生态移民工程，圈定"无人区"，设立生态自然保护区。如甘肃省向河西走廊的疏勒河上游移民20多万人，宁夏贺兰山区也全部实行封山禁牧，600多户牧民和15万头牧畜全部迁出。可见，西部农业在保护珍稀物种工作中付出了高额成本，使得中东部和全国地区受益，其经济外部性表现较为突出。

通过以上三个方面的分析，可以看出西部农业尽管在某些领域存在外部不经济的现象，但是从整体而言，农业外部经济性占据主导地位，这也是我们研究西部大开发的原因并提出相应对策方案的关键所在。

当然，也有许多人在研究西部农业时，更多的是看到其非经济性的一面，如西部农业对整个生态环境的消极影响。正如前文所述，这种影响带来的消极后果确实是很严重的。但另一方面，也应看到导致其发生的客观原因。就西部地区而言，由于其独特的自然地理环境，如果不考虑农业活动的长期影响和外在影响，在无任何外在约束的条件下，就当代人而言基于其利益最大化的考虑，毫无疑问的会倾向于选择短期能够获利的行为。所以，砍伐森林、垦荒造田、过度放牧是完全符合个体利益最大化的行为模式的，所谓一方水土养一方人，我们没有理由责备西部人长期以来的行为特征，面对其恶劣的生存环境，不管是毁林造田，还是毁草造田，都是生存竞争的必然选择，加之长期以来的政策激励（如农业学大寨），出现目前的局面完全是在所难免的。因此，一味的责难甚或简单机械的规定该做什么，不该做什么都会于事无益的。只有正确认识和评价其经济性影响，并据此制定切实可行并能有效维持其生存发展的政策法律制度,才能有效抑制其非经济性影响,并张扬其经济性影响,最终推动西部地区的农业和西部经济社会走上健康发展的轨道。

2.2.2 外部经济性对西部农业的产权损害[①]

通过以上分析,可以看出西部农业的外部经济性影响对于实现全国的生态平衡,推进国家工业化的发展,以及保护珍稀物种是有益的。但是不难发现,西部地区为此付出了极大的社会成本,如果没有合理补偿的机制与方式,对其投入的成本予以补偿,而是由西部单独予以承担,则必然导致西部地区的农业产权受到侵害。具体而言,外部经济性对西部农业各种产权的损害主要表现为以下几个方面:

1. 西部农业劳动力要素的产权损害

西部农业劳动力要素是指西部农业生产投入的农业劳动力资源。由于西部农业的外部经济性影响,作为农业生产要素主要构成之一的劳动力要素必然遭受一定程度的产权损害,农业劳动力要素的投入和产出关系发生扭曲变形。这种外部性产权损害主要包括以下方面:

第一,受剪刀差收入效应的影响,劳动力价格的一部分发生了净转移。正如前文所述,自1949年以来,至90年代中期,我国农业部门通过剪刀差向工业部门转移的净收入就达2万多亿元。就剪刀差的实质而言,虽然从表面上看,反映为工农业产品的价格差,但本质上是农产品价格和价值相背离的一种反映,更主要的是反映了农业劳动的价值没能在农产品的价格中得到真正反映的一种结果。如严瑞珍从价值剪刀差出发,按照工农业劳动力的文化程度进行折算,并依据1982年人口普查资料,计算出"农业劳力折合成工业劳力的折合系数为0.45,即一个农民在劳动能力上

[①] 产权在本课题中是指一种财产权利,具体是指对农业的生产资源,包括劳动力资源的占有、使用、收益和处分的权利。产权损害,具体是指对农业的生产资源,包括劳动力资源的占有、使用、收益和处分权利的外在妨害,这种外在妨害最终减损了农业的应得利益。

大体相当于0.45个工人"。① 根据这一折合系数，严瑞珍认为："1952年以来，中国剪刀差的变化经历了两个阶段：1978年以前逐步扩大，价格与价值相背离，最严重的为1978年，剪刀差比1955年扩大44.65%，达364亿元，相对量上升到25.5%，农民每创造100元产值，通过剪刀差无偿流失25.5元。1978年以来，剪刀差大幅度缩小，1982年比1978年缩小58.97%，1984年、1986年又分别缩小了6.54%和4.55%。但1986年仍然存在剪刀差，达292亿元，而1987年比1986年又稍稍扩大了1.44%。"②再如李炳坤根据苏联计算剪刀差的方法，认为"考虑到中国工农业劳动的复杂程度差别比苏联大，可定为一个工业劳动力等于两个农业劳动力"。③ 按照李炳坤的结论，在80年代以前，我国平均每个工人的月工资60余元，扣除节假日，平均每天2.4元左右，因而农民的日工资大约应在1.2元左右。而事实上农民的日工值一般只有几毛钱，甚至几分钱。如安徽小岗村在实行家庭承包的前一年，也就是1978年，农民年人均收入只有22元，按一家四口人，两个劳力计，每个劳力的年收入也只有44元，日工值一毛二分多一点，远远低于应有水平。因此，就出现了一些在我国独有的奇特现象，就是农民在上交了"公粮"之后，自己却所剩无几，只好反过来吃救济粮、返销粮，甚至大量离家以乞讨为生。可见"剪刀差"直接剥夺了农业劳动力的大量应得收益，成为农业劳动力要素产权损害的最主要原因之一。

第二，农业的外部经济性影响使得农业劳动投入的可期待利益被虚拟化。这一点尤其表现在西部农业的环境、生态效应上。最典型的如退耕还林、还草和植树种草等生态工程上。在利益虚拟化的情况下，从表面上看，为某种农业活动所投入的农业劳动会产生直接的经济价值，具有明显

---

① 严瑞珍等：《中国工农业产品价格剪刀差的现状、发展趋势及对策》，载《经济研究》1990年第2期。

② 严瑞珍等：《中国工农业产品价格剪刀差的现状、发展趋势及对策》，载《经济研究》1990年第2期。

③ 李炳坤：《工农业产品剪刀差问题》，农业出版社1981年版，第48页。

的可期利益，但由于外部经济影响的无偿性，劳动的可期利益根本无从实现，真实的利益完全被虚拟化。这种利益虚拟化的原因主要有：一是"退耕还林、还草和植树种草"所产生的经济价值因外部影响而失去了市场交易性。譬如"退耕还林"就具体实施来看，可选择经济林和非经济林。经济林的价值在于林木的果实，非经济林的价值则在于成材林木本身的价值。在经济林方面，从苗木栽培到成果一般要2—3年时间，因为有比较长的成长期，到了成果期，遇市场变化，其经济价值可能变得很小，甚至丧失，如陕西渭南、咸阳等地农民近年来大面积毁坏梨、桃、苹果等成果林就是一例。[1] 但引导性的栽种经济林，在遇市场变化时，这种损失显然直接落到了农民身上，同时，因为基于生态原因而培植的经济林，即使不产生经济价值，农民也不能随意砍伐。这样以来，农民的可期待利益完全落空。在非经济林方面，其经济价值就在于能够为市场提供可采伐的成熟林木，但仍然是基于生态原因，在生态脆弱区，任何采伐行为都是被禁止的，因此即使成材林木有一定的经济价值，但囿于政策的限制，为交易而进行的采伐也是不可能的。如陕北农民石光银，为治理沙漠栽种了20多万亩林木，价值评估3000多万元，但仍然身负巨额债务，靠借钱贷款来植树造林，成材林的经济价值在他看起来只是"水中月、镜中花"，根本不能转化成个人实实在在的收入，劳动价值被完全虚拟化了。二是退耕还林、还草和植树种草所产生的环境价值完全吸蚀了农业劳动本身的经济价值。造成这种情况，一方面是因为不管是退耕还林、还草，还是对荒漠化的治理，其初始动机和终极目标都是追求一种生态效益，创造社会所需要的环境价值，因而，个人劳动的经济价值只是一个附带的追求目标，特别是当面临极为恶劣的生态问题时，这时候对自身生存环境的保护将上升到更为突出的核心位置，直接的经济价值追求被完全淡化，基于经济人理性的个人目标发生了换位，被社会目标所取代，因而个人劳动的价值直接被社会成本所吸蚀，转化成于全社会有利的环境价值。另一方面，当个人目标发生换

---

[1] 需要说明的是这些经济林一般是在平原区的可耕地上套种的，因而可根据市场变化进行淘汰，不会产生消极的生态后果。

位以后，其所创造的环境价值却从未有一个价值评价系统，也不存在一个对价给付机制。就譬如我们根本不知道栽一棵树，能挡住几粒沙，能减弱多大风力，能带来多大湿度一样，社会习惯是对此从不做任何评价，因而个人劳动的价值就像水被吸进了海绵，劳动的应得利益被社会瓜分了。

第三，基于生态建设的农民"两工"，也扭曲了农业劳动力的真实价格。农民"两工"，具体是指农民承担的农村义务工和劳动积累工。农民"两工"，不管是义务工，还是劳动积累工，都被规定为是农民对集体、对社会的一种义务，不能取得正常的劳动报酬，所创造财富作为集体积累或者被国家无偿取得。据有关资料，自90年代初以来，农民"两工"从1993年的16.4个上升到1998年18.2个，个别年份甚至达到23个以上。根据辽宁省的统计资料，1991—1999年，辽宁省仅投入水利建设的农民义务工年平均为500万个工作日，按20元1日计算，价值10亿元，相当于辽宁全年各级政府安排的水利投资总额。

农民"两工"就其范围来说，主要被用于农村基础设施建设，如兴修水利、道路和生态环境建设工作。就中、东部地区而言，农民"两工"的使用影响的主要是区域内的农业生产环境。但在西部地区，农民"两工"的使用更多的是与全国的生态环境建设有关。如大型水利设施的修建，以及投入植树种草和建设防护林工程等。而这些工程对于改善两河上游的土壤植被、阻挡风沙东进以及调节全国的气候变化无不具有重要的意义。因而西部地区农民"两工"的特殊性还在于其外部影响范围对区外的辐射。另外，较之于中、东部地区更为恶劣的自然生存环境，西部地区农民"两工"的数量也远远高于全国的平均工作日。因此，西部地区农民的"两工"收入，不仅没有被西部农民得到，而且区内也没有得到农民"两工"的全部收入。"两工"收入的一部分，经由外部性影响传递到了区外，农业劳动力的真实价格也因此被扭曲了。

对劳动要素的产权损害，直接导致了西部农民的低收入水平。1998年西部地区10个省(市、区)的农民人均纯收入较全国平均水平低17.6%~53.0%，其中收入较低的西藏、贵州、云南、甘肃和陕西较全国平均水平低 35 个百分点左右，收入较高的四川、重庆和宁夏也要较全国平均水平低 20 个百分点左右。城乡居民间的收入差距远大于全国平均水平。此外，全国 592 个国家级贫困县中，70% 左右集中分布在西部地区[①]。

西部农业劳动力要素的产权损害，也影响了西部农业劳动力的再生产。表现为农村教育、医疗制度也远远落后于东部地区。由于西部农村劳动要素的价格低于价值，对于投入得不到合理补偿。因此，教育、医疗等制度中基本保障资金很容易被当地政府挪作他用，以解燃眉之急，很大程度上造成教育、医疗等基础设施不全，功能水平低下。而且教育落后极易导致科技水平低下，又进而引发农业科技含量不高，农产品产量偏低、工农产品价格剪刀差扩大，农民收入水平与城镇居民收入水平差距进一步拉大，西部劳动要素产权遭受更大损害，形成一种恶性循环。

2. 对农业非劳动要素的产权损害

农业非劳动要素是指农业生产需要的各种非人力生产资源，主要包括土地和资本两大要素。因为农业生产过程中，除了劳动要素以外，资本和土地也共同参与了生产过程。但是由于与劳动要素的外部损害相类似的原因，资本和土地所获收益也存在一个净转移部分，即中、东部地区气候环境的改善，生活质量的提高，其中也包括了西部农业中土地和资本要素收益净转移的贡献。因此，从这个角度来分析，西部地区投入土地和资本，但收益的一部分却无偿地流向了中、东部地区，侵害了土地和资本等非人力生产资源的完整产权。

关于土地和资本的产权损害，就其原因而言和劳动力要素产权损害的原因有许多相同之处。因为对产品价值的损害，其中必然包括了价值构成的各部分，既有新增价值，也有转移价值。对转移价值部分的损害，具体就表现为对土地和资本的产权损害。除过与劳动要素产权损害的一些共性原因外，土地和资本的产权损害还有一些特殊原因。

第一，由于传统经济学把价值和价格混为一谈，甚至用马克思的劳动

[①]《中国统计年鉴》(1999 年)，中国统计出版社出版。

价值论替代价格理论的所有内容。因而，在价格构成上只重视劳动价值部分，而忽视转移价值部分。这一点，在工农业领域都有表现，最典型的为固定资产的低折旧率。低折旧率完全掩盖了资本的实际转移部分，因此也造成了大量资产泡沫，许多固定设备明显已超过了合理的折旧期，但账面价值仍然很大。这也导致了许多资产，虽然已无使用价值，但宁可烂掉，也不能报废回收，或者进行最终的处分。这种低折旧政策，在农业领域，必然反映为农业的资本要素不能收回完全成本，发生了资本价值的部分转移。

第二，关于土地的价值转移，一直以来，由于仅仅把土地作为劳动对象，不存在土地的价格评价，加之土地完全在政策控制之下，农村集体经济组织不得对土地进行转让，或者进行其他处分。人们对土地转移的理解，更多的仅限于国家的无偿征用和"一大二公"式的平调，因此"土地无价格"差不多成了农民对土地的一种共识。因此，人们在对农产品定价时，根本想不到还应该有一个土地的转移价值部分。即使改革开放以来，随着土地使用权的逐渐市场化，但土地价格还没有充分显现出来。除过一些发达地区，由于农业经济作物的带动，土地使用权交易有了一定的价格体现，但对于绝大部分的传统种植农业，土地使用权的经济性交易仍处于萌芽之中，在许多地方，农民对承包地使用权的交易，其交易价格仅仅是代交转移土地的农业税，农业税成了土地交易的主要价格标准之一。这种对土地价格的极端漠视，使土地作为一种生产要素的应有价格根本无从实现，不仅直接侵害到土地产权的完整性，而且更为严重的是，这种价格漠视，还导致了土地资源的极大浪费。如许多地方出现的大面积抛荒现象，或者多季耕种改为单季作物，土地资源处于半闲置状态；以及对土地的掠夺式经营，对土地的资本性投入大量减少，甚至原有的水利设施也遭到严重破坏，农业生产出现了一定的倒退。所有这些，都跟因于土地产权的非价值性交易以及土地价值在农作物当中的非价值性表现。

第三，按照级差地租理论，次优或劣质土地是应该少取或者不取得地租，但是次优或者劣质土地的改良是于全社会有利的事情，也就是说，其具有经济外部性。因此,世界各国历史上,都对这种土地开发行为以鼓励,如通过减免农业税和给予耕种设备来分散这种土地开发行为的风险。我国西部地区,次优或者劣质土地居多,但耕种的风险全由农民承担,其结果是,不管产出多少,仍要照章缴粮纳税,土地开发不仅得不到价格体现,而且农民为此进行的资本性投入也常常是血本无归。这也构成对西部农业的土地和资本要素一种特殊的产权损害之一。

3. 其他产权损害

由于西部农业存在特殊的外部积极性影响,为了避免外部性制造者以消极的方式限制外部性,① 对西部土地资源的使用就有许多制约条件。这种制约影响了土地产权完全依土地所有权人(此处指农村集体经济组织)的自主意志进行运动,使产权运动出现外部性障碍。主要表现在以下几个方面:

第一,土地使用决策不完全依土地所有权人意志来确定,而要考虑到是否有利于环境保护、生态安全等全局因素,并受制于"退耕还林,退耕还草"等政策约束。

在传统计划经济体制下,把自然资源作为天然、无限、无偿索取的对象。甚至当市场经济已经初步确立并且已有相当规模的时候,土地产权概念仍然很模糊,产权界定不清,管理混乱,资源所有者和使用者的责任、权利和义务关系不清晰。许多农村经济组织对于土地资源的利用习惯于遵循上级的行政命令和地方政府的行政指引,进而没有充分的积极性去开发自然资源。于是在具体土地使用决策中出现被动局面,常常导致因时间、季节、气候等影响,由于决策失误或延缓不能充分挖掘土地利用潜能,直接影响农产品的产量。又如土地耕作作物的品种可能受到政策制约,无法依据当地特殊自然、地理和气候条件选择作物的品种,政府和国家也容易忽视各地具体情况,往往"一刀切",使得土地所有人和使用人无所适从,不能积极地进行实地考察,市场调研,引进先进科学技术。结果导致西部

---

①周林彬:《法律经济学论纲》,北京大学出版社 1998 年版。

地区农业发展出现经常性波动，土地资源的有效利用受到许多外在因素的干扰。

第二，地上作物也不以所有权人自主意志来处置，权利行使要受政策指引。譬如林木的采伐要受到政策的制约，权利受到限制。

2.2.3 产权损害引发的一些消极后果

关于西部农业外部性的原因及其直接损害，前面已进行了较为详细的说明。由于外部性的长期影响，加之缺乏外部性克服的有效机制和手段，因而外部性的存在不仅直接影响到农业各要素的完整产权，也对西部地区经济社会的长期发展带来了一定的危害，这种危害可以概括为以下两个方面：

（一）西部地区农民收入的增长长期陷于低水平循环

自农村实行承包责任制以来，我国农民的收入较 1978 年以前有了较大幅度的提高。但从全国来看，西部地区农民收入的增长明显落后于中、东部地区，如表1：

表1 1990—2000 年全国各省区市农村居民人均纯收入位次

单位：元/人

	1990 年		1995 年		2000 年	
	实际数	位次	实际数	位次	实际数	位次
全国总计	686.30		1577.74		2253.42	
东部地区						
北　京	1297.05	2	3223.65	2	4604.55	2
天　津	1069.04	4	2406.38	6	3622.39	5
上　海	1907.32	1	4245.61	1	5596.37	1
江　苏	959.06	6	2456.86	5	3595.09	6
浙　江	1099.04	3	2966.19	3	4253.67	3
辽　宁	836.17	7	1756.50	9	2355.58	10
广　东	1043.03	5	2699.24	4	3654.48	4

续表

	1990 年		1995 年		2000 年	
	实际数	位次	实际数	位次	实际数	位次
海　南	696.22	11	1519.71	14	2181.26	13
福　建	764.41	9	2048.59	7	3230.49	7
山　东	680.18	13	1715.09	10	2659.20	8
中部地区						
河　北	621.67	19	168.73	11	2478.86	9
山　西	603.51	21	1208.30	21	1905.61	20
吉　林	803.52	8	1609.60	12	2022.50	17
黑龙江	759.86	10	1766.27	8	2148.22	14
安　徽	539.16	26	1302.82	18	1934.57	19
江　西	669.90	15	1537.36	13	2135.30	15
河　南	526.95	28	1231.97	19	1985.82	18
湖　北	670.80	14	1511.22	15	2268.59	11
湖　南	664.24	16	1425.16	17	2197.16	12
西部地区						
重　庆					1892.44	22
内蒙古	607.15	20	1208.38	20	2038.21	16
广　西	639.45	18	1446.14	16	1864.51	23
四　川	557.76	24	1158.29	23	1902.60	21
贵　州	435.14	29	1086.62	25	1374.16	30
云　南	540.86	25	1010.97	27	1478.60	27
西　藏	649.71	17	1200.31	22	1330.81	31
陕　西	530.80	27	962.89	29	1443.86	28
甘　肃	430.98	30	880.34	30	1428.68	29
青　海	559.78	23	1029.77	26	1490.49	26
宁　夏	578.13	22	998.75	28	1724.30	24
新　疆	683.47	12	1136.45	24	1618.08	25

资料来源：《中国农村统计年鉴》(2001 年)。

从表1可看出，虽然从1990年至2000年期间，我国西部地区农民的人均纯收入有了一定程度的提高，但除内蒙古外，西部其他11省、区、市农民的人均纯收入都在2000元以下，远远落后于东部地区，而且从1990年到，2001年，西部12省、区、市的农民人均纯收入在全国的位次一直都在20名以后，特别是1990年时农民人均纯收入位次居全国12、17、18位的新疆、西藏、广西，到了2000年反而分别落到了25、31、23位，位次不仅没有上升，反而有了较大幅度的后退，反映西部12省、区、市的农民收入一直处于低水平循环。

表2　西部地区与东部地区的农民人均纯收入水平差距

单位：元/人　%

	1996年	1997年	1998年	1999年	2000年	2001年
东部地区	2548.9	2746.0	2853.6	2929.3	2993.6	3266.7
西部地区	1288.6	1405.1	1474.3	1578.1	1623.2	1662.2
东部比西部高	97.8	95.4	93.5	95.1	92.3	96.5

资料来源：《中国农村经济绿皮书》(2001—2002年)、《中国农村统计年鉴》(2001年)。

从表2还可看出，自90年代中期以来，东部地区农民的人均纯收入要高出西部地区农民人均纯收入的大约95%以上，也就是说，西部地区农民的人均纯收入仅为东部地区农民人均纯收入的5%左右。从相对数来看，东、中、西部地区农民的人均纯收入差距，不仅没有缩小，而且有不断拉大的趋势。1980年东、中、西部地区农民人均纯收入比例差距分别是1.28:1.06:1，到了1998年扩大到1.95:1.37:1，2001年东部和西部农民人均纯收入比例差距更是扩大到1.97:1。2000年，东部地区农民人均纯收入水平最高的上海市是5596.37元，而西部地区农民人均纯收入水平最低的贵州省(除西藏)仅有1374.16元，二者相比，上海市是贵州省的4.07倍。

当然，在东、中部地区农民增加的收入中工资性收入占了比较大的比重，如2000年，东部地区农民的工资性收入为1223.04元，占总收入的4096，而西部地区农民的工资性收入仅有388.71元，占总收入的24.4%。

但是绝不能因此就以为西部地区农民收入的低水平循环完全是因为工资性收入低而导致的。不容否认，西部地区农村二、三产业的发展滞后是影响西部地区农民低收入的一个原因，但除此之外，西部地区农民承担的更多的外部经济性活动也必然会限制西部地区农民更多的参与非农业经济活动，因而，西部地区农民的工资性收入低是有比较复杂的原因的；其中重要的原因之一就是西部农业的外部经济性所导致的。因为，外部性的存在赋予了西部地区农业较之于东、中部地区农业更为显著的生态价值，这种生态价值创造无疑是西部地区农业的一种独特的价值功能，而其也恰恰契合了我国西部地区地广人稀的农业自然条件。所以，创造生态价值与参与二、三产业的价值创造也可以看成是西部和东部地区农民在耕作农业之外的一种合理分工。但问题是西部地区农民的上述活动，并没有实际内化为真实的经济价值。因而，在东、西部农民的收入构成中，除过一般的农业经营性收入外，工资性收入之间就有了比较大的差距，结果是西部地区农民的收入水平远远低于东、中部地区的农民，西部地区农民的收入长期陷入低水平循环。

（二）西部地区农业的正常发展缺乏应有的经济力支持

早在1964年，周恩来总理就在第三届全国人民代表大会的《政府工作报告》中提出了实现四个现代化的宏伟目标，但是经过近40年的努力奋斗，我国的农业发展离农业现代化目标的实现还有一定距离，特别是广大西部地区，基本上还处在传统的农业发展阶段，离农业现代化的目标仍然很遥远。出现这种情况除西部地区较为恶劣的自然和气候条件以外，农业的外部性损害也是一个重要的原因。由于长期存在的外部性损害，严重削弱了农业的积累能力和自我发展能力，导致农业发展缺乏应有的经济力支持，很难冲破原有的农业经营模式，农业现代化的目标难以落实。

单从农业机械的使用来看，我国西部地区地形复杂，全国25°以上坡耕地面积9100万亩，西部地区就占了70%以上。复杂的地形限制了农业机械的使用，但这只是客观原因。事实上农业机械设备的使用本身也可改造不利机械化耕作的土地面积。由于我国西部地区的农业在很大程度上只是一种温饱型农业,因而单靠农业自身积累实现机械化显然是十分缓慢的。

据统计,1999年末,西部地区拥有农用机械总动力10107万千瓦,占全国农用机械总动力的比重自1990年以来一直保持在20.6%左右的低水平上,人均拥有的农机总动力相当于全国平均水平的72.4%,仅相当于东部沿海发达地区的57.8%。从农田水利建设方面来看,西部地区农田有效灌溉面积14825千公顷。占农作物播种面积的29.9%。低于全国平均水平4个百分点,低于东部沿海发达地区12.4个百分点;西部地区机电排灌面积占灌溉面积的比重为35%,而全国机电排灌的比重为67%,东部地区更是高达86.6%。从农用生产资料的投入情况看,西部12省、区、市农业中间消耗占总产值的比重(中间消耗率)仅为36%,东部地区则高达45%。

从表3的数据资料中可以看出,在1999年农业机械技术装备方面,西部地区与东部地区存在着较大的差距:一是在农业机械数量上相差悬殊,西部12省(区、市)只拥有大、中型拖拉机19.1万台,小型拖拉机233.4万

表3 1999年西部地区农用机械年末拥有量

	农用机械总动力（万千瓦）	大、中型拖拉机 万台	大、中型拖拉机 万千瓦	小型拖拉机 万台	小型拖拉机 万千瓦
全国	48996.1	78.4	2772.8	1200.3	11008.9
东部沿海10省、市	22252.8	30.4	1096.2	431.4	3810.1
西部12省、区、市	10106.9	19.1	700.7	233.4	2415.0
	大、中型拖拉机配套农具(万台)	小型拖拉机配套农具(万台)	农用水泵(万台)	农用排灌柴油机(万台)	
全国	132.0	1621.0	1264.7	4934.6	
东部沿海10省、市	55.7	546.1	606.5	2920.3	
西部12省、区、市	29.0	238.2	139.5	513.9	

资料来源:《中国西部农村统计资料》(2000年)。

台，大、中型拖拉机配套农具29.0万台，小型拖拉机配套农具238.2万台；而东部沿海10省(市)却拥有大、中型拖拉机30.4万台，小型拖拉机431.4万台，大、中型拖拉机配套农具55.7万台，小型拖拉机配套农具546.1万台。在这四种农业机械拥有的数量规模上，东部沿海地区与西部地区的比例分别是：1.59∶1、1.85∶1、1.92∶1、2.29∶1。二是西部地区拥有的主要农业机械数量在全国占有的比重比较小，总体上为8%至25%之间。① 可见，正是由于外部性损害下的农民低收入，才导致了西部地区农业的机械化程度很低，限制了西部地区农业的现代化进程。

此外，西部地区农民由于低收入的限制，对农业的投入也相当有限。如2000年西部地区农民人均纯收入为1623.2元。在西部地区的农民纯收入中，用于生产性支出的占31.98%，用于生活消费支出的占59.96%。按我国农民人均拥有1.5亩土地计算，一个三口之家的土地拥有量大约在5亩左右，总的生产性支出为1623.2×3×31.9%，约为1558元，其中每亩地平均的生产性支出约为312元。按一年两季作物测算，种小麦大概需要底肥70元、耕地20元、种子20元、播种8元、浇水20元、灭虫除草5元、追肥38元、收割35元；种玉米大概需要种子11元、底肥42元、灭虫除草5元、浇水30元、收获30元。这样测算，农民每亩地的上述实际支出费用大约为334元。因而，农民的生产性支出当中几乎没有购买农具、机械、修建水利等长期性支出，支出全部被用于维持农业的简单再生产，农业生产的长期发展受到了限制。

2.3 西部农业外部性补偿的价值选择：生态价值还是经济价值

西部大开发战略自2000年全面启动以来，国家围绕西部地区的环境保护和生态农业发展，先后出台了一系列政策和措施。应该说，这些政策和措施对遏制西部地区不断恶化的农业生态环境已经产生了积极的作用。但同时还有许多问题并未纳入政策调整的范围内，一些出台的政策在具体实

---

①朱智文、霄兴长：《西部开发中的"三农"问题研究》，甘肃人民出版社2002年版，第27页。

施时也还面临许多障碍和难题。此处基于考察问题角度的局限,将不对所有这些问题一一列举。但从研究的需要出发,主要通过两个案例展开问题的讨论,以期进一步彰显西部农业外部经济的客观性及在克服农业外部性时应采取更切合实际,并符合农民利益的具体措施。

2.3.1 案例一:"我种的树为啥不能砍"

《检察日报》2003年3月5日报道了全国人大代表牛玉琴的法律难题:"我种的树为啥不能砍"。牛玉琴代表的难题正好契合了本书所要解决的问题,也为本书研究提供了实践层面的切入点。那么,牛玉琴的难题到底是什么。

(1)牛玉琴是陕西省靖边县的一个普通农家妇女,有名的治沙劳模。1985年开始,她带着三个孩子种树治沙、承包治理荒沙11万亩。治理后林草覆盖率达60%,一家八口人一共植树960万株。用牛玉琴的话说:"我一家人从1985年开始治沙,3年后男人累死了,我把他埋在沙里,带着孩子继续种树,到现在共治理沙漠11万亩,林草覆盖率达到60%以上。如今荒漠变绿了,家里却背了几十万元的欠款。"

(2)牛玉琴说:"当时没有资金,……连买树苗的钱都没有。我把家里能卖的东西都卖了,买不起好树苗,就买最便宜的。"孩子病了,狠狠心煮了两个鸡蛋,孩子不吃,说要卖了鸡蛋买树苗。为了筹集买树苗的钱,牛玉琴又开始种草养羊。"种了草之后,我就开始养羊,每年收入几千元呢,再用这钱种树。"

(3)牛玉琴一家千辛万苦种的树,现在好多都成材了,"最高的杨树现在都蹿到8米高了。"牛玉琴说:"平时大伙儿都说我富,因为我有价值几百万元的林子。但这林子却当不了'生态存折',变不了现。18年了,有的树已经成材,儿子结婚要砍几棵用,跑了一个部门又一个部门,都说国家有政策,生态林一棵也不能砍。从大道理上讲,我也懂。但不能砍树,国家、地方政府能不能花钱把我的林子买下来,或让有钱愿买的个人、公司买,让我也享受到'生态银行'的实惠?"

(4)2002年人代会上,牛玉琴曾提出这个问题,结果当地政府比照

"退耕还林"标准，每亩地给她补助了10元钱。但作为人大代表的牛玉琴想得更长远，村里还有别的人种树治沙，他们的利益如何得到保障？牛玉琴认为，国家应出台一项法律，让那些为了社会公益而去种树的人得到适当的补偿。

2.3.2 案例二：守着"绿色银行"取不出钱来

中央电视台2002年8月10日《新闻调查》："石光银的选择"，报道了中国历史上第一个"治沙英雄"石光银的先进事迹。

(1) 石光银，男，今年60岁，陕西定边县的一位普通农民。1984年他成立了治沙公司与当地有关部门签订荒沙承包治理合同。18年过去了，他所治理的荒沙已经成材近20万亩，林木经济价值高达3000多万元。但是直到今天，石光银不仅没有拿到一分钱，反而在治沙的过程中欠了银行几百万元的贷款还不上。

(2) 石光银的治沙公司起先有127户村民入股，1989年，第一批种下的树苗已经长大成林，石光银提出间伐部分树木，遭到拒绝。1997年，定边县组织专家对石光银治沙公司的6万多亩荒沙进行了踏查，认定治理区内有各种林木七百多万株，总价高达3000多万元。从1989年开始，石光银年年提出间伐申请，均遭拒绝。1998年原先入股的127户村民纷纷退股，退股户最多只分得5000多元"劳务费"。石光银说，他比这些人还亏，他什么也没得到，反倒欠了一身的债。

(3) 1998年，石光银种下的林子被国家划成了生态林，石光银向林业主管部门提出了移交6万多亩林木的申请，并希望林业部门能对他十几年来的投入做出相应的补偿，但申请遭到了拒绝。一段时间，石光银提出把林子交给县上，也遭到了拒绝。

(4) 石光银治沙的资金来源，一是贷款，贷银行360多万元，欠个人的100多万元，总共500多万元。石光银治沙公司的砖厂、养羊场、食品加工厂等企业，加上种植牧草和多种经营每年能有近百万的收入，但是这笔钱仅够维持他治沙的投入和支付银行贷款的利息。

石光银名义上是个千万富翁，但从1984年筹借10万多元治沙开始，石光银投入在治沙方面的资金越来越多,他不仅卖掉了自己几乎全部的家当,甚至还欠了别人上百万元的债,按石光银的话说,治理狼窝沙时"那真是受的骡马的苦,吃着猪狗的食",石光银说别人叫他"石灰锤",就是"二杆子,脑子不够用"的意思。20多年治沙"要是拿我个人来讲,我干了件傻事;可按人活一生的人生价值来讲,我做了件好事。因为给后代人造下福来了,而且咱社会效益、生态效益有了"。

2.3.3 几点启示

上述两个案例,带给我们的是一种震撼、一种激动。我们震撼的是社会对农民某些利益的忽视是如此之严重,激动的是西部农民朴实而执着的奉献精神。在这里,我们看到的是希望,看到了江泽民同志"再造西部山川秀美之河山"的光明前景,看到了艰苦奋斗的延安精神依然闪耀着光芒,也看到了西部问题的最终解决所具有的西部良好的人文和社会环境。当我们冷静的面对案例中所反映的问题时,会对我们有如下几个方面的启示:

第一,西部农业的生态价值远远大于农业本身的经济价值。当我们考察农业的经济价值时,所采用的依据往往是生产了多少斤粮食,多少斤瓜果、蔬菜,以及成材林木的数量是多少,然后再根据市场价格来计算其经济价值,就譬如石光银的成材林,人们可以评估出其经济价值为3000万元。但是,这个成材林不允许采伐,因为采伐以后会带来危害,显然这个危害的经济损失要大于3000万元成材林木的经济价值。如果不是这样,对采伐的限制就是不必要的。那么,这个生态价值究竟是多少,我们可能永远也没有办法算出来。也许可以假定,对西部地区的生态不加任何保护,让西部生态完全破坏,这时候对全国带来的危害,由此造成的经济损失就可以看成是西部农业的生态价值。前文中有一个数据,就是1998年的长江特大洪水,造成的直接经济损失是1600亿元,这仅是洪水一项,如果再加上沙尘暴,加上环境质量降低对工农业生产、对人的生活质量的综合影响,最后的数字肯定要远远大于1600亿元。这个损失,显然其中的主要部分可以看成是西部农业的机会成本,如果西部农业改善了其生态环境,就不再会有这个损失。因此,所有这些就可以看成是西部农业的生态价值。按牛玉琴的理解"一元钱可以买10棵树苗",但是,为了种下这一元钱的树苗,"我背着树苗要走15里沙路"。这里,生态价值和经济价值的区分就比较明显了。1999年、2000年和2001年国家用于退耕还林、还草的资金总共36.5亿元,年均12亿元多一点,这个l2亿元也就是当年退耕还林还草的经济价值。与退耕还林、还草的生态价值相比,这个12亿元显然就是杯水车薪。所以,西部农民的收益与其实际贡献相比简直是太少了。

第二,国家补偿的依据:是生态价值还是经济价值。通过前面的分析,我们已经对生态价值和经济价值做了区分,也明确了农业的生态价值要远远大于经济价值。那么在进行国家补偿时,到底是选择生态价值,还是选择经济价值做为补偿的依据?就实践操作层面看,我们以退耕还林、还草工程为例,可以看出,现有的补偿是以经济价值为补偿标准的。

现行退耕还林、还草相关规定确定的具体补偿标准有:(1)向退耕户无偿提供粮食。目前实施的标准依流域划分,长江上游地区每亩地每年补助原粮300斤,黄河上游地区每亩地每年补助原粮200斤。每斤粮食按0.7元折算,由中央财政承担。(2)向退耕户提供现金补贴。在补贴年限内,现金补贴标准按每亩退耕地每年补助20元安排,用于补贴农民的医疗、教育等方面的必要的开支。(3)向退耕户无偿提供种苗。退耕还林(草)所需种苗,由林业部门负责组织供应。经费标准是每亩地50元。(4)实行个体承包。(5)实行"退一还二、还三"甚至更多,即农民除了负责每退一亩耕地造林,还要承担两亩或两亩以上宜林荒山荒地造林种草任务。(6)实行报账制,即农户按规定数量和进度进行退耕还林(草),林业部门组织检查验收退耕还林(草)的进度、质量及管护情况,农户凭发放的退耕任务卡和验收证明,按报账制办法领取粮食和现金补助。

以经济价值为补偿标准,存在的问题是:(1)补偿的范围过于狭窄。也即只对确定为退耕还林、还草工程的项目进行补偿,对具有同样生态价值的非退耕项目没有列入需要进行补偿的范围。而且即使同样是退耕还林、还草,但未列入工程项目内的也不予补偿。如截至2001年春季,陕西安塞县两年退耕的土地只有30%多一点得到认可,获得补偿。其余近70%的退耕地仍在争取认可的过程中。这样做,不仅违背公平、公正原则,而且对于非退耕地,由于其生态价值未获确认,也有可能发生退化,导致新的生态问题出现。(2)补偿的幅度过小。关于补偿的具体办法前已述及,从这些制度规定当中,我们明显感到实际补偿与应得补偿之间还有一定的距离。如甘肃定西,退耕前的人均纯收入为2022.14元,退耕后的人均纯收入为1486.74元;贵州大方退耕前的人均纯收入为1484元,退耕后的人均纯收入为1197.12元。一些退耕后收入有所增加的地区,其增加的收入多源于非农产业。如四川天全,退耕前后人均纯收入分别为:1026.93元、1765.46元,但是农业收入所占份额则由退耕前的63.68%,降低到退耕后的37.82%。农业劳动如此快速的转移,应该说是喜中有忧。因为退耕并非停止耕作,而是要进行生态化耕作。如果退耕不能大幅度强化退耕地的生态化耕作水平,退耕、还林、还草的效果必然会受到影响。所以,有必要在退耕、还林、还草的补偿幅度上有适当的增加,着重增加退耕的货币收入,这也是对退耕的生态价值的必要的补偿。(3)补偿期限缺乏理论根据。按现有政策,补偿期限为5—8年。这里面存在以下问题:一是5—8年退耕到底能达到什么效果。有些退耕地5—8年以后可能会成为成熟林草地,但有些退耕地未必能实现退荒、退沙。如案例中的牛玉琴和石光银,历经近20年治沙,治理区域内林草覆盖率也仅达到60%。二是退耕激励以市场交易为基础,能否确保退耕过程和效果持续性也是问题。因为在确定交易价格时,是以现行的经济价值为基础的,明显小于农业本身的生态价值,退耕户随时有可能转移至非农高收入产业,造成退耕过程中断。三是5—8年退耕过程完结后,所形成林草的权益如何认定,以及在林草不得任意采伐情况下,如何进一步补偿等问题都不确定。

因此,我们认为,应以生态价值为退耕的补偿标准。在退耕的初始阶段,为了鼓励退耕,可以免费提供所需种苗等必要生产资料。在退耕完成后,确定退耕者对退耕成果的个人所有权,并确定一个公平合理、社会各方都可接受的生态价值补偿额标准,按确定的生态补偿额对退耕者进行持续补偿。

第三，需要新的制度保障。关于建立国家补偿法律制度问题，综合上面的分析，我们可以得出一个重要的结论，就是生态补偿从本质上说应该是农业外部性克服的手段问题。关于外部性克服，传统理论和实证法更注重解决的是外部非经济性影响，特别是私权相互之间，在非经济性影响存在时，受侵害一方提起侵权之诉。但在公共领域，对于外部经济性影响，更容易从公共物品的角度加以理解，并滋生普遍的"搭便车"消费心理。因而，外部经济性的解决基本上未被纳入公共政策领域或实证法的框架之内。所以，现行的制度将无助于解决农业的外部经济性影响。这就为针对外部影响的制度创新产生了需求，提供了机会。

基于以研究，我们认为解决农业外部性问题的一个重要的对策性结论就是创建适于外部性解决的国家补偿法律制度。其重要性就在于：通过新的制度安排，将需要补偿的原因——农业的生态价值确定化，避免针对农业经济价值的不确定性交易。从而，使得对农业生态价值的创造和张扬纳入法律的规则体系当中，并为农业的生态化发展提供持久的动力。对于社会公平以及西部大开发的顺利发展也会产生积极的推动作用。但是，这一制度的创建无疑是一个新问题，其中存在诸多需要解决的问题，如这一制度的理论依据、补偿的机制安排，包括主体权利义务的区分与界定，补偿的具体执行等一系列问题，这将在后面有专章论述。

2.4 解决西部农业生态问题的最终方案：建立国家补偿法律制度

综合前面的分析，可以看出西部农业生态问题的主要根源是因为西部农业的外部经济性缺乏合理的补偿机制。解决这个问题前核心就在于能够合理解决西部农业的正外部性影响。关于外部性解决，经济学有两种相对立的观点：一种是庇古等人的利益调整观点，另一种是科斯等人的改变利益调整的初始条件的观点。庇古认为，外部性存在时，可以通过税收或补贴来消除私人成本和社会成本之间的差额，从而依靠政府干预的手段解决外部性。科斯认为："在税收和奖励的办法解决侵害效应的问题这一建设中，可发现同样的缺陷"。也就是庇古式解决办法本身可能产生新的外部性。科斯提出的解决思路是：只要交易费用大于零，就可以通过合法权利的初始界定以及经济组合形式的选择，通过市场交易的方式解决外部性问题。按科斯的解决方案，如果权利的初始界定面临高昂的成本和一系列不确定性障碍，因而促成市场交易显然还是不具有现实性。[①] 因此，本课题仍然沿着利益调整的思路，认为"国家补偿"应是解决西部生态问题的最佳选择。以下就国家补偿法律制度的构建谈几个问题。

2.4.1 国家补偿解决生态问题的优点辨析

选择国家补偿解决农业的外部经济性影响，是相对于市场交易的方法而言的。之所以做出这种选择，是因为通过国家补偿解决农业的外部经济性影响存在以下优点：

第一，交易易于达成。以政府为主导的国家补偿，政府将承担对于个体而言无力负担的交易成本，正外部性的制造者将十分乐于和政府沟通信息，达成补偿协议。

第二，补偿式的激励有利于促进正外部性产出，增加社会福利。在矫正外部性的以政府为主导的方式选择中，各国实践大多采取传统的直接控制手段，缺乏相应的激励机制，从而使管制成本过于高昂，市场交易难以进行。而补偿方法侧重于经济上的激励，以补偿方式向正外部性制造者交付对价，满足市场主体利益最大化的理性需求，符合市场自身的运作规律。

第三，速度快，效果明显。因为补偿的一方主体为政府，当政府认为必要时，即可启动补偿程序，扭转了等待市场主体自身协商解决正外部性的被动局面。基于政府行为的宏观性，信息获得的全面和快速性，使得正

[①] 我担任第十届全国人大代表时，针对前面所说的"牛玉琴的难题"（朱玉琴也是第十届全国人大代表），曾建议过在西安设立中国的"碳交易中心"。但由于当时我国社会经济发展的现状和人们的认识程度，这个问题没有引起社会的关注。可能在若干部后，这个方式也会成为解决农业外部性问题的一种补充方式。

外部性的解决也可在短时间内见效，而不必因市场主体的单方困难而延迟。

第四，可以事前补偿，更利于正外部性产出和西部开发的进程。政府可以有预见性的在外部性问题产出之前就启动补偿程序，这样可以避免权利救济的滞后性，最大限度地调动正外部性制造者的积极性。这一优势在西部开发的特殊经济条件下更显突出。

第五，以政府为主导的补偿方式解决了西部农业正外部性问题中主体众多难以确定的问题。由于西部农业的正外部性问题具有地域性和区域相关性，这使得其受益人群众多而广泛，在这种情况下，要把这个群体集合起来，要求他们为其所免费享受的利益支付代价，显然不具有可行性，也不符合西部开发的精神。因而必须寻找一个受益人群的代表来为他们所享受的外部经济向其制造者支付对价。而国家作为社会整体利益的代表来担当这个角色将再合适不过了(对此下文会更进一步论述)。

第六，有许多外部性后果很难通过具体的数字表述出来。这样使当事人用经济学上的费用—效益方法进行交易的难度加大。若以政府为主导进行国家补偿，则可从公平效益价值角度出发，给当事人一个数字概括相当的、内容灵活多变的补偿，以避免当事人之间进行交易时对标的精确性的苛刻要求。

第 3 章
西部资源性行业的外部性及其克服

改革开放20多年以来,中国经济获得了突飞猛进的发展,国民生产总值迅速提高,以至于许多学者将我国经济的发展成就称之为"中国奇迹"。经过多年的建设积累,我们形成了较为健全的国民工业体系,正在努力向工业化迈进。工业发展所依赖的自然资源主要是土地、水、矿藏和能源。从总体上看,中国工业自然资源的区域分布很不均衡,呈现出西丰东歉的局面,西部地区能源和自然资源相当丰富,东部地区则相对贫乏。从长远来看,西部地区在自然资源的开发基础上建立起来的发展原材料和能源工业,将对经济发达的东部地区构成很强大的供给能力。能源和矿产资源对国民经济发展的重要性是不言而喻的。

然而,应当看到的是,我们在促进国民经济整体高速发展的同时,也造成了不断扩大的东、西部差距。在分析西部地区长期落后的原因时,传统观点将原因归之于西部地区自然条件差,生产力低下,劳动力素质低等等。事实上,西部落后的实质原因在于外部性存在而造成的西部地区产权受到损害。仅就能源和矿产资源来讲,西部资源类行业制度性外部经济的存在而造成西部地区产权受到损害。西部资源类行业资源产权界定的模糊、东、西部地区之间长时间的不公平竞争与交易以及特殊背景下的国家政策是西部地区产权受到侵害的深层原因所在。

一个国家综合国力的提高,除了有经济的高速发展外,还必须有地区间经济的协调发展。因此,解决西部资源性行业的外部性,寻求科学合理的救济方案就成为我们研究的重点。

一切经济交往的前提是制度安排,西部地区资源产权的清晰界定无论从经济学的角度还是从法律的角度而言，都是十分必要的。资源产权明晰化的途径多种多样，其中资源的资产化管理可以成为我们理性的选择。而对于西部资源产权的股份化操作则是一个大胆的创举。理论上的廓清并不能有效的克服西部资源性行业的外部性问题，强有力的制度保障应当成为可行的路径选择。国家补偿法律制度的建立就是克服外部性的有效方案。当然，国家补偿法律制度的有效实现还需要财政法、税法、价格法等相关的经济法律制度的有力支持。

3.1 西部地区能源和矿产资源禀赋概况

3.1.1 西部地区能源和矿产资源的禀赋现状[①]

西部地区地域辽阔，气候地貌类型多种多样，拥有丰富多样的自然资源，尤其是能源、矿产资源在全国占有显著的优势。从能源资源来看，西部地区拥有丰富的水能、煤炭、石油和天然气资源，是我国重要的能源生产基地。据统计，西部地区水能理论蕴藏量达5.57亿千瓦，其中可开发利用的水电资源2.74亿千瓦，分别占全国的82.3%和72.3%。尤其是黄河上游、红水河以及雅砻江、大渡河、乌江、金沙江等支流，都具有进行梯级开发的有利条件。西部地区虽具有丰富的水能资源，但目前开发利用率很低，平均只有8%左右。相反，东部地区水电资源只占全国的7%，但开发利用率却大于50%。

作为我国水能资源最丰富的省区之一，云南省水能资源理论蕴藏量高达1.03亿千瓦，占全国总蕴藏量15.7%；可开发装机容量为0.9亿千瓦，占全国总装机容量的23.1%。然而，目前云南省已开发的水电资源仅有400万千瓦，只占全省可开发水能资源的4.4%，远远低于全国9%的平均水平。水能资源开发率较低，说明今后开发利用的潜力很大。

西部地区也是我国陆上石油开发的战略接替区和天然气富集区。石油资源主要分布在塔里木、吐鲁番—哈密、准噶尔三大储油盆地，以及四川

---

① 此部分资料参考尾注部分以及其他相关资料。

东部和陕甘宁交界区。西部天然气蕴藏量高达 26 万亿立方米，占全国陆上天然气资源总量的 86% 以上。目前，西部地区已累计探明天然气储量 1.5 万亿立方米，年生产能力达 180 亿立方米，并形成塔里木、柴达木、陕甘宁和川渝四大气田。1998 年，西部地区原油产量已达到 2363.63 万吨，天然气 121.52 亿立方米，分别占全国的 14.7% 和 52.2%。

西部地区的煤炭资源主要分布在陕西、宁夏、新疆和贵州，现已探明储量约 3797 亿吨，占全国的 38.6%。1998 年，西部地区煤炭产量达 2.74 亿吨，占全国的 21.9%。据国家地质矿产部门预测，新疆煤炭的远景储量高达 21900 亿吨，其中 1000 米以上内浅层储量就达 9000 亿吨，居全国首位。

从矿产资源来看，西部地区拥有丰富的有色金属和非金属矿产资源，其分布主要集中在近西部地区(除新疆、青海和西藏外)。在目前西部已探明的矿产资源中，有近 30 种矿产储量居全国首位。探明储量占全国 40% 以上的优势矿产主要有：铁矿富矿(46.8%)、铜(41.5%)、铅(43.2%)、锌(43.4%)、铬(74%)、钒(68.5%)、钛(96.7%)、镍(88%)、汞(91%)、天然碱(96%)、磷(44.6%)、石棉(96.9%)、云母(85.2%)、氟石(63.3%)、钾盐(99.3%)、岩盐(77.1%)、芒硝(83.8%)、碘(92.5%)等。若按 45 种主要矿产已探明保有储量的潜在价值计算，西部矿产资源拥有产量占全国的 39.7%。

据国土资源部提供的数据，西北地区矿产资源的潜在价值大体为 33.7 万亿元，其开发潜力巨大。西北地区具有优势的矿产主要有煤炭、油气、镍、铜、铅、锌、金、钾盐等。其中，煤炭保有储量达 3009 亿吨，占全国的 30% 左右，主要分布在陕西、新疆和宁夏；天然气储量为 4354 亿立方米，占全国陆上总储气量的 58%，主要分布在鄂尔多斯盆地和塔里木盆地。甘肃省镍储量占全国的 62%、铂储量占全国的 57%，青海省钾盐储量占全国的 97%。新疆仅塔里木、吐哈、准噶尔三大盆地就已探明石油储量 21.2 亿吨，天然气 2800 亿立方米，分别占全国陆上总储油(气)量的 27.1% 和 22.1%。

虽然西部地区拥有丰富的自然资源，但却缺乏现代经济发展所必需的要素，换句话说，西部地区拥有的是一种低级要素，缺乏良好的制度环境在内的高级要素。随着我国经济体制改革的不断深入，市场行为主体呈现多元化的发展趋势。但由于我们缺乏完善的市场体系和市场机制，特别是各个市场行为主体在资源产权关系不明确的情况下缺乏有效约束机制，这导致西部资源开发和利用当中出现了一系列的问题。

3.1.2 西部地区能源矿产资源开发中存在的主要问题

一、由于西部能源矿产产权界定缺乏合理化方案，能源开发和利用没有统一管理机构。位于晋、陕、内蒙古交界的能源"黑三角"地区，蕴藏着煤炭、石油、天然气等8类48种矿产资源，尤其以煤炭最为丰富，含煤面积为3.5万平方公里，储量达到2000亿吨以上，占全国的1/3，是国家重要的能源基地。① 由于地跨陕北、晋西北及内蒙古南部三省的交界处，管理权限不清的问题显得尤为突出，其中开发区分为国家开发区和地方开采区。在国家开发区内，华能公司除本身开采外，还雇佣其他单位开采。地方开采区，在地方、国营、集体、个人一起上的多元体制下，10年内全国各地的开发大军先后开进，兴建了数百个煤矿。在神府煤田1400平方公里范围内，就有地方煤矿531个，平均每2.6平方公里就有一个煤矿，展开开发煤海大战，由于煤田开发缺乏有效的统一规划和管理，各个开采单位在自身利益的驱动下，毫无顾忌地滥采乱挖，以至破坏了规划开采区内煤层储存条件。例如形成了采空区，破坏了矿间的安全煤柱，给国家大型能源基地的开发埋下了安全的隐患，甚至威胁某些露天矿的生存，容易造成自燃引起地下火灾，使资源遭到破坏。再以陕西省境内石油开采为例。陕西省既有中央所属的长庆油田开采石油，又有省属油田和各县出售开采权的油井开采；煤炭开采，既有国有大矿开采，又有承包煤矿和个体小煤矿开采；石油加工既有国有大厂，又有不正规的个体小炼油厂。据统计，陕

---

① 王军：《可持续发展》，中国发展出版社1998年3月第1版，第246页。

西省约有土炼油炉 1500 个，使大量的低品质成品油流入市场，造成税源的大量流失和环境的严重破坏。

二、资源性行业普遍亏损，生存困难。由于多年来资源高强度的消耗，矿山企业勘探投资不足，许多矿山已面临无矿可采。以有色金属为例，900 余座矿山 2/3 已进入中晚期。由于资源不足，已列入国家破产计划正实施关闭 45 座，拟列入国家关闭计划的 43 座。预计到 2010 年，还要关闭 355 座，占矿山总数的 46%。产能消失 4955 万吨，占总产能的 35%，到 2010 年，仅有 20% 的有色金属矿山能维持生产。黑色金属、化工矿山也存在可采储量不足的问题。近年来，由于煤炭产量严重供过于求，导致产量下降，价格下跌，企业经济效益严重下滑，相互拖欠增加。1998 年，国有重点煤矿企业累计亏损达 37.05 亿元，亏损面达到 80.8%。国有重点煤矿的限制生产能力已经达 9000 万吨，60% 的矿井不能正常工作。整个行业如此，西部地区无论从矿产勘探，还是从开采投入都无法与东部地区相比，其资源性行业的效益可想而知。

三、西部资源性企业缺乏自我发展能力，生产经营困难，竞争力弱。第一，企业生产效率低下。就资源性企业来讲，企业设备陈旧，不能加快折旧，开采效率低下，劳动生产率较低，造成矿产品种单一，主要以原材料为主。就整体素质而言，西部资源企业与发达国家的差距十分明显。以煤炭资源为例。美国、德国的煤矿的开采都以大型煤矿为主，矿井年开采能力为 400 万—600 万吨，美国生产商品煤 10 亿吨，只有 15 万人，人均年产量是 6600 多吨。我国企业生产 13 亿吨煤，用了 700 万人，人均 185 吨，煤炭产业全员生产率为 12522 元/人·年，仅相当于美国煤矿全员劳动生产率的 2.8%。即使是 1998 年也仅为 12958.24 元/人·年。第二，企业缺乏积累，在计划经济体制下，通过计划价格，形成原材料和加工工业，上游产品和下游产品的价格剪刀差，形成资源无价，矿产品低价，加工产品高价的格局。和农业一样，为工业化积累原始资本做出了贡献。改革开放以后，仍然为了发展和保护下游产业对矿产品价格的开放到了最后。财务制度上压缩矿业企业的成本扣除，有时使矿业企业简单再生产都发生困难。第三，企业社会负担严重。一个矿山企业一座矿山，矿山企业建在山上的模式，使许多矿山企业远离城市。在计划经济时期，矿山企业不仅自办教育，自办生活服务，有时整个矿区的交通运输、通信设施、供水供电、住房建设、公安消防均自成体系。据调查，矿山企业办社会所投放的资金一般占销售收入的15%至20%，矿山办社会的问题十分突出。第四，税负过重。1994年税改以后，矿业平均综合税率为14.65%，为税改前的近3倍。全国各行业平均税负为6.8%，矿业为其他行业的2.15倍。国外矿业税负水平为8.8%，我国矿业比国外平均水平高5.85%。

四、企业职工成为弱势群体，生活十分困难。以煤炭行业为例，为了使煤炭企业走出困境，近年来国家加快了减员增效、下岗分流，实施再就业工程的步伐，1999年国有重点煤矿下岗分流职工达40万人。同时，为了整顿煤炭市场秩序，制止不合理重复建设，国务院决定对煤炭行业实行关井压产。随着大批矿井的报废关闭，大量的采煤工人需要转移到其他产业。但对于西部地区来讲，产业结构单一，加工链条较短，第三产业远远落后于东部地区，造成下岗后的采煤工人就业门路狭窄，再则，采煤工人大多为青壮年男性，文化程度较低，缺乏其他的谋生技能，如果解决不了这些职工的安置问题，很容易引发其他的社会问题。另外，矿业企业职工劳动条件艰苦，高负荷高危险性，矿难事故频繁发生。

五六十年代，矿业企业位于各行业之首。改革开放20年来，矿工的收入虽有所增长，但增长幅度是全社会最低的行业之一。据国家统计局的数据，采掘业职工人均工资居于各行业中倒数第二。若扣除采掘业较高的因素，平均收入会更低。很多矿山企业矿工收入只有500到600元。下面是陕西省铜川市矿务局的统计数字：

表一

年　份	产量(万吨)	价格(元/吨)	在册职工人数	年平均工资(元)
1997	537	106.8	51181	5372
1998	509	107.2	47233	5410
1999	551	101.24	42885	5529
2000	537	97.01	41049	6266
2001	576	97.81	35400	6849

从此表可以看出，企业产量变化不大，职工工资虽然每年呈上涨趋势，但与其他行业以及东部地区相比，差距仍然很大。值得注意的是，平均工资的上涨与企业在册人数有很大关系，这是以大量裁减职工人数而换来的平均工资的对应性增长，实际工资水平变化根本不大。

五、能源矿产资源的生产对环境的破坏性比较大。资源型企业的生产经营有其自身的特点，其正负效应都很明显。过去，由于对资源开发缺乏统一规划，环境保护意识不强，西部资源型企业所造成的生态破坏和环境污染是十分严重的。煤炭采掘不仅造成大面积的地表塌陷，形成众多的煤矸石山，而且造成严重的矿井水、洗煤水污染和大气烟尘污染。在西部一些煤炭城市，由于管理以及工艺不完善，洗煤常未经处理，大量外排煤泥水，造成严重的水体污染。而大量繁衍的土法炼焦、煤炭运输过程中的粉尘排放以及煤炭燃烧导致的大气污染，无论是发电用煤还是工业用煤，每年都向大气中排放大量的 CO_2、SO_2 和尘烟等污染物。在陕西省铜川市，目前大气中 SO_2 和 TSP 严重超标，尤其是冬季，由于受特殊地形的影响，整个市区几乎笼罩在一片烟尘之中，对市民的健康造成严重的威胁。石油、天然气的开采也是如此。

此外，随着西部能源矿产资源行业开发力度的加大，产量不断增加，供过于求，价格有逐年下降的趋势。再加上我国已加入世贸组织，关税的下降后国外煤炭制品的涌入，西部企业的经济效益下滑在所难免。长期以来形成的工业内部轻工业和采掘工业的价格差距始终是制约西部资源性企业发展的瓶颈。

因此，从以上几个方面可以看出，西部能源矿产资源行业存在着许多显示和潜在的困难和危机。在看到西部资源性企业存在的问题时，我们难免会发出疑问：为什么西部地区丰富资源的开发没有带动西部地区经济的发展，反而会带来如此之大的副作用，在短短二十几年内与东部地区的差距逐渐扩大？或许西部落后在于地理位置偏僻，劳动力素质低下，但不容忽视的是我国工业布局是"东轻西重"，东、西部之间的贸易主要内容是，西部企业的农产品和工业原材料，与东部的轻工业产品和加工工业品相交换。价格剪刀差的存在无疑使西部地区的经济雪上加霜。这是对西部资源性行业的一种外在损害。如何利用西部地区资源优势，寻求解决西部资源性行业的外在损害的理论依据和有效的解决方案就成为我们研究的重点。企业是市场经济中的重要主体，地区经济发展有无潜力就是要看是否有微观层次的有潜力的企业存在。因此，西部资源企业的生产经营情况是整个西部地区经济发展这一宏观层次下的微观缩影。西部资源性行业的运行状况需要我们进一步理性的分析，资源性行业的损害补偿需要我们建构新的制度。

3.2 西部资源类行业的外部性与产权损害

3.2.1 制度性外部经济对地区产权的损害

一、西部资源类行业制度性外部经济

在西方经济学中，外部性理论的提出引起经济学界的广泛注意。外部性是指"一个人或多人的自愿行为在未经第三方同意的情况下强加于或给与他们的成本或收益。"[①]外部性理论的贡献在于：引导人们在研究经济问题时不仅要注意经济活动本身的运行和效率问题，而且要注意生产经营活动造成的但不由市场机制体现的对社会的影响。用外部性理论分析一国区域经济时，一国某一地区或者局部可以看成是外部性的潜在制造者，地区或者局部的活动可能减损自身利益而惠及区外，产生外部经济；也可能侵

[①][美]考特·尤伦：《法和经济学》，张军等译，上海三联书店，1997年。

蚀区外利益而使自身增益，产生外部不经济。就西部地区的能源矿产资源行业来讲，存在着外部经济的现象，这也是我国西部地区产权损害的具体形式之一。

能源矿产资源行业是我国西部地区传统的支柱性行业。西部地区地域辽阔，地形复杂，地质多样，蕴藏着极其丰富的各种资源。但由于历史原因，资源性产品价格一直偏低，西部地区输出低价矿产资源等初级产品，输入高价格的工业及生活用品。[①] 资源性产品低价格是相对于其投入成本而言的。就其投入成本的结构来看，主要由四部分组成：(1)国家资源税；(2)劳动要素投入；(3)资产折旧费；(4)地方税费。其中国家资源税是国家以资源所有者和管理者的年份对　使用者征权的一种收益税，对其我们存而不论，后三项则涉及地区利益。由于我国工业化的特殊要求，使东西部产品在较长时间内存在不等价交换。东部地区的工业品，大多价格首先放开，价格由市场决定，而西部能源原材料产品的价格在相当长的一段时间内受计划价格的控制，资源性产品价格偏低，资源性产品的高成本投入在事实上被计划价格完全扭曲，表现在上述成本构成的后三项，其中：(1)资源性行业的劳动要素投入得到的是较低的价格(工资)；(2)资产折旧长期推行低折旧政策；(3)资源补偿费和地方资源税长期维持较低水平。与实际投入相比，价格构成的这三个方面，显然并不完全反映实际投入的数量，下面是一组陕西省铜川矿务局的数据表格。

表二　　　　　　　　　　　　　　　　　　　　　　　　　（单位：吨、元）

成本/年份	1997	1998	1999	2000	2001
劳动要素	51.2	50.2	43.0	47.9	42.1
资源税	0.40	0.37	0.38	0.39	0.40
资源补偿费	0.03	0.02	0.13	0.15	0.26
折旧费及其他	平均为 33.65 元				

---

① 李同升、赵荣：《西部开发陕西省重点区域与优先项目选择》，西安，陕西省迎接西部大开发课题之五，1999 年。

续表

成本/年份	1997	1998	1999	2000	2001
总计单价	92.49	98.45	95.59	99.53	100.67
销售价	106.68	107.12	101.24	97.01	97.81
差额	14.31	8.67	5.65	-2.52	-2.86
年利润(万元)	-11464	-19553	-14950	-7876	-5958

我们对这一表格作以简单分析。从1997年到2001年，每吨煤炭的劳动要素投入(表现为工资)从51.2元降到了42.1元，逐年呈下降趋势。这意味着职工每产出一吨煤所获得的工资在下降。这似乎与表一的职工年均工资增长相矛盾。事实上，正如前文所述，年平均工资的增长是以裁减职工数量而取得的，实际工资并没有显著的增长。近年来物价指数上升，工资的增长速度远低于物价水平提高的速度，实质上工资不仅没有提高甚至有所下降。这本身就是对劳动力要素的一种损害。就资产折旧费来讲，西部企业实行的是延期折旧政策，尚不能进行加速折旧。折旧期的延长不利于企业设备的更新换代升级，也不利于企业提高生产效率。作为中央与地方共享税的资源税每吨的数据都在0.4元左右，维持着较低水平。资源补偿费自1997年到2001年税有所体改，但变化并不显著，仍然在低水平徘徊。

可以看出，对西部地区资源类企业来讲，总计成本变化基本呈现上升趋势，由1997年的92.49元上升为2001年的100.67元，而销售价格却逐年下降，年利润每年都是负增长。再加上东、西部产品的不等价交换，西部资源性企业的投入因为低价格交换而丧失，向全国尤其是东部地区提供了大量的利益。因此，从理论上来考察，对地区来讲，表现为投入了资源，但不能取得完全价格，实际投入的相当一部分因低价格交换而丧失，转移给了交换的相对方，向区外提供了大量不能补偿的收益。这种外部经济是经由特定的价格政策指引而发生的，资源性产品行业因此被这种特定的价格政策人为地塑造成为一个外部经济的积极制造者，并长期向区外释放外部经济。所以，这种外部经济可定义为制度性外部经济或低价格外部经济。

二、制度性外部经济侵害地区产权的具体分析

制度性外部经济的存在，造成地区产权因收益净转移而不断受到区外侵蚀，对地区产权构成严重地侵害。主要表现在以下两个方面：

第一，对劳动要素的产权损害。在资源性行业，低价格外部性的表现之一就是劳动要素应得收益的一部分通过低价格交易转化成交换相对方的实际收益，相比劳动投入，劳动要素得到了一个扭曲低价。而事实上，资源性行业使用的劳动要素在劳动强度、工作危险性及人身危害等方面都远远高于社会平均的劳动投入量。但低价格交换，显然违背了公平原则，使劳动实际投入的一部分没有得到价格的合理体现，表现为一种无偿劳动投入，等于是通过劳动要素的制度性外部经济把劳动投入的这一部分排斥为交换相对方的私人成本，而对方并不需要做对等给付，因此直接消减了劳动要素的原本利益。作为权利的经济本源，[①] 利益地消减必然反映为劳动要素的应有权利受到了侵蚀。其完整的产权因此遭致破坏。在这里，外部性明显的表现出作为"事物的力量总是倾向于破坏平等，所以，法律的力量就应该总是倾向于维护平等。"[②]但长期以来，克服外部性以"维护平等"的法律在事实上是不存在的，而实际存在的交易制度的一些缺陷却替代了平等的法律供给。实际维护了不平等的长期平衡，使不平等成为一种合理存在。所以，传统上资源性行业对劳动要素的吸纳多采取从农村招工的形式来实现，而在旧的户籍制度下，农民权利的更不平等[③]以及"跳出农门"的高机会成本在很大程度上掩盖了资源性行业劳动收益率低的权利扭曲状态。支撑了资源性行业权利扭曲状态下的劳动要素供求平衡和资源性行业的长期存在。因为，虽然资源性行业产品价格低，存在劳动要素的产权损害，但相比十分脆弱的农民权利以及西部地区农村的低工资，对农民仍有很大的吸引力。新中国成立尤其是改革开放后的 20 年来，城乡居民收入始

---

① 赵世义：《资源配置与权利保证》，西安，陕西省人民出版社，1998。
② [法]卢梭：《社会契约论》，商务印书馆，1990年。
③ 周其明：《农民平等权的法律保障问题》，武汉，法商研究，2000年第2期。

终存在着差距，而且呈不断扩大的趋势。农民、农村、农业的"三农"问题再一次成为当今社会人们关注的焦点。许多学者从不同的角度解读"三农"问题。① 这些解读说明城乡差距的严峻已经引起社会各界关注。下面是1978年至1998年间城乡家庭收入人均的数据。从中我们可以探寻到农民何以"跳出家门"，从事西部资源型企业的生产经营的些许原因。

城乡居民家庭人均收入及指数表格

(单位：元)

年 份	农村居民家庭人均纯收入	城镇居民家庭人均纯收入
1978	133.6	343.4
1980	191.3	477.6
1985	397.6	739.1
1986	423.8	899.6
1987	462.6	1002.2
1988	544.9	1181.4
1989	601.5	1375.7
1990	686.3	1510.2
1991	708.6	1700.6
1992	784.0	2026.6
1993	921.6	2577.4
1994	1221.0	3496.2
1995	1577.7	4283.0
1996	1926.1	4838.9
1997	2090.1	5160.3
1998	2161.0	5425.1

资料来源：《中国统计年鉴》1999年。

---

①李昌平著：《我向总理说实话》，光明日报出版社。

我们可以看到，城乡居民的收入差距始终存在，而且大有扩大的趋势，其中原因有很多。农业是一个基础产业，同时也是弱势产业，受自然条件等影响很大，平均利润率很低。我国在实现工业化早期，仿效苏联，以牺牲农业的发展来换取工业的高速增长，增加工业积累，农民的剩余农产品以农产品和工业品价格剪刀差的形式转移给了工业，于是农业生产中出现增产不增收的现象。农民作为市场竞争中的弱势群体，规避风险的能力很差。广大农民缺乏向工人阶级的工会那种代表自身利益的团体性组织（如农民协会等等）来维护其利益，利用团体的整合力量抵制和对抗其他组织团体包括政府对其利益的侵犯。因此，减轻农民负担已经叫了十几年了，农民负担反而加重了。也许，在现有的制度框架内，减轻农民负担是个假话题。[①] 种地增产不增收，有时甚至折本。"锄禾日当午，汗滴禾下土"的辛苦一年换不来一台像样的彩电。日出而作，日落而息的辛勤劳作和八小时工作日外加双休日的生活方式形成强烈的对比。至此，我们明白了许多农民背井离乡、南下北上进城务工的原因。这是在现代市场经济条件下农民对市场经济的一种特殊回应。既然呆农村仍然摆脱不了贫困，那么进城打工、进厂矿企业或许能使自己的生活有所改观。这也是农民在市场大潮中寻求自身生存与发展空间本能性反映。尽管从事资源性行业劳动强度大，工作危险性高，而且工资收入比其他行业低，但比起从事农业生产所获得的微薄收入要高得多。同时，在我国特殊的社会条件下，"跳出农门"亦被认为是一种追求进步的政治时尚，也膨胀了权利扭曲下的低价格劳动供给。这样，劳动供给不断增加形成的不断壮大的劳动产权与外部性长期延续形成的对劳动产权的不断消减就达到一种奇怪的平衡，西部落后成为一种自然趋势。

第二，对资本要素的产权损害。对资本要素的产权损害集中表现在资源性产品行业要素高消耗和实际的低折旧政策的矛盾。由于折旧率低，意味着资本要素转移价值不能完全收回，其中未实现折旧的转移价值部分通

---

① 李昌平：《我的困惑》，《读书》杂志2002年第7期，第3页。

过市场交换净流向了交易的相对方，形成资源性产品低价和制成品高价的主要制度根源，致使资源性产品行业资本要素的实际价值被不断侵蚀、消减，资本要素的实际价值和账面价值出现严重脱节，长期延续下来。甚至出现资本空壳，而账面泡沫却很大。现实表现为资源性行业资本设备普遍老化，设备更新长期不能解决，技术改造缺乏资金，对这种极端产权扭曲，长期以来，未曾建立一套有效的法律制度促其恢复。在制度建设上，政治替代一切，极力渲染"人定胜天"的机械唯物主义，全力塑造"铁人"精神。作为一种价值追求，却意外的替代了应有的法律供给，用人力替代机械力，人力的膨胀因此掩盖了机械力的消减，致使资本产权发生扭曲性流动。一方表现为产权空壳化，而另一方（相对方）又表现为实质性的利益积累。这种"空壳化"资本损害过程，同时强化了资源性行业劳动的无偿投入，进一步加剧了劳动要素的损害。

3.2.2 西部资源类行业产权损害的深层思考

西部地区大多属于资源丰富的地区，但这种资源优势没有转化成经济优势，西部仍然落后于东部。究其原因，如前所述，在于地区产权受到损害。具体到资源类行业，西部地区是否拥有地区产权？地区产权受到损害的原因是什么？这不得不引发我们做更深层次探讨。

一、产权界定的模糊

产权，是经济学家偏爱的概念，即使是产权学派的学者也没有一个统一的明确的定义。A·A·阿尔钦认为："产权是一个社会所强制实施的选择一种经济品的使用的权利。"[①]德姆赛兹认为："产权是一种社会工具，其重要性在于事实上它们能帮助一个人形成它与其他人进行交易时的合理预期。"[②]E·G·菲吕博腾和S·佩杰威齐认为："产权是一系列用来确定每

[①] A·A·阿尔钦：《产权：一个经典诠释》，见《财产权利与制度变迁》，上海，三联书店上海分店，1994年，第166页。

[②] [美]H·德姆赛兹：《关于产权理论》，见《财产权利与制度变迁》，上海，三联书店上海分店，1994年，第97页。

个人相对于稀缺资源使用时的地位的经济和社会关系。"①经济学家尼克尔下的定义是：产权是所有权和所有者的各项权利的法律安排。张五常认为，产权的基本内容包括行动团体对资源的使用权与转让权，以及收入的享有权。② 国内学者认为，产权是与所有权有密切关系的一个概念，是一种与所有权有关的财产权。其核心是所有权。产权经济学家大都同意，产权是"一揽子权利"，英文"Property right"在产权经济学中总是以复数的形式出现。由法律观之，地区产权则是以所有权为核心的"权利组"或"权利束"，其中包括许多因素，包括资本因素、劳动力因素等。通过研究，我们可以形成基本的逻辑共识：自然资源能够给人类带来收益，因此应该是一种资产。资源资产与其他资产一样，也存在产权问题。前文已述，我们把西部落后的实质症结归之于外部性存在所导致的地区产权的损害上。就能源矿产资源行业来讲，实际上就是对资源产权的不当损害。从理论上讲，地区产权损害不存在对地下矿藏等资源产权的损害。因为法律明确规定地下矿藏的产权。但是，我们仔细研究发现，单从矿业产权入手，地下矿藏的产权划分在法律上清晰而在实践中却是含混不清的。

《宪法》第九条规定："矿藏、水流、森林、山岭、草原、荒地、滩涂等自然资源，都属于国家所有，即全民所有；由法律规定属于集体所有的森林和山岭、草原、荒地、滩涂除外。"《矿产资源法》第三条规定："矿产资源属于国家所有，由国务院行使国家对矿产资源的所有权。地表或地下的矿产资源的国家所有权，不因其所依附的土地所有权或者使用权的不同而改变。"从物权法上观之，土地和土地之下的矿藏是可以分离的，特别是土地所有权被认为集体经济组织的情况下，矿藏可以与土地分离，作为民法上的独立物存在，也就是说成为国家所有权的客体而存在。因此，通过法律可以看到，矿产资源的所有权是明确的。但我们从具体的矿业权概念

---

① E·G·菲吕博腾：《产权与经济理论：近期文献的一个综述》，见《财产权利与制度变迁》，上海，三联书店上海分店，1994年，第204页。
② 张五常：《合同的结构与非排他性资源的理论》，载《法和经济学杂志》，1969年第12期。

出发，会发现围绕矿产资源会形成"探矿权"、"采矿权"、"矿山企业经营权"等具体的一组法律权利。① 针对这些不同的权利，《矿产资源法》做了不同的产权分配。这种分配是通过一系列许可审批制度来实现的。例如"对国民经济具有重要价值的矿区内的矿产资源"以及除此以外的"可供开采的矿产储量规模在大型以上的矿产资源由国务院地质矿采主管部门审批；开采石油、天然气、放射性矿产等特定矿种的，可以由国务院授权的有关主管部门审批"；除了国务院授权单位审批的，其他"可供开采的矿产的储量为中型的，由省、自治区、直辖市人民政府地质矿产主管部门审批和颁发采矿许可证。"这种权利分配实际上是在国家所有权的统一下通过对矿产开发的审批许可方式实现的，由此形成一组复杂的产权关系。究其实质就是中央政府和地方政府在经济领域中的分权。由此可以看出，地方政府在矿产资源方面拥有某种意义上的产权。这种产权主要体现在以下几个方面：（1）能源矿产资源开发审批权限的划分上，这一点前面已经提到。（2）国家对能源矿产资源的开发征收一定比例的资源税。资源税是中央与地方共享税，地方可以得到30%的比例分割，这可以说是地方产权的一种体现。（3）劳动力的安排上。能源矿产资源的开发是一项浩繁的工程，往往需要很多的劳动力，从节约企业成本考虑，实行劳动力本地化和人才本地化战略是一个理想的选择。但问题是这种权利的分配并未在法律上得到明确的确认，与这种权利相关联的利益分割机制也没有硬性的制度化安排。这自然引出能源矿产资源开发中的一系列问题。

地方各级政府在很多情况下是中央政府的代理人，但是我们并不否认其有自己独立的利益。地方政府要解决的是发展地方经济，提高当地的生产力水平，改善和提高当地人民生活水平。其政府机构的运转依赖地方财政，而非中央财政。然而，西部地区属于不发达地区，财政收入来源十分有限。与东部地区相比较，南方某些省市富可敌国，公务员收入是西部地区的几倍甚至几十倍，而西部某些贫困地区连公务员的基本工资保障不

---

① 强世功：《科斯定理与陕北故事》，《读书》，2001年第8期。

了。同为国家公务员,收入差距为何如此之大?收入差距的巨大反差是西部地区在思考落后的同时,想方设法增加财政收入,寻求新的经济增长点。西部在矿产资源方面的优势以及矿业在资本积累中的优势,吸引了相当一批人和资本的目光,老百姓盼望通过开矿改变贫穷落后,当地政府也希望通过发展矿业改善捉襟见肘的财政状况。经过分析我们得知:西部资源禀赋丰富的地区享有法律分配下的某种意义上的地下矿藏产权,支持开采当地石油、天然气、煤炭等矿产资源以增加财政收入也就理所当然。但是,由于西部地区交通运输落后,科技水平低下,大型石油、煤炭等基地又被国家垄断开发,地方政府从中获得少量的利益。为改变这种情况,西部地区只能开办中小型油田、煤矿等。事实上,近年来煤矿安全事故不断,事故大多都发生在安全设备和安全意识差的中小型矿井。于是,中央政府三令五申禁止地方乱开采,严厉批评地方政府越权审批,关闭小煤矿、小油井。这就乱了地方政府的预期。地方政府通过法律的分配拥有某种程度的产权,实际上一些中小型矿就归地方所有,而中央政府的政策又在一定意义上否认了这些权利。地方政府被夹在法律与现实的矛盾之中,无法在抽象的国家利益和具体的地方利益之间正确定位自己。在市场经济中,地方政府是一个相对独立的经济实体,作为理性的经济人,两难抉择中只有选择对自己最有利的,即支持中小型矿井的经营。小型矿井无须当地政府太多的投资和管理,只须收取相应税费就可以了。但是,小型矿井随时可能被中央政府斥为违法。对小型矿井来说,"无恒产者无恒心,无恒心者无信用"[1],其开采行为具有极强的短期性,缺乏可持续发展的战略眼光,掠夺性开采在所难免。地方政府出于地方利益的考虑,往往又成为这些局部开采的审批者、纵容者和保护者。矿业开发产生的经济利益与环境破坏带来的负效应长期以来是一对尖锐的矛盾。模糊的产权界定使这种开发的经济效益具有极强的短期性,而对环境生态造成的破坏却是长期的。开发带来的经济效益具有局部性,而其带来的环境损害具有全局性和

---

[1] 张维迎:《产权政府与信誉》,北京三联书店,2001年7月第1版,序言,第2页。

公众性。不管怎样开发，西部矿产资源的大规模开发后，初级矿产品等源源不断地运往全国各地，尤其是东部地区，通过贸易的方式将本属于西部地区的利益转移给了交易的相对方。这种西部资源产权的损害不仅直接导致地方利益受损，还导致环境恶化等负面影响。这是西部地区资源产权界定模糊而使西部地区难以形成稳定预期，从而致使地区产权受损害的深层原因。

二、东、西部地区的不公平竞争

改革开放以来，中国由过去集中的计划经济体制向分散化的市场经济体制过渡，其核心内容就是市场的扩张和政府从经济领域有选择地退出。[1]改革进程实际上出现在政府和人民之间，也出现在不同地区之间的政府中。地方政府围绕资源展开的竞争根源于经济上的分权。在资源总量给定以及特殊的制度安排下，这种竞争会产生多重后果。改革开放以后，东部地区的区域优势和制度优势相比于西部地区的资源优势更具有竞争性。西部地区的要素成本低于东部地区，但资源（包括自然资源）仍然向发达地区和东部聚集，于是产生了地区间新的不平等，导致西部地区各种资源不断向外流出。就矿产资源而言，究竟通过何种渠道使西部利益外流呢？深入分析我们看到，隐性的不等价交换而产生的价格剪刀差使西部利益绝对受损。在计划经济时期，价格结构被人为扭曲，东西部带际贸易中还形成另一种类型的不等价交换。在我国产业结构中，东部以加工制造业和新兴产业为主，西部以能源和原材料工业为主。近年来，我们不断推进工业产品的价格体制改革。1978年到1988年的10年间，中国重工业产品价格上升了63%，其中，采掘业产品上升幅度最大为88%，原材料和加工工业的产品价格指数分别上升了77%和43%，显然比较低。[2]正是由于价格改革的差异性，使东、西部产品在较长时间内存在不等价交换。东部地区的工业

---

[1] 周业安：《地方政府竞争与经济增长》，中国人民大学学报，2003年第1期，第97页。

[2] 数据资料来源于国家物价局课题组：《理顺价格的目标及实施步骤》，中国经济出版社，1994年；《中国统计年鉴—1995》，第400页。

品，大多价格首先放开，价格由市场决定，而西部能源原材料产品的价格在相当长的一段时间内受计划价格的控制，价格一直偏低。在这种产品价格不合理的情况下，西部地区输出低价的农矿初级产品和原材料，而输入高价的加工制成产品，由此造成双重的利润流失。东、西部之间长期的不等价交换使西部地区应得利益通过地区间贸易直接或间接地转移给东部地区所有。这种地区产权的损害对西部地区发展是极为不利的。

三、国家特殊的政策

自1978年以来，国家实行"先东后西"的区域发展战略，在投资、价格等方面对东部地区实行倾斜政策，在促进东部地区经济发展和增强我国整体经济实力的同时牺牲了西部的发展利益。在国家区域发展战略的指引下，西部重点发展能源、原材料工业，有重点地开发矿产资源，走上一条以资源开发为主的道路，为东部地区快速发展提供了廉价的能源材料支持。

随着宏观经济发展战略的转移，我国的投资重点开始转移到沿海地区。从1981年到1995年，东部沿海地区国有单位固定资产投资占全国的比重有59.1%，5年内增加了8.36个百分点，而西部地区由74.9%降到42.7%，下降了3.22个百分点。我们再来看一组表格。1998年国家基本建设投资按隶属关系在不同地区的情况，本文只采取了东部六省和西部五省作比较。

表四 （单位：亿元）

地区	中央项目	地方项目
上海	183.23	660.92
江苏	170.54	542.12
浙江	181.40	438.06
广东	168.50	871.41
福建	69.51	274.13
山东	166.07	474.96

续表

地区	中央项目	地方项目
北京	250.66	164.86
陕西	98.59	152.24
甘肃	68.19	88.95
青海	37.66	35.25
宁夏	17.68	40.70
西藏	9.70	25.58

资料来源：中国统计年鉴1999年。

我们简单地作一分析。东部的北京与西部的西藏中央项目的投资差距在25倍以上。东部地区中央项目的投资总和要远远大于西部地区总和。这仅仅是1998年的数据。回溯我国几个五年按计划的实施中央政府的投资偏好所累计起来的东、西部投资差距是可想而知的。

80年代以来，国家陆续开放了沿海城市14个，设立经济特区5个，给予沿海地区许多的政策优惠。在政策优惠和市场作用的双重作用下，国内外资金和人才迅速向沿海的东部地区集中。这进一步加剧了东、西部的不平衡。东部地区凭借着有利的地理位置和优惠政策，吸引了大量的外商直接投资，尤其是港澳台地区的投资。据统计，截至1998年底，沿海实际利用外资共占全国的87.83%，而西部地区仅为3.28%。而西部引进的如此少的外资大多用于基础设施建设以及一些高科技行业，资源性行业所引进的外资寥寥可数。本地财政收入极其有限，又不能大量引进外资，资金的缺口是西部能源矿产资源行业发展的瓶颈。

前文已经说过，西部企业大多建立在建国后不久，许多属于三线建设的项目。国有企业数量所占比重较大，而国有企业中最多的又是资源类开发企业。近年来，我国经济的快速增长很大程度上是依靠非国有制经济，而西部地区则主要依赖国有经济。在1986年到1995年期间，东部地区国有工业对工业的贡献率只有24%，而中部和西部地区则分别高达40%和51%。① 1995年到1997年，东部地区国有以及集体企业对工业增长的贡献率只有25.2%，而中、西部地区则分别为62.7%和50.6%。这说明中、西部的工业发展更多的依赖于增长缓慢的国有企业。②

1994年实行分税制以后，为支持落后地区的发展，我国采取了转移支付的办法，但转移支付数额很少。1995年全国转移支付补助总额仅为20.47亿元，1996年为34.56亿元，1997年为50.21亿元，1998年为60.54亿元。但是总量仍不能适应经济发展的需要。而且，现行的转移支付基本上采取大锅饭的形式，1995年全国有18个省份享受转移支付补助，1998年则扩大到了22个省份。西部地区享受的转移支付，1995年为10.32亿元，1998年增加到82.3亿元，但是占到全国的比例却有49.0%。即使包括广西和内蒙古在内，大西部地区转移支付补助占全国的比重也有1995年的67.0%下降到1998年的64.8%。下面是西部地区转移支付情况表。③

表五　　　　　　　　　　　　　　　　　　　　　　　　（单位：亿元）

	1995	1996	1997	1998	合计
全国	20.71	34.56	50.21	60.54	166.11
四川	1.81	2.95	3.63	3.81	12.2
重庆				0.76	0.76
贵州	2.59	3.69	4.26	5.58	16.12
云南	0.12	0.2	0.2	0.24	0.76
西藏		1	1.77	2.1	4.87
陕西	0.55	1.62	2.45	2.72	7.34
甘肃	0.71	1.32	2.06	2.29	6.38
宁夏	1.04	1.59	1.93	2.21	6.77
青海	1.04	1.91	2.94	3.97	9.86

①国家统计局工业交通统计司编：《大透析：中国工业现状，诊断与建议》。
②资料来源：《中国统计年鉴》1995，1998年。
③根据《中国财政年鉴》1999年第465页资料计算。

续表

	1995	1996	1997	1998	合计
新疆	2.46	3.81	5	5.97	17.24
西部总计	10.32	18.09	24.24	29.65	82.3
所占比重	49.8	52.2	48.3	49.0	49.5
广西	1.09	1.84	2.52	2.98	8.43
内蒙古	2.47	3.71	4.97	5.76	16.91
大西部合计	13.88	23.64	31.73	38.39	107.64
所占比重	67.0	68.2	63.2	63.4	64.8

总之,我们看到,西部矿产资源开发的主体主要是中央所属的大型国有企业,如长庆油田等。依据分税制原理,这些国有企业的大部分税收由国家拿走,地方税收所剩无几,而税收又构成财政收入的最主要部分。出于支持东部地区发展的需要,中央政府又将财政收入的大部分发展资金投入到东部地区,这种转移支付实际以特殊西部利益、西部产权绝对受损为代价而换取东部地区的快速发展。

3.3 西部资源性行业外部性的克服与路径依赖

3.3.1 资源产权的界定

一、资源产权界定的理论依据

一切经济交往活动的前提是制度安排,产权界定无疑是制度安排的一种。没有清晰产权的社会是效益低下、资源配置无效的社会。但是,产权是一个非常模糊的不确定的范畴,这种不确定性来源于现实生活中产权的存在及其运动的复杂性。人们在认识和观察产权时,从不同的历史维度出发,以不同的视角去概括和解释产权。因此在经济学和法学领域内,产权的研究存在很大争议,资源产权的界定概莫能外。这一点前已述及。

西方经济学中,外部性理论的提出引起经济学界的广泛注意。外部性理论的贡献在于:引导人们在研究经济问题时,不仅要注意经济活动本身的运行和效率问题，而且要注意生产经营活动造成的但不由市场机制体现的对社会环境的影响。① 外部性分为正的外部性和负的外部性。前者指某个个别厂商的行为给他人或者社会其他厂商带来了便利，但他人或者其他厂商不必为此向其支付任何费用而无偿享受便利。后者指个别厂商的行为给他人或者社会其他厂商带来了损害，却不必为此承担责任。本文讲的外部性，指宏观放大的地区产权的正外部性，即西部地区与东部地区进行贸易而引发的资源利益的区外释放的正外部性，也可称为外部经济。解决外部性问题一直成为人们关心的热点。科斯在《社会成本问题》一文中提出外部性的解决方法。解决方式有三种：自愿协议、组织一体化、政府管制。规范的科斯定理认为：在交易成本为零的情况下，产权界定对效率没有影响。但是，交易成本为零仅是一种不现实的假设，事实上交易成本不仅不能为零，反而很高。在此，外部性意味着市场的失灵。那么，为什么会有外部性，进而导致市场失灵呢？最主要的原因在于产权制度上的界定不清，从而使权利与责任在产权制度上不对称，导致人们具有影响他人的权利，但却可以对此不负责任。从根本上说，是由于自然资源的特殊性，人们不可以排他的占有大气、河流以及其他难以界定的资源，这些资源传统来讲是免费使用的。任何东西只要是免费的，就容易浪费。矿产资源等在人们未发现之前，并不存在产权问题，但是当人们发现它的利用价值以后，其归属问题就产生了。鉴于自然资源的特殊性，一般由国家垄断经营所有，以便于统一开发经营管理。如果产权界定模糊，外部性问题必然产生。因此，界定资源产权的必要性是十分明显的。

从另一方面来讲，资源是可持续发展的制约因素。② 通过研究，我们可以形成基本的逻辑共识：自然资源能够给人类带来收益，因此应该是一种资产。资源资产与其他资产一样，也存在产权问题。理论上讲，我国宪法规定，所有资源归国家所有，只有部分土地归集体所有。但在现实生活

---

①余永定、张宇燕、郑秉文：《西方经济学》，经济科学出版社2002年4月第3版，第231页。

②王军著：《可持续发展》，中国发展出版社1998年3月第1版，第142页。

中，资源所有权与使用权相混淆，界定不清晰，资源所有者的利益也没有得到真正的体现。谁是国有资源资产的人格化代表，资源禀赋差异的地区如何分配利益，皆无明确的法律界定，资源产权转让的市场机制也很不完善。产权清晰，是经济发展的制度前提。只有界定清楚，才能解决一系列的难题。西部地区的资源产权只有界定清楚，也才能在制度上保障大开发的有效性，从而促进西部地区的发展。

从法律层面研究，财产法的目标在于最合理的利用有限的资源和最大限度的扩大产出。这里最为关键的问题是产权的界定。资源产权的问题属于民法学中的物权法部分，而物权法的最根本使命就是界定产权，维护静态的财产所有关系。随着资源利用的全面展开，原本清晰的产权界定渐渐模糊起来。地下的石油、天然气、煤炭在开采以前不存在产权，但当它们开采成为可能，有关地下矿产资源的产权纠纷就越来越多地出现在法庭上。解决资源产权的界定也是法律的重要任务之一。

二、资源产权明晰化的途径

从民法原理分析，资源产权属于物权法范畴。根据物权法的有关原理，做到产权清晰，意味着：1. 资源产权有排他性，即排除非产权所有者对其的占有和使用；2. 可收益性，即资源产权的所有者将以此获得收益；3. 可交易性，即产权所有者可以进入市场，扮演市场主体的角色。纵观人类历史，产权明晰的过程大致经历了自然占有、习俗约定、到法律规定几个阶段。应该说，以法的形式明晰产权是明确产权的最终也是最完整、最高的形式。诚如前文所述，我国法律对资源产权做了明晰化，但是又运用所有权和使用权分离的理论，使所有权被分割成不同的部分，实践当中又是模糊的。而这种模糊是造成地区产权受损害而导致西部地区落后的重要原因。要克服西部资源性行业的外部性，除了在法律上和实践中做到清晰以外，还要敢于制度创新，对资源进行资产化管理。

20世纪80年代以来，全球的资源短缺、环境恶化等重大的综合性发展问题给人们带来了诸多理性思考，将自然资源作为一项资产来管理和经营成为热潮。① 一般经济学认为，能够带来收益的物品称为资产。自然资源，无论是天然的，还是经过人类劳动投入的，都可以为人类社会带来收益，因此自然资源也是一种资产。所谓自然资源的资产化管理是指遵循资源的自然规律，按照资源生产的实际，从资源的开发利用到资源的生产和再生产，按照经济规律进行投入产出管理。世界上自然资源比较丰富的国家，对自然资源都实行的是资产化管理。就矿产资源来说，美国、法国、匈牙利、印度等国家实行矿业资源的资产化管理给我们提供可以借鉴的经验。资源的资产化不仅有必要性还具有可行性。以矿产资源为例，通过资源核算，某一地区的矿产资源包括探明储量和推断储量，再进行资源资产的价格评估，就可以得出一个可以量化为货币的数据。资源性资产的运营模式主要有三种：一是以英美等国家为代表的土地所有权体系；二是以日法等国家为代表的自然资源产权代表体系；三是发展中国家的自然资源国家所有体系。我国就是这种模式。

三、西部资源产权的股份化操作的可行性探讨

西部资源实行资产化管理，产权明晰以后，尚不能对西部外部性问题提供救济措施。市场经济的实践证明，资源产权的流动性较差，资源的配置合理化有很多制约因素。因此，必须赋予资源产权以较为充分的流动性。这就需要国家进行探讨性的制度创新。西部资源产权的股份化操作应该是一个大胆的创举。

前文已述，西部资源资产可以通过科学核算，量化为货币的形式，然后予以股份化。具体操作如下：对于某一矿产资源储存地区，经过科学论证和计算，探明储量和推断储量为1000个单位，量化为1000个股份，中央持有500个，地方政府持有500个，或者出于支持、补偿西部的需要，地方政府可以持有更多的比例。随着矿产资源的勘探和开发，收益和亏损依照股份制原理来分配和承担。当然，这是一个浩繁复杂的系统工程，尚需科学的论证和制度设计。

---

①许晓峰、李富强、孟斌编著：《资源资产化管理和可持续发展》，社会科学文献出版社，1999年12月第1版，第20页。

诚然,将西部自然资源资产化管理进而股份化操作有相当大的难度,我们可以采用另一种变通的方法来界定产权。目前,我国矿产资源的开发,一般按矿山规模大小确定其归属。大型矿山一般属于中央,中、小矿山属于地方。法律明确规定矿产资源属于国家所有,但中央、地方、个体多头开发,贯彻"有水快流"方针,加上产权模糊,导致西部许多地区短期化行为,造成资源的掠夺式开发,从而引起资源的极大浪费。出于支持西部发展的需要,我们可以重新进行资源产权的制度设计,除少数战略性矿产资源外,其他的一般性矿产资源全部下放给地方,由地方统一开发、管理和经营。西部地区政府可比照大城市通过批租土地的收入,弥补城建资金不足的办法,出让或拍卖部分矿产资源的开采经营权。新的产权界定会使西部地区有更大的自主权,这样西部地区在解决资源性的产权损害中能高瞻远瞩,具有长远战略的眼光,尽快将资源优势转为经济优势。

3.3.2 资源性行业国家补偿的法律建构

有了清晰的产权界定是不能很好地解决西部资源性行业的产权损害的,还需要一些具体的法律制度保障。诚如前文分析,解决西部地区经济的外部性,保护地区产权,推进西部经济社会的健康发展应着重通过社会政策,采取经济法的方法,建立国家补偿法律制度来实现。

一、建构国家补偿法律制度的依据

(一)经济法的宗旨、价值是国家补偿法律的理论基石。

经济法是近代社会发展起来的法律部门,关于它的定义有很多界说。但是不管其如何定义,各方观点有一定的共同之处,经济法是以社会公共利益为本位的法,以维护社会公共利益为己任,为克服市场缺陷和政府失灵,推进社会进步而制定的法律规范。现代经济法为消除过度追求私人利益所生流弊以组织协调、平衡发展、公有精神之追求为己任,无论在宏观抑或在微观领域的调整中均发挥着基本指导准则的作用。[①] 经济法与民法理论中都有,公平观念,但二者有很大的不同。民法承认市场主体作为理

---

① 史际春、邓峰:《经济法总论》,法律出版社,1998年11月第1版,第164页。

性人追求自身利益最大化的合法性，强调利益与负担分配在特定交易相关者之间的对称性，"只要在市场竞争中大家处于同一条起跑线上，全部按照自己的能力和努力程度来竞争，尽管竞争的结果存在差异，但出发点相同，这就可以理解为公平了。"[1]可以说，民法视野中的公平强调机会公平，而不是结果公平，对于由此产生的诸如社会分配不公平，地区发展的差异，环境污染，以及丛林法则而导致的特殊社会群体的生存与发展无能为力。经济法作为宏观调控法，承认机会公平的合理性，要求平等对待市场主体的同时，考虑主体在特殊情况下实质平等。改革开放以来，基于起点的不平等和特殊的国家政策，西部地区与东部地区的差距日益扩大。静态的外部公平观无力改变这种地区差异而引发的实质不公平。经济法着眼于国家发展的大局，从整个国家经济协调发展的角度，运用各种措施来缩小东西部发展的差距。随着市场经济体制的转轨，各种市场主体都应该以市场经济运行规律进行活动。西部资源性行业置身于市场经济的洪流中也应该遵守市场法则。我们看到，西部资源型企业在参与市场经济竞争中，与东部地区的相关行业相比较，明显处于劣势。从表面看来，这似乎是优胜劣汰的公平自由的竞争，其实并非如此。西部资源性行业之所以在竞争中处于劣势，是由于起点不平等，在加上前文所讲的国家特殊政策所导致，东部的相关产业起了特殊的角色作用。这种非公平的竞争无异于整个国家经济的协调发展。国家补偿制度的意义在于运用外部的整合力量增强西部资源性行业的竞争力，使其与东部地区尽可能地战在同一条起跑线上。因此，国家补偿法律制度无疑是经济法宗旨、原则的进一步延伸。

(二)现实的政府政策和经济行为是国家承担补偿责任的实践基础。

前文所述，导致西部资源性行业产权损害的一个重要原因就是国家政策的倾斜和中央政府经济行为的偏向。自"七五规划"以来，中央政府在地区经济的发展问题上，采取优先发展东部地区的倾斜政策。这一方面有力促进东部地区经济的发展，大大增强了我国整体经济实力；另一方面也使

---

[1]厉以宁：《经济学的伦理问题》，北京三联书店，1985年版，第4页。

东、西部之间差距加大，西部地区不仅在经济增长和收入水平上远远落后于东部地区，而且在市场竞争力、市场占有率的自我发展能力等方面在全国市场中处于极为不利的地位。随着市场经济体制的确立，西部能源矿产资源行业处于产业链的最上游，对市场风险的规避和转嫁能力几乎没有，其抵御市场风险的能力远逊于处于产业链中下游的东部地区相关行业，致使其在激烈的市场竞争中处于劣势。造成这种状况很重要的原因就是中央政府在客观上的决策以及政府经济行为的偏好（如投资倾斜于东部）所致。因此，协调地区经济发展，促进西部资源类行业的升级换代，国家责无旁贷。

二、资源类行业国家补偿法律关系的法理机制分析

（一）资源类行业国家补偿的特征

（1）国家补偿的前提是基于国家经济行为而导致的相关主体权益受到损失。引起国家补偿与国家赔偿的原因不同。国家赔偿制度是国家机关及其工作人员违法行使职权，侵犯公民、法人和其他组织的合法权益并造成损失，由国家承担赔偿责任的制度。[1] 国家赔偿的原因、程序、方式与此处的国家补偿都不同。（2）国家补偿的主体是国家，直接的补偿义务机关则是代表国家的中央政府。（3）国家补偿的对象是特定地区，如西部地区产权受损害的地区。

（二）资源类行业国家补偿法律关系的性质

国家补偿法律关系是指法律在调整国家补偿行为过程中形成的权利义务关系。其法律关系的属性值得我们去探讨，我们从民法、行政法、经济法的角度来分析。

国家补偿法律关系不是民事法律关系。民事法律关系是基于民事法律事实，由民法规范调整而形成的民事权利义务关系，贯彻平等、自愿、公平、诚实信用原则。从国家补偿的主体、原则、程序显然不是追求等价有偿的民事法律关系。

---

[1] 薛刚凌：《国家赔偿法》，中国政法大学出版社，1997年7月第1版，第3页。

国家补偿法律关系不是行政法律关系。行政法律关系是行政法在调整行政权的配置、运作以及对行政权的监督过程中形成的权利义务关系。① 在行政法律关系中，行政主体一方具有恒定性，且双方主体法律地位不对等。依法行政，其实质就是控制和监督政府公权力肆意干涉私人权利，以维护公民合法权益。国家补偿旨在运用宏观调控权，协调地区经济平衡发展。行政法中也讲国家补偿，但是行政法中的国家补偿是指国家机关及其工作人员在行使职权过程中，因其合法行为给相对人造成特别损失，国家对其予以补偿的制度。与此处所讲的资源类行业国家补偿有很大不同，其具有个案性的特点。

国家补偿法律关系属经济法律关系。它是国家运用宏观调控权干预经济的结果。经济法律关系是指经济法律关系主体，根据经济法的规定，在参加体现国家干预的经济活动过程中所形成的经济职权和经济职责，以及经济权利和经济义务关系。② 国家补偿，是一种国家行为，这是中央政府在运用权力，确切的说，是运用宏观调控权的行为。政府宏观调控权的重要作用之一就是促进国民经济协调发展。宏观调控权的内容有计划权、预算权、财政权、征税权、金融权、产业政策权等等。③ 资源性行业的国家补偿即是国家对西部资源性行业进行产业结构直接或者间接的调整和提升。这与平等主体之间等价有偿的民事法律关系显然有很大的不同，也不同于行使行政权力以命令和强制为特征的行政法律关系。由分析可以知道，资源性行业的国家补偿正是国家运用宏观调控权，调整、转换、提升西部相关行业，使其与东部地区尽可能地站在同一条起跑线上，努力壮大其经济实力的逻辑结果。

（二）资源性行业国家补偿法律关系的具体分析

法律关系是由主体、客体和内容之要素构成的。从主体方面分析，西

---

①方世荣主编：《行政法与行政诉讼法》，中国政法大学出版社，2002年8月版，第4页。

②李昌麒主编：《经济法学》，中国政法大学出版社，1999年版。

③邱本：《自由竞争与秩序调控》，中国政法大学出版社，2001年9月第1版。

部资源性行业国家补偿法律关系的主体具有相当的复杂性。这一法律关系中无非包括请求权主体和被请求权主体。在资源性国家补偿法律中,请求权主体当然是有资源优势且作为主要输出地的西部产权受损害的地区。政府和企业都是市场中的基本主体,因此资源性行业请求权人可以是西部地方政府和能源矿产资源企业。矿产资源企业依所有管辖隶属关系不同,分为中央所属和地方所属企业。以陕西省为例,长庆油田、神府煤矿为中央所属企业,铜川煤矿则属于陕西省属企业。不管中央还是地方所有企业,矿产资源皆依法律明确归国家所有,但西部资源性产品通过地区间贸易直接或间接地将利益转移给东部地区,地区产权受到损害。西部资源性企业的劳动力要素、资本要素都不同程度地受到损害,因此,其有请求国家予以补偿的权利。具体的主体依企业隶属不同而有差异。中央企业的劳动力要素、资本要素损害较重,同时带来了对西部环境污染的负面效应,西部地方政府应该作为请求权人要求国家予以补偿。西部所属的资源性企业自身利益受到损害,有权利要求补偿。但是,单个企业的补偿请求成本太高,可以诉诸其利益的代表者产业协会或行业协会,由他们代表企业向中央政府提出国家补偿的请求。

　　国家补偿,顾名思义,被请求主体应该是中央政府,但这还是不够的。国家补偿的原理在于:受益方应该向利益损失方进行经济补偿。[①] 在资源性行业的国家补偿中,受益的不是中央政府,而是交易相对方的东部地区。东部地区今天的发展除了自身优越的条件外,重要的是从西部获取了低廉价格的资源,牺牲了西部地区的发展利益。因此,被请求的真正主体或隐性主体应该是东部受益地区。但是,同为市场经济中竞争主体,地区间补偿的请求与被请求的博弈实现无论从理论还是从实践上都具有相当的难度,况且平等主体的地区间通过自主的谈判来完成具有宏观调控性质的国家补偿可操作性很差。因此,国家补偿的实现只有请求代表全体社会公共利益的中央政府来完成。西部地区政府和矿产资源行业协会可作为请

[①] 常云昆:《论西部开发中的补偿问题》,《理论导刊》,2000年第1期。

求权主体诉求中央政府通过各种途径来保护地区产权或建议中央政府建立相应的政策、法规支持、保护其利益。

从法律关系的客体而言，在西部资源性行业的国家补偿法律关系中，客体亦具有复杂性。从终极来看，通过直接或间接的方式，货币（财政转移支付、补偿、减免有关税免费直接投资等）可以成为国家补偿法律关系的主要客体。

三、国家补偿法律关系中补偿的实现机制

国家补偿从理论上讲是应然的，要将应然补偿转为实然，即将潜在的补偿转为实际补偿，还有一定难度。从根本上讲，需要制定一部国家补偿法律制度。

在国家补偿法律关系中，西部地区应积极主动提出补偿要求，如不主动提出要求，那么补偿问题就无从谈起。在市场经济条件下，各地方政府出于自身利益的考虑，追求地区利益最大化。如果西部产权损害地区不提出要求，仅靠东部的道义援助是远远不够的。即使提出补偿要求，作为隐性主体的东部受益地区也未必实施补偿，还需要中央政府统筹规划，运用宏观调控权。

具体来讲，就是代表西部资源性企业的行业协会或者产业协会或者由西部地方政府向中央政府提出补偿要求，这种要求不仅表现为货币形式，更为重要的是以各种优惠政策和法律制度的变革和建构来实现。资源性行业国家补偿的程序没有现成的经验可以借鉴，我们可以做一些理论上的设计。本文认为，国家补偿可以设计为如下程序：1. 申请补偿程序。由西部地区或者资源性行业协会向中央政府提出补偿要求。2. 主动补偿程序。中央政府依法主动运用各种措施减少西部产权受到损害，促进西部地区权利的实现。无论是主动补偿还是申请补偿，中央政府的态度是十分关键的。因为具体的补偿依据、计算方法和补偿方式都是由中央政府在调查和科学论证后才能决定是否应该补偿，以及如何进行补偿。直接的货币拨付不太现实，中央政府行使宏观调控权运用财政、投资、税收等手段间接的进行补偿或许是理想的选择。需要说明的是，这种补偿要求的实现不具有溯及既往的效力。西部资源性行业发展到今天,是经过较长的历史时期的。从一些发达国家的经验看,在工业化的初中期阶段,伴随着国民经济的高速发展,国内地区差距一般会出现一定程度的扩大。如果允许国家补偿溯及既往,牵扯面过大,而且也很难计算如何进行补偿。唯一可行的办法是制定一部国家补偿法,运用政策和法律的手段来实现。

3.3.3 西部资源性行业国家补偿的路径选择

在我国当前具体情况下,要求补偿法律关系中的实际主体东部受益地区对西部地区的利益补偿不可能通过地区间的谈判完成。因此,国家补偿的有效实现必须依靠中央政府的宏观调控来实现,通过政策和法律的手段来完成对西部资源性行业的补偿。

一、产业制度的政策安排

产业结构"同构化"和"低度化"是目前我国地区产业结构方面存在的突出性问题。国家产业政策的安排导致西部地区以能源材料加工工业为主。西部地区产业结构趋同化,引起地区间产品过渡竞争,加剧产业结构调整和升级的困难。首先,国家在产业政策中应建立"利益分享机制",使资源性行业的差别利益在不同的地区实现合理分布,尽可能照顾西部经济利益。其次,应建立起资源性行业"利益补偿机制",[1] 实现中央与地方,地方与地方的利益转移。这样可以消除西部省区之间由于资源禀赋和国家政策所形成的悬殊收益差别,改变东西部在资源性行业上的垂直分工所形成的收益差别。

二、资源性行业国家补偿的财政法调整机制

财政作为一个经济范畴,是与私人经济相对应的,在很大程度上决定着社会财富的分配,通过对资源的分配,引导人力的物力的流向,以形成一定的资产结构和产业结构,协调地区经济发展。[2]

---

[1] 鲁锦峰、易静:《税收政策应该促进区域经济协调发展》,《中国税务报》,2001年11月8日。

[2] 杨紫烜:《经济法学》,北京大学出版社,高等教育出版社,1997年11月第1版,第377页。

如前所述，西部地区在自然资源禀赋、劳动力供给等方面具有很大优势，但这种地区比较优势是一种潜在优势，要将资源化优势转化为经济优势，仅仅依地区的投资是远远不够的，况且西部地区产权不断遭受外部性损害。因此，尚需国家运用财政法律手段加大投资。具体来讲，对西部地区资源性产品行业的设备更新和技术改造加大国家支持的力度，应以财政支持为主，增加国家直接投资，通过实现资源性产品行业的技术改造和设备更新提高资源性奖品行业的劳动生产率，降低资源性产品生产成本，增加资源性产品收益。

不管一个地区有无资源禀赋上的比较优势，如果缺乏微观层次的有发展潜力的企业竞争优势，该地区还是没有发展潜力的。在地区产权的损害中，作为微观竞争主体的企业首当其冲。西部资源性企业往往投资大，见效慢，风险也大，如矿产的勘探问题。因此，对于西部资源性企业，应实行企业投资补贴制度。不仅对新投资上马的企业实行，而且对于企业扩大再生产、技术改造等投资也要给予一定补贴，同时对在西部投资资源开发的企业实行奖励政策。

目前，资源性行为中，煤炭工业是我国唯一没有建立发展基金的产业部门，而每年却要上缴几百亿元的各种基金和费用，严重影响了煤炭工业的健康发展。[①] 而西部煤炭工业又相对发达，实际上西部煤炭企业负担沉重，同时造成了地区间煤矿的不平等竞争。据有关资料统计，1998年，国家仅从煤炭运输中征收的铁路建设基金就高达117亿元。为此，建议国家取消铁路建设发展基金。即使当前暂不取消，也应对西部煤矿免交铁路建设基金，或者实行先征后返的政策。

三、资源性行业国家补偿的税法实现机制

（一）增值税法的调整机制

资源性企业缴纳各种税收，主要有增值税、企业所得税、营业税、资源税和资源补偿费等，其中增值税所占比重最大。下面是笔者调查陕西省

[①]魏后凯：《走向可持续协调发展》，广东经济出版社，2001年1月版，第278页。

铜川矿务局的一批数据。

表六 （单位：万元）

项目/年份	1998	1999	2000	2002
增值税	4765	3928	5123	9219
营业税	252	280	292	434
税收总额	5917	4874	7180	11210

我们可以发现，增值税在企业所缴税收中的比重均在80%以上。因此，减轻西部资源性行业企业税收负担首先从增值税入手。增值税是以法定增值额为征税对象征收的一种税。在确定法定增值额时，由于扣除项目的不同，形成三种课征模式。[①] 一是消费型增值税。指在征收增值税时，允许将纳税期内当期购进的固定资产价值从当期的销售额中一次全部扣除。其优点在于鼓励投资，加速设备更新。二是收入型增值税。指征收增值税时，只允许在纳税期内扣除固定资产当期的折旧部分。三是生产型增值税。指征收增值税时，对于外购的固定资产不允许作任何扣除，我国目前采取这种模式。

采取生产型增值税，企业负担较重，尤其是对众多的西部采掘业的企业来说。在采掘业的成本构成中，可以抵扣的项目和数额较少，企业负担率实际达到9%，远高于其他行业。建议实行消费型增值税，扩大抵扣范围，降低企业税负，同时保留一些政策性补贴。

从另一方面来讲，增值税属于中央与地方共享税，增值税又是西部多数省区的主体税种，在地方税源结构中处于举足轻重地位，从补偿西部资源性行业产权损害角度来讲，中央政府应适度提高西部地区在增值税中的分成比例，提高西部增值税增量返还系数，把增值税的地方比例可由现行的25%提高到30%，40%，部分地区甚至可以调整为50%。

(二)企业所得税的调整机制

西部资源开发类中国有企业比重比较高，这些国有企业往往建立几十

[①] 徐孟洲：《税法》，中国人民大学出版社，1999年11月第1版，第111页。

年了，给国家做出了许多贡献，而我国目前的企业所得税的减免优惠仅限于新建企业，这对于西部地区资源性企业加快技术改造，提高企业技术水平极为不利。因此，应扩大企业所得税优惠范围，增强资源类行业的自我积累。同时，重新确定西部地区企业所得税的归属。既要考虑中央财政收入，又要兼顾产权受损的西部地区，对企业所得税实行"共享"，分别税率分别入库，变相地实现国家对西部的补偿。

(三)资源税法的调整机制

资源是指在一国自然存在的，能为人类所利用的物质财富。资源的外延很大，包括土地资源、森林资源、草原资源、矿产资源等。资源税是国家对境内从事资源开发利用的单位和个人，就其资源生产和开发条件的差异而形成的级差收入征收的一种税。① 但是，资源税并非对所有资源课征，而是把某些特殊的资源列入征税范围予以征收。我国现行资源税法采取列举方法，仅把石油、天然气、煤炭、金属矿产品、非金属矿产品和盐等七种资源产品列入征税范围之内，故而范围较窄。如《矿产资源法》规定："国家对矿产资源实行依法开采。开采矿产资源，必须依照国家有关规定缴纳资源税和资源补偿费。"从补偿西部来讲，宜扩大资源税征收范围，把水资源、森林资源、土地资源纳入征税范围，促进资源合理开发的同时，增加地方财政收入。另一方面，实行从价定率征收，并适当提高税率水平。这可使西部地区更好运用税收杠杆调节资源级差收入，同时配合税率的提高，促进资源产品价格上升，可以有效缓解西部资源外流导致的利益外流，建立起较为合理的利益补偿机制。

资源税属中央与地方共享税，国家补偿机制的有效发挥在资源税方面可以通过改变资源利税收入中国家与地方分割比例，重点向地方倾斜，增加资源补偿费，提高地方资源税率，适当降低国家资源税，甚至规定，对于西部矿产、天然气等资源税，中央政府实行60年左右的全部返还政策，交于地方政府。这可使地方能从区内资源的使用中取得更多利益，增加财

---

① 徐孟洲：《税法》，中国人民大学出版社，1999年11月第1版，第270页。

政收入，为合理开发资源创造条件。

三、资源性行业国家补偿的价格法调整机制

西部资源性行业的外部性集中表现为资源性产品价格偏低，导致资源性要素投入不能完全收回，发生资源性行业收益净转移，损害西部资源性行业产权。解决资源性行业外部性，实现资源性行业产权保护，从理论上看，最简便的方法就是依法提高资源类产品价格。但这种做法显然不具有实践的意义，是根本行不通的。[①] 这是因为：第一，低价格外部性是对特定生产力条件的一种历史反映，随着时代变迁和生产力的发展，低价格外部性已不再是外部性的一种主要形式。传统上，由于社会平均生产率很低，资源性行业生产要素又相对集中，加之能源、矿产资源本身的不可再生性。所以，资源性产品低价没有反映投入的实际价格水平，导致投入不能全部收回，发生收益净转移的外部性，但随着社会生产率的整体提高，价格自然存在下降的趋势，资源性行业也不例外。在这种情况下，低价格外部性发生的基础条件已经丧失，再通过提高价格以图消除外部性必然违反经济规律，产生事与愿违的结果。从价格发展的正常规律看，存在由高至低的自然过程，而我国资源类产品价格则恰恰相反，经历了一个由低至高的发展变化，对外部性产生了一个自发整合过程。但由于长期外部性积累导致的产权损害，资源性行业设备普遍陈旧，生产率低下，价格的有限提高，并没有从根本上解决长期积累的问题。第二，面对我国正在进行的经济结构调整，传统产业的发展空间已经基本饱和，结构调整会使传统产业的比例进一步下降，伴随而来的必然是对资源性产品的需求减少，在需求收缩的情况下，价格上调已没有足够的拉动力，调价亦不可能实现。第三，我国已经加入世界贸易组织，随之而来的是市场的全面开放，市场开放后，国外资源类产品会登陆我国，本国企业也会向国际市场采购，实现进口替代。而国际市场资源类产品价格普遍较低，与我国资源类产品形成剧烈竞争，价格上调的国际市场环境也不具备。以上三个方面决定了通过

---

① 李永宁、梁军民、张胜利：《西部大开发——理论、制度、法律》，陕西人民教育出版社，2001年6月第1版，第327页。

提价以克服"外部性"既不符合经济规律，也不符合经济运动的实际需要和国际国内的特殊环境。

但是，西部地区产权损害是通过流通领域价格剪刀差完成的。虽然不能通过提高价格来实现国家补偿，但运用价格法特殊的调整机制完成国家补偿仍是可行的。为了改变历史上遗留下来的资源性产品的价格过低的局面，在指导思想上，对农产品、矿产品等资源性产品价格管理同加工产品，服务产品价格一视同仁，改变前者严管而后者放开的政策。在此基础上，制定资源性产品最低限价政策，以保护所在地区的利益。

参考书目：

1. 魏后凯著：《走向可持续协调发展》，广东经济出版社，2001年1月版。

2. 田秋生等著：《入世后的西部大开发》，中国社会出版社，2002年4月第1版。

3. 徐孟洲：《税法》，中国人民大学出版社，1999年11月第1版。

4. 王圣学主编：《陕西产业发展研究》，中国统计出版社，2002年10月第1版。

5. 王军著：《可持续发展》，中国发展出版社，1997年3月第1版。

6. 周殿昆：《中国东西部市场关系与协调发展》，西南财经大学出版社1998年5月。

7. 张宝通、裴成荣主编：《中国西部概览·陕西》民族出版社，2000年5月第1版。

8. 金云辉主编：《中国西部概览·新疆》民族出版社，2000年5月第1版。

9. 周述实：《中国西部概览·甘肃》民族出版社，2000年5月第1版。

10. 许晓峰、李富强、孟斌编著：《资源资产化管理和可持续发展》，社会科学文献出版社，1999年12月第1版。

11. 高德步：《产权与增长：论法律制度的效率》，中国人民大学出版社，1999年3月第1版。

12. 彭汉英：《财产法的经济分析》，中国人民大学出版社，2000年6月第1版。

13. 江平主编：《中国矿业权法律制度研究》，中国政法大学出版社，1991年7月第1版。

14. 董锁成、周述实、丑洁明：《西北比较优势与特色区域经济发展》，甘肃人民出版社，2001年12月第1版，中国计划出版社，2002年9月第1版。

15. 胡长顺：《21世纪中国新工业化战略与西部大开发》，中国计划出版社，2002年9月第1版。

16. 肖乾刚、魏宗琪：《能源法教程》，法律出版社，1988 年 11 月第 1 版。

17. 史际春、邓峰：《经济法总论》，法律出版社，1998 年 11 月第 1 版；张维迎：《产权、政府与信用》，社会文献出版社，2001 年版。

19. 杨紫烜：《经济法学》，北京大学出版社，高等教育出版社，1997 年 11 月第 1 版。

20. 李永宁、梁军民、张胜利：《西部大开发——理论、制度、法律》，陕西人民教育出版社，2001 年 6 月第 1 版。

第 4 章
西部科技教育的外部性损害与产权保护

4.1 西部教育的基本现状及其外部性损害的表现

4.1.1 教育的本质及其在西部开发中的重要作用

(1) 教育的基本理论

教育产品具有多重特征，义务教育是公共产品，非义务教育是准公共产品，非政府投资、以盈利为目的的教育则是私人产品。学校教育，特别是基础教育，是一项公共事业，既与国家的发展密切相关，又与个人的利益紧密相连。所以教育既非纯粹的公共产品，亦非纯粹的私人产品。

从效率角度分析，教育应按私人产品方式供给，若从公平角度考虑，则应按公共产品方式供给，即教育是公共性与私有性的统一；同时教育既必须符合社会公共利益，又不仅仅有益于社会和国家，它还是有具体指向对象，并对具体对象产生功利收益的服务。因此教育又是公益性与商品性的统一；教育服务劳动及其产品，虽并不是以物的形态去展现的，但教育这一社会活动却吸纳了大量的劳动力就业，消耗了教育工作者的大量活动并需要大量的物质条件基础，需要大量的资金投入。教育不但给社会带来经济效益，而且也会给个人带来很大的经济收益。这是教育的生产性与消费性的统一；教育的先导性是由教育过程传授着并且能产生大量新观念、新技术所决定的。而教育的迟滞性则是由教育周期长致使效益与行为之间产生较大的时间差，滞后于现实教育投入与运行这一必然性所决定的。教育的先导性和迟滞性的统一，决定了办教育基本上是中长期投资，教育的投资效益不是现兑式的而是前瞻性的。

教育又是全局性与个别性的统一，教育的影响范围是很广泛的，它既可以影响到整个地区、全国范围甚至整个国际社会，也可以影响到教育以外的政治、经济以及家庭、企业等方面，所以会带来全局性的收益，产生外部经济①。因此教育具有明显的外部性，即教育的部分利益被受教育者以外的个人或经济单位获得。因为在教育的过程中广泛存在着"临近影响"和"代际影响"等利益外溢的现象。在计算教育收益率时，往往只考虑了可观察到的金钱利益，忽视了教育的外部利益，因而就可能低估了教育的收益率。② 正如美国学者科恩指出的"没有人能够确切的知道，教育在教育与收入关系中的作用，究竟占了多大比重，……对于这一问题，能否做出清楚的回答，是很值得怀疑的"。"不管怎样，关键是教育的社会收益，并不仅限于产生总计非常大的终身收入，而且还关系到这个非常大的收入的分配方式。"③

通常我国学者谈及外部性时，一般多见于对环境污染之类问题的分析，在很大程度上只是沿着庇古原则对外部性现象进行诠释，很少涉及教育产权的外部性方面的问题。而事实上，无论将教育看作是公共产品还是准公共产品，都不能改变这一行业存在外部性的特点。即教育是一种除了对接受者直接产生利益之外，还公认的为社会产生积极外部性的活动。具体而言，教育的有些社会效益能够被某些个体或团体所享用，还有一些社会效益的分布十分广泛，很难鉴别真正的受益者，它是渗透到整个社会的。市场机制运转的基本要求是受益能够抵偿成本，或是投入成本能追踪到单个消费者。但是公共产品或准公共产品的非竞争性和非排他性，使供求无法由市场来定夺，教育的投资者也就无法通过市场机制获得应有受益。由于其产生的社会成本不能通过市场价格反映，因而市场机制无法调节，需要专门的法律制度予以调整，或是借助经济手段如税收补贴等手段

---

① 张铁明著：《浅论教育服务产品的特性》，《教育科学》（大连）1998.3.13—16。
② 马新力著：《当代教育经济学研究》，天津人民出版社 2003 年版，第 167 页。
③ [美]E·科恩著，王玉昆等译《教育经济学》华东师大出版社 1989 年版，第 51 页。

来进行弥补。

(2)教育在西部开发中的重要作用

面对激烈的国际国内人才竞争,西部大开发面临着相当严峻的挑战。综观世界各国,无论是美国、巴西的西部开发,还是印度的高科技产业发展,都是以大力发展各项教育,建立在首先培养各类高素质人才的基础上的。我国西部大开发,人才教育问题也成为现实中制约西部开发的一个瓶颈。西部地区人民群众是西部大开发的主力军,他们的素质直接关系着西部大开发的成败。为此,加快西部地区人才培养和广大人民群众素质的提高,是搞好整个西部开发的关键。正如时任国务院总理朱镕基同志指出的,"没有教育素质的提高,西部大开发就是一句空话。"国家和地方制定的一切西部大开发优惠政策,如果缺乏足够数量的高素质人才去实施,都有可能落空或达不到预期目的。自然资源的富有并不是经济竞争的关键,经济发展说到底是劳动者智力和素质的竞争。东、西部存在的差异,最难缩小的是人口素质的差距,对科技和教育的投入是不能立竿见影的,人口素质的提高是一个慢变量,对这一问题不能急功近利,必须舍得投资,并且应当持之以恒。自然资源对开发虽然至关重要,但自然资源是不可再生的,终有枯竭之时。而科技、人才、知识、信息资源可以超越不可再生资源的局限性,应大力培育和挖掘,使其转化为源源不断的生产力。因此,振兴西部地区的经济,只有依靠科技教育,依靠高素质劳动者,才能把自然资源优势转化为经济发展优势,实现跨越式发展。

东、西部及各地区之间经济发展水平的差异归根结底是人力资源开发和教育发展水平的差异。人才缺乏、劳动力素质低下、观念陈旧落后是制约西部地区社会经济发展众多因素中的关键性因素。大力发展西部教育事业,结合"科教兴国"战略的实施,培养和造就有文化、有科学技术知识及技能的高素质人口和劳动力是实现西部可持续发展,从根本上缩小东、西部差距的最重要环节。而培养高素质人口和劳动力的唯一途径是大力发展西部教育事业,确保教育优先发展。对西部可持续发展而言,教育已经不再是一般意义上的社会文化或福利事业,而是牵动西部整个发展脉络的全局性、先导性的特殊产业。发展西部地区的教育事业，不仅能将可持续发展战略和科教兴国战略有机地结合起来，而且它是加快西部发展，缩小东、西部差距进程中可操作性最强，并且最终会有明显成效的关键环节。所以，大力发展西部高等教育，开发西部人力资源，是西部大开发战略的重要环节。

4.1.2 西部教育的现状及问题

从纵向看，西部近代高等教育经过近百年的发展，特别是新中国建立后 50 余年的较快发展，从小到大，有些省区从无到有，已经具有相当规模，为全国尤其是西部地区经济发展做出了巨大贡献。但横向比较，由于受历史的和其他主客观方面因素的影响和制约，西部高等教育和全国比较，发展速度缓慢，整体水平不高，与东部地区差距日益拉大。

我国西部地区的科技教育事业总体上比较落后，据第四次全国人口普查统计资料显示，西部不识字或识字很少的人口数占在业人口比重为 39.5%，高出全国水平 8 个百分点，高出东部 11 个百分点，西部 90 年代在业人口受教育年限相当于东部 80 年代水平。[①] 根据第五次全国人口普查数据分析和《2001 年中国统计年鉴》公布的数据显示，2000 年中国总人口文盲率下降到 6.72%，但各地区存在显著差异。如西南、西北的文盲率较高，西藏的文盲率甚至高达 32.50% 左右。其他如青海（18.03%）、贵州（13.89%）、甘肃（14.34%）、宁夏（13.40%）等省的文盲率都超过了 10%。[②]

首先，我国西部地区的教育规模明显小于全国平均水平。我国 1998 年高等学校在校学生人数占全国总人口的 0.27%，东部占 0.39%，中部占 0.24%，西部仅占 0.16%，地区之间受高等教育程度的差距非常明显。同时，还可看出我国高等学校东部占 46%，而中等专业学校、普通中学和职业中学中部占的比重较多，东部由于经济发达、文化发展程度较高，幼儿

[①] 郑必坚：《关于实施西部大开发战略决策的初步思考》，《光明日报》2000.2.29。
[②] 程方平主编、毛祖桓副主编：《中国教育问题报告》，中国社会科学出版社 93 页。

园数占全国的62%，中部占25%，西部仅占16%。普通高等学校数量不足，规模过小。1949年新中国建立时，西部普通高校占当时全国高校总数的25.4%。经过50年发展，到1998年，西部普通高校虽然由55所增加到202所，但占全国普通高校总数却下降了近5个百分点，由25.4%下降到20.6%。例如西北（陕西除外）四省区1998年普通高校总数44所，只相当于江苏66所的2/3。另一方面西部普通高校规模普遍偏小，除部委属高校外，地方高校校均学生规模大多不足4000人。

其次，教育经费投入严重不足，办学条件太差。1998年教育事业费支出，西北五省区为82.4516亿元，而江苏为89.7309亿元。1997年全国高校生均固定资产为26444元，东部高校几乎都高于这一水平，而西部地区则几乎都低于这一水平，有些省区仅占北京市的1/3左右。西部在校生生均教育经费、生均拥有教学用房、教学设备、实验室等都低于全国平均水平，更无法与东部相比。[1] 资料显示，我国义务教育生均经费（包括预算内和预算外经费）在不同地区的差异也是很大的。1995年我国各地小学生均教育经费最高和最低的是上海和贵州，分别为1591元和216元，前者为后者的7.4倍；初中生均教育经费最高和最低的仍为上海和贵州，分别为2085元和433元，前者是后者的4.8倍。从整体上看，义务教育生均经费同样呈现出东部地区较高，中、西部地区较低的差异。如果与美国作一比较，我国义务教育生均经费的地区差异显得过大，因为同期美国中小学生均经费的最大差距为2.7倍。[2]

再次，已有学校学科门类少，没有建立适应西部经济发展的相应学科体系。西部许多高校由于专业设置陈旧落后，尤其是适应地方经济发展需要的学科专业较少，影响了为地方经济建设服务。例如，甘肃是以石油、化工、冶金、纺织、建材、水利、机械、古代文明与艺术辉煌为特色的省份，但石油、化工、制药、纺织、地质、水利、林业、电信、外语、艺术

---

[1]王根顺、李静著：《发展西部高等教育的战略思考》，《教育研究》中国教育网。
[2]国家教委、上海智力所：《中国教育经费年度发展报告1996》，高等教育出版社1997年版。

等高等院校在甘肃仍然是空白。而基础教育部分也没有能够体现地方特色，同时职业教育的缺乏使得教育无法向适应西部发展的方向倾斜，培养出大量初中毕业生远远不能满足经济建设的需要，有的过几年竟成了半文盲，对当地的经济发展起不到应有作用。

第四，西部地区教育发展缓慢，劳动者整体素质偏低，人才缺乏。西部地区人才的拥有量和部分专业人员的比例均低于全国水平。有资料显示，西部地区每万名劳动者中拥有中专以上学历及初级以上职称人员还不到东部地区的10%，全国没有实现"两基"的县主要集中在西部。教育部2000年6月公布的全国960所国家级重点中等职业学校，西部10个省、市、自治区仅有172所，占17.9%。这样的教育和劳动者素质，导致了科技成果向生产力的低转化率和经济发展的低速度，导致了与东部地区的差距逐年拉大。① 国家人事部部长宋德福1999年曾指出，中国西部地区每万名劳动者中拥有中专以上学历及初级以上职称的人员仅92人，还不到东部地区的1/10，人才问题已成为制约西部开发的一个重要因素。例如，1998年，甘肃共有各级各类专业技术人员37.75万人，占全省人口总数的1.52%，远低于全国水平。特别是农村经济发展需要的各类技术人员奇缺，全省农村平均每万人中仅有技术人员11.7人。②

4.1.3 西部教育外部性表现及原因

从以上数据可以看到，西部地区虽然教育基础薄弱，但其承担的教育任务尤其是基础教育部分的任务是很艰巨的，教育的发展需要充足的资金作保障，教育事业同教育经费的关系正如美国教育行政学家罗森庭格所言："学校经费如同教育的脊椎"。

目前，中国以世界1%左右的教育经费支撑着占世界20%多人口的教育，这既是成绩，也更说明中国教育经费投入不足。③ 尤其是西部地区特

---

①《西部大开发与大力发展职业教育》，甘肃省陇南地区教委 马骏《教育与职业》2000年第10期。

②同4。

③马新力著：《当代教育经济学研究》，天津人民出版社2003年版，第50页。

别是贫困地区的财政能力不足，不少地区教育经费缺乏保障，社会支付教育的能力也十分有限。而在"九五规则"期间的任何一个年份，西部地区地方财政性教育经费占 GDP 的比例均大于东部地区。也就是说，随着经济发达程度的递增，中国不同地区公共教育经费占 GDP 的比例是递减的，这不符合世界范围的普遍规律。一般而言，发达国家或地区公共教育经费占国民生产总值的比例，要高于欠发达的国家和地区。

教育作为一种人力资本投资形式，也像物质资本投资一样适合进行成本收益分析。教育投资的主体可以是人也可以是国家和地方政府。由于如前所述教育自身的特性，西部地区政府如此努力付出的教育经费却很难内化，因而现实中产生外部经济的状况是比较严重的。

具体而言，西部地区科技教育的外部经济影响集中表现在以下四个方面：

首先，西部地区科技教育的要素投入所获收益低于其正常价格。仅从劳动要素的工资收入来看，中小学拖欠、克扣教师工资的现象大量发生在西部地区，教师付出了劳动但连最起码的远远低于东中部地区教师平均工资水平的基本工资甚至都不能得到保障。据报载，截至 2000 年底，陕西省累计拖欠教师工资达 6.99 亿元。[1]甚至有个别地方的教师，工作一年了领不到一分钱工资。[2] 由于西部财政收入较东部显著偏低，例如 2000 年东部地区人均 GDP 为 10768 元，西部为 4606 元，前者为后者的 2.34 倍。因而西部高校教师和科研机构的研究人员的工资水平也和东部有明显差异。在科技基础设施状况方面，1999 年"科技活动人员新增科研仪器设备指数"显示，东部地区大部分达到 20% 以上，西部地区除四川、陕西外，其他地区与东部地区的差距非常明显，如西藏是 0.04%、青海 0.28%、宁夏 1.04%[3]。相对于沿海地区来说，国家对西部的科研投入的项目少，资金

---

[1] http：//www.sina.com.cn 2001 年 11 月 28 日 13：29 华商报。
[2] 人民网 2003 年 08 月 07 日 17：12。
[3]《我国西部科技发展现状》新华网 北京 11 月 14 日电 版权所有：中国教育和科研计算机网网络中心。

滞后,同时由于科研经费的不足和设备的落后,知识的价值难以实现。同样低于东中部地区,付出同样的劳动,但不能同工同酬,个人因此承担了更多的社会成本。为了克服社会成本对个人利益的损害,大量科技人员疲于为生继而奔波。资料显示,西部地区科技人员的国际论文数,专利申请数,人均科技成果市场成交额均低于全国平均数。① 这种现象的出现并不是因为西部地区科技人员的产出率低,而是因为其承担了太多的社会成本影响了它的产出率,如果把这一部分社会成本内化为要素价格,其产出率自然会高。

其次,西部地区高等教育培养的优秀科技人员大量流向东部发达地区,带走了本应属于西部地区的部分利益。这种利益流失表现在:第一,我国传统的高教制度是一种典型的计划制度,招生指标分解到地区,国家高等教育投资因此被实际分割到不同地区,但人才大量流向发达地区,在事实上扭曲了高等教育投资的分配结构,落后地区人才大量流向东、中部地区应得利益因此大量减少。第二,由地方财政支持的普通高校着重于使用地方资源为地方培养人才,但人才的大量流失,引起相应的经费投入全部为人才流入地所接收,等于是代为他人付出了人才培训成本。近年来,受经济利益的驱动,西部地区人才逆向流动的趋势日益明显。高层次人才大量流失,严重影响了地方经济建设。据统计,兰州大学10年间流失的教师,可办一所高水平的大学。沿海某一个大学的数学系,从系主任到学术骨干,全是从兰州大学过去的。山西的两所重点大学1990年到1997年流失教师300余人,其中一所高校的一个学院仅2002年春节期间就有6位教师不辞而别。② 据统计,1990—1995年,甘肃每年流失人才2000人以上,新疆这5年间调往内地的专业技术人员高达两万多人。其间,甘肃省共流失高级管理人才和高级技术人才共2.7万人。③ 据新华社报道,甘肃省分

---

①中国科学院地质学部:《关于加快西北地区发展新思路和新战略的若干建议》经济研究参考2000(2)。

②《人才,西部要留住你》《市场报》2002.03.13。

③同 4

给定西地区的大中专毕业生到位率,1991 年为 41%,1992 年为 30%,1993 年只有 1%。尽管近几年贵州省采取了一些留住人才的措施,并且缩小了过去从贵州考出去的大学生 80%不再回来的人才流失比例,但是,仍有大部分毕业生不再返回家乡工作。我国东部地区的快速发展,深圳从一个小渔村发展成一个现代化城市,除国家政策支持、东部地区的努力外,西部地区在人才流失掩盖下的大量资源支持无疑也是一个重要原因。

再次,西部地区大量科技成果在东部地区实现转化,也促使西部地区为全国的发展付出了直接成本。由于种种原因,尽管地方政府高度重视,西部地区一些颇具市场潜力的科研成果在转化的过程中还是面临着诸多限制。由于地区经济差异因素,东部地区给予的转化条件与西部地区相比,具有相当的吸引力和竞争力,这就使得西部地区科技成果相当普遍地存在着"西部开花,东部结果"的现象。有人形象地将此现象戏称为"墙里开花墙外香"。许多颇有价值的科研成果在近几年连同科研人员一起"无可奈何花落去,结籽东部不归来"。西部许多省份含辛茹苦孵化的科技成果,自己来不及享受就轻易被东部以更优厚的条件诱惑走了。

最后,西部地区的成熟型人才和大量熟练劳动力流向东部,流向其他地区,也导致西部地区无偿支出了大量人才培训费。普遍存在的"孔雀东南飞"效应,通过市场机制的无情作用,把西部地区有限的经济资源再分配到其他地区,扭曲了国家经济的整体协调发展,使东、西部差距越拉越大。

4.2 西部教育产权损害的理论分析

本章从对产权制度的分析入手,通过对教育产权的基本特性的剖析,着重从理论上分析西部教育产权损害理论,指出西部科技教育行业外部性产权损害表现的各个方面。并且通过分析其损害后果的严重性和长期性,明确这一外部性的损害不是教育发展的正常态势,处理不好会遏制整个国家全局的发展,必须给予足够的重视,并努力加以解决。

4.2.1 教育产权损害的基本理论

对产权的界定的目的,既要保证产权的排他性,从而造成一种激励机制；也要保证产权的最大限度的运用，尽可能提高财产的使用效率；还要促进产权流动以保证资源的合理利用，通过分离和重组使产权的各种权能得到最优配置。而要实现产权的保护，就要确定人们的利益边界，将每个人的成本与收益实现完全"内化"，公平地分配财产的利得，以稳定人们之间的合作关系。① 如果现有法律制度不能实现这一目标，那么对产权的保护仍然不是充分的。

产权的界定包括主体和权能的界定。广义上的产权还包括为实现上述权利所必须具备的各种权能和规则②。人或组织机构要成为现实的财产权主体，不仅要拥有独立的意志和行为能力，还必须具备以下特征：①拥有自己独立的财产。它可以是所有者自己的财产，也可以是通过委托或授权获得的财产。②直接参与社会再生产过程。③有独立的经济利益。④承担相应的责任和义务。

首先，我们先来明确一下教育产权的基本范畴和现有教育产权理论存在的不足之处。

教育产权是一个特定的概念范畴，它不是一个一般的教育学概念，也不是与意识形态有关的政治概念，而是一个教育范畴中的经济学概念③。通常学者们认为，教育产权就是围绕教育资本而形成的学校产权，即对特定学校的财产权利。指参与学校投资、经营、管理的各个活动主体围绕学校的教育财产形成的所有权、占有权、使用权、处置权、收益权等权利关系和结构④。

同时，教育产权又是一种隐性产权，比较难以界定和保护，长期以来，教育是一种公共产品，而由于技术、认识的发展，如果人们掌握了能够阻止他人"搭便车"的装置，就可能将部分教育"产品"置于教育产权制度

---

①高德步著：《产权与增长：论法律制度的效率》，中国人民出版社1999年版，第113页。
②陈思明《关于产权理论问题的若干思考》[J]．北京：《学术界》1995(3)。
③张铁明《教育产业论》[M]．广州：广东高等教育出版社1998年，第281页。
④杨丽娟《关于教育产权若干问题的探讨》[J]．教育与经济 2000(1)。

的保护之下。有人认为教育是公益事业，不以盈利为目的，因而也不存在收益权，这种说法欠妥。无论在哪种社会形态，人们对财产的占有，都不是为了占有而占有，而是为享有利益而占有，尽管财产也涉及所有者的政治和社会利益，但获取经济利益，无疑是占有财产的首要目的。况且，财产收益在总体上还包括维持费用。

以上是对教育产权的一般界定，并未涉及地区教育产权问题。在旧的教育体制下，国家集所有权和经营权于一体，是国办学校唯一的产权主体。国家既是教育资源的配置者，也是教育资源的管理者。对于现有教育产权的改革，最重要的是产权主体的重新选择。而我们知道，产权界定的目的无非是实现产权人对其投资取得合法收益的稳定性。同样，对于一个地区而言，由于地区国民生产总值的有限性决定了教育资源的有限性，因而各地区的教育供给不可避免地受国民经济的制约，要增大各地教育投入也要和各地区的财政收入相适应，而对教育的投入也必然意味着影响各地区财政对于其他领域的投入。因此，无论从哪个角度讲，西部教育也不可能成为不计成本的福利事业。加之，在分税制改革之后，西部地方政府和中央财政分级核算，西部地方政府成为独立的教育产权主体的时机已经成熟。以产权界定的四个特征来看，各级地方政府作为教育产权主体也是符合产权的基本理论的。所以，要实现教育产权的明晰，也必然要使地区教育产权得以体现。如果地区教育的产权无从实现，那么其对社会提供的教育产品就成为无偿供给，成为人们习以为常拿到的社会福利，并且不断深刻的侵蚀着该地区的教育根基，正如西部地区对教育的投入得不到产出的后果一样。结果一方面会以牺牲地区的教育质量和教育效益为代价；另一方面还有可能造成当地的严重负担而限制经济的增长。更有甚者，还会进而影响社会教育的总供给以及导致经济的不平衡发展。这一点在上述西部地区的教育现状中已经得以证实。因此，本文所称的教育产权界定比较宽泛，还包括了地区的教育产权。也只有如此，人们才可能掌握阻止他人"搭便车"的装置，将西部教育"产品"置于教育产权制度的保护之下。

其次，我们换一个角度，从教育的产出来看明晰和实现教育产权的重要意义。

教育的产品之一——知识是最有价值的资源之一。知识之所以能作为一种财产出现，基本原因是科学思想和科学理论能创造　　成果，而成果可以通过技术转化为生产力，提高生产的产出率和减少生产成本；作品和设计能够满足人们的生产和生活需要，代表人类的精神和文化财富。当然，有用性不能成为价值和财产的全部原因，资源作为财产的另一重要要素是它的稀缺性。而知识资源的基本特点，决定着其供给的经常性不足，这是因为能够有所发明创造的人是稀缺人才，如同自然界稀有的资源一样；同时，知识生产是一种高成本生产，人才需要不断教育和培养，科学技术的发展也需要长期投入；另外，由于这种资源界定和保护方面的困难，造成知识价值的创造者的劳动成果长期以来作为社会成果为人们共享的。这一问题进一步影响了知识资源供给者的积极性，直接导致其供给的不足。

解决知识供给不足这一问题的根本办法，就是实现知识资源的有偿使用，使生产者能够得到合理的补偿和应得的收益。在市场经济条件下，知识成果的转化有着自身的特点，比如其生产者和受益者的可分离性，以及其转化时间上的滞后性，加之以人为载体的知识也必然存在着地域上的流动性，这就导致其有偿使用存在困难，要么发明者为发明而付出的成本得不到补偿，更不能谈高额回报了；要么为培养人才的培训费用得不到市场的价值回报，这就使得生产者的教育产权因而受损，加上西部较困难财政情况下的自身投入形成的低水平的教育资金规模，西部教育本身所获得的资金流入就已十分薄弱。另外，人力资本积累和流动方面，西部每年流出的高质量的教师不少，参加高考在外地大学毕业后，留在东部的不少，包括一部分西部大中专院校自己培养的学生也流向东部。结果，西部在很困难状态下向教育投资形成的高中、大学老师和其他专业的人力资本流向东部。换个角度讲，一部分东部经济发展所用的人力资本是从西部免费流入的，而这些人力资本正是西部教育投资形成的，但是没有收益向西部回流。最终形成的局面是，西部越是教育经费困难，越是以很少的教育投资形成的人力资本，越往东部流动；由于人力资本不足和素质不高，影响经济的发展，使得用于人力资本积累的教育经费也更加困难。所以我们不难看出，这种恶性循环的局面形成的根源之一就是人力资本无偿向区外流动。这种情况用制度经济学的术语说，就是个人收益与社会收益差距太远，创新收益不能内化。这样也就形成正外部性损害，知识生产者的教育产权因此受损，得不到应有的回报，其应得的收益也转化为社会收益，成为社会的共同财富，被人们习以为常的免费使用。

教育产权的清晰就是要明确教育投资主体，教育产权的分解则是要明确具体运作教育资产及其责任范围，真正把不同的权利具体落实到教育产权主体身上，使教育运行发展良性化。① 所以，对教育产权的界定和保护必须受到重视，而且要尽可能将保护范畴界定的更为宽泛，更多考虑成本和收益问题，这样才能一方面激励生产者具有足够的动力。另一方面，只有保护好了生产者的教育产权方能实现社会财富持久的积累。否则，在教育产权得不到应有重视和保护的状况下，生产者的生产成本无法得到补偿，生产者成为公共产品的制造者，这样会丧失培养人才的积极性，不能长期满足社会的更高需求。

基于以上分析，我们认为教育产权的设立和保护可以激励人才的培养、知识的生产以及教育成果的优先、快速转化，加速社会财富的增长。

4.2.2 西部教育行业产权的外部性损害

西部科技教育行业的外部性所造成的产权损害主要有以下几个方面：

第一，对西部地区科技教育资源的产权损害。西部区域性科技教育资源集中在两个方面，一是西部科技教育行业的人力资源配置；二是西部教育行业的其他非人力资源配置。就人力资源配置来看，由于外部性的存在，致使西部科技教育行业的人力资源价格偏低，人力资源实际投入因外部性而扭曲，发生人力资源收益的净转移。一个简单的实证是西北地区陕甘两省专业技术人员的国际论文数、人均技术市场成交额和人均专利申请

---

①张铁明：《国有教育产权的运作及其特点》，教育评论(福州)1998.2.

数基本与全国持平,① 也即其生产率水平与全国平均水平基本保持一致,但其实际收益却远远低于全国平均水平,反映了其应得的部分收益发生了转移,以低价格(收益)为国家培养高质量的人才并提供与全国产出率水平基本一致的科技成果。科教人力资源投入对自身的产出率低——表现为取得了一个低收益,但对国家、对社会的产出率则很高——表现为取得了与全国水平基本一致,甚至高于全国平均水平的产出率。《光明日报》曾发表署名文章"为什么许多青年经济学家都出自西北大学",就是西部科教人力资源高产出的一个明证。产出率的这种差异,以及东西部科技人力资源自身收益率的差异都进一步反映出外部性对西部科教人力资源的扭曲性转移。损害了科教人力资源的地区产权。就其他非人力资源配置来看,西部地区地方财政支持的高等院校毕业生和成熟型人才的大量外流,以及科技成果通过非市场渠道实现的异地(区外)转化,都造成西部区域性非人力资源大量向区外流动,代为区外支付了相应的人才教育费、培训费和科技成果开发研制费等直接费用,损害了西部区域性产权。

第二,国家对西部高等教育的经费投入被部分蚕食。如前所述,国家支持的高等教育事业,因西部原生源地毕业生大量跨地区流动,国家的教育经费投入也因此被严重扭曲。如有资料显示,新疆生源的学生考入内地的大中专学生每年超过4500人,而回疆工作的学生还不到2000人,大多数优秀毕业生以及新疆缺乏的专业人才都流向了东部。陕西省2003年毕业的4600多名硕士学位以上的研究生,已有八成被外地、特别是东南沿海地区预定。② 伴随落后地区人才大量外流,造成国家教育投资倾斜流向发达地区,使得落后地区源于国家教育经费投入的部分利益被发达地区实际截留,源于国家经费投入的这部分产权因此遭致损害。

第三,作为地区产权的完整内容,还应当包括地区的正常发展权。科技教育作为经济社会正常发展的重要支撑和主要的持久性动力源泉,然而

---

①中国科学院地质部:《关于加快西北地区发展新思路和新战略的若干建议》,经济研究参考2000(2)。

②新华网 西安2003年2月21日电 版权所有:中国教育和科研计算机网网络中心。

不合理外部性所导致的地区产权损害，扭曲了科技教育资源配置，妨碍了教育的正常发展，减弱了地区持久发展的支撑力，损害了地区正常的发展权。大量优秀人才的流失造成西部人才队伍总体素质明显低于东部地区，使地区陷入不正常的发展状态，这无疑也是构成西部落后的原因之一。

科技教育行业的产权损害其经济上的影响除过降低地区收入水平之外，另一个更关键的影响则是使地区经济社会的发展受到严重的阻碍。关于对收入水平的消极影响前文已进行了比较多的说明，以下主要就其对经济社会发展的阻碍作一简单分析。就科技教育的产权损害来看，其实际表现在以下四个方面：

第一，行业内人力资源低价格回报。如前所述，西部地区的科技人才付出了与东部同类人才同样的劳动，但由于地区经济发展水平的差异其受益却是无法比拟的，而这些目前只能通过西部科技教育人员自身来克服，也是相当不公平的。

第二，区域性非人力科教资源的区外净转移。西部科教人员的外流尤其是"在职流动"使得东部发达地区节省了大量的培训费用。随着劳动力市场配置机制的形成，西部地区人才尤其是科技人才大量流向东部地区，西部地区成为东部的人才库，为东部源源不断的输送成熟型人才。1979—1999年，部分西部省区专业技术人员调出和调入之比为3∶1左右。在外流人员中，70%是高级管理人员和科研教学的骨干，年龄在30—45岁之间的高、中级专业技术人员占60%左右。[1] 近几年仅西北地区调往沿海及内地的科技人员超过3.5万，并多为中、高级专业人才。1979—1993年的15年间，新疆向内地流失的干部和专业技术人员共20.13万人，平均每年流失1.34万人。随后虽采取了一些控制措施，但1994—1997年间仍有3.8万名各类干部调往内地，近几年这种流失势头仍然有增无减。[2] 同时，据调查表明，企业人才流动的替换成本则是原有人才培养成本的1.5至2.5

---

[1] 徐振寰：《西部人才资源开发调研报告》，人事部专业技术管理司2001 转引自袁振国主编：《中国教育政策评论》，289页，教育科学出版社2002年版。

[2]《市场报》2001.09.16 第一版。

倍。一些关键岗位的重要人才的流动会带走大量有形及无形资产，损失难以言喻。①

第三，国家教育经费扭曲性流动。按上面资料，自1990年以来，每年有4500人考出新疆读大学，而每年毕业回去的还不足一半。此外，还有一批自治区内优秀的大中专院校人才则是极力通过考研途径流向东部和国外。② 据笔者对宁夏回族自治区盐池县教育局的调查，2002年财政收入仅为5831万元，教育拨款占教育经费投入的65.2%的宁夏回族自治区盐池县，当年大中专学生的人才流失率在40%以上。国家对西部地区的教育拨款也随着这些大学生的流动落入东部地区，这样以来，新疆、宁夏等地享受的国家向西部地区倾斜的招生优惠政策也就同样无法体现出来；另外，西部地区目前对人才的吸引力不高，随着西部学子的单向外流，并没有出现外部学生反向流动的迹象，1998年，在全国普通高校毕业生中，跨地区在东部和西部地区就业的比例分别为91%和9%。1999年，东部7省市部属高校本、专科毕业生到西部12省区就业的比例仅为6.2%。③ 可见，西部的教育经费随着学生的毕业只是源源不断的流出而并无流入，造成国家教育经费投入被严重扭曲。

第四，科技成果非交易性区外转化。专利、技术人才等也是随着资金的收益率和人才的收益水平而流动。在现实的经济运行中，专利技术、技术人才的流向，主要还是取决于企业综合收益水平（包括净收入、资本利润率等）的高低。也只有企业经济效益好，在市场经济的分配制度下，科技成果、技术人才才能得到应有的回报。据了解，西部地区每年也有不少科研成果，但转化率甚低，一旦引到沿海地区，就成了"点金术"，有的甚至发展成一个大产业。从东、西部比较来看，这些要素在东部转化的机会要比西部多，发挥作用的环境要比西部好，收益回报也是西部所无法比

---

①马新力著：《当代教育经济学研究》，天津人民出版社2003年版，第233页。
②《市场报》2001.09.16 第一版。
③张力著：《试论西部大开发中的公共教育政策调整》，摘自袁振国主编《中国教育政策评论》290页，教育科学出版社2002年版。

拟的。

所以，由于西部的净收益率低，总体上讲，资金、技术、人才，特别是高级成熟型人才这些西部稀少的要素，越是市场经济，越是净流出，不会净流入。这是影响西部大开发和其经济增长的最关键的一点。

这四种现象带来的直接危害是：

第一，人力资源低价格回报必然构成科教创新的经济障碍。由于外部性的存在，致使西部科教人力资源承担了一定的社会成本，在没有相应的法律机制使这一部分社会成本得以补偿的情况下，科教专业人员通过自身内化社会成本的努力必然分散科教专业人员的精力和智慧，限制创新活动的正常开展，扼杀创新思维的形成和积累，最终对地区科教创新机制的培育和发展形成障碍。

第二，科教资源净转移和国家教育经费的扭曲性流动减弱了科教创新应有的经济力支持，同时，作为资源转移和国家经费扭曲性流动载体的人才流失，也致使科教创新丧失了必须的人才支持。人才质量的下降进一步恶化了大量高级经营型人才成长的基本条件，并形成地区传统产业市场不断萎缩的主要根源。资料显示，西安民生的总销售额中，当地商品的销售额仅占总销售额的5%，[①] 足见创新不足与经营人才短缺对地方传统产业的沉重影响。由于人才市场的上述变化，致使人才市场出现劣进优出的尴尬局面，科技创新的基础变得越来越脆弱。

第三，科技成果非交易性区外转化，不仅造成地区资源的直接流失，也使地区科技成果开发面临不利的选择，影响地区科技创新难以形成巩固而坚实的基础，使地区经济社会发展遭遇创新不足的严重障碍，使东、西部差距越拉越大。

例如，陕西省拥有高校42所，在校学生20多万人，其规模在全国名列前茅（截至1999年统计）。但是，不断增加的人力资本存量对陕西经济发展的贡献并不明显。高素质人才，必须要有适宜发展的环境，要为其提

[①] 见陕西省政府秘书长王忠民2000年4月1日在西北政法学院的学术报告：《西部开发的机遇与挑战》。

供能发挥作用的场所。陕西经济发展严重滞后（其全年 GDP 不及江苏的 1/5），无法提供优越的环境和条件，人才外流难以遏制。随着国家教育体制改革进程的加快，发展高等教育的投入将主要由地方负担，人力资本的外部性问题会更加严重，教育投资收益率在短期内不会有大的提高。①

正如 200 多年前亚当·斯密所指出的："这类机关或工程，对于一个大社会当然是有很大利益的，但就其性质来言，若由个人或少数人办理，那所得利润决不可能偿其所费。所以这种事业不能期望个人或少数人出来创办维持。"②我们期望西部政府解决其现有的教育困难是不现实的，必须意识到前面所述西部教育的落后有着产权受损的深刻背景，也只有解决好这一难题，西部教育才能走上正常发展的良性循环之路。

4.2.3 解决教育产权损害途径的艰难选择——国家教育补偿制度

要解决如上所述教育产权损害的问题，我们必须首先明确人才流动与人才安全的关系。

人才流动是一个国家和地区培养的具有较高职业技能的人前往另一个国家和地区居住和工作，即"为他人做嫁衣裳"，用人力资本的理论说，就是体现在移民身上或移民拥有的人力资本转移到其他国家和地区。人才流动是推动经济发展和社会进步的原动力，也是我国在市场经济条件下以市场机制来配置人力资源的必然趋势并且会逐步升温。人才流动是一把双刃剑，它对社会、企业和个人将会产生有利的影响，同时也会有副作用，而前文提到的西部教育产权损害正是其现实反映。发生在 20 世纪 80 年代后半叶的人才流动是我国人才流动的第二次高潮，中国的改革从农村发展到城市，涉及投资、金融、外贸等全方位的改革，尤其是东南沿海经济特区的兴起，整个中国出现文化素质较高的人才的"孔雀东南飞"。据有关统计，从开始时的近百万人发展到后来的总计数百万人。这次人才流动当然极大的推动了东南沿海经济的发展，但是老少边穷地区、中西部内陆地区

---

①孙早：《制度重于投入：对西部大开发的再认识》，《经济学家》2000.3. 第 34 页。
②许明、胡晓莺：《当前西方国家教育市场化改革述评》，教育研究 1998.3. 第 73 页。

人才大量流失，抑制了这些地区社会经济的发展。人才流动的第三次高潮是在20世纪90年代初以后，仍然是大量的人才流向东南沿海，最终形成了东南沿海大中城市人才济济、"高才低用"、人才浪费，而西部地区人才奇缺，经济社会发展缓慢的格局。

所谓人才安全是指一个国家的人才队伍在国际市场竞争中，不会因无序或过度流失而使国家建设和经济发展等方面受到威胁。广义而言，地区间人才不均衡流动造成对某地区经济社会发展的威胁也属于这一范畴。我们知道正常情势下人才流动应是一种互动的均衡的态势，是积极的也是有序的，但如果超出一个国家或地区人才安全的警戒线就会成为相当严重必须解决的问题。正如我国20世纪80年代以来东、西部之间人才的单向流动占绝对优势，西部地区人才流出是人才流入的两倍以上，特别是中青年骨干人才大量外流。① 西部成为东部地区人才的输出地，已经十分严重影响到西部地区的市场竞争力。按照"市场空间结构"即发达的区域市场和落后的区域市场处于并存状态时，假如区域间能够达到竞争均衡状态，那么这种市场结构必定内含区域共同富裕机制；假如区域间不能达到竞争均衡状态，则必然会导致区域两极分化。②

所以，要解决西部地区教育资源产权损害必须充分认识这一对矛盾，既要维护西部地区的教育产权利益，又不能草木皆兵，为了西部的人才安全而拒绝公平竞争，以保护这一"弱势群体"。更不能因噎废食否定人才流动，没有人才的流动，既没有人才自身的充分发展，也最终会影响经济的快速持续增长。而入世则意味着人才流动的所有要素将会更加开放，原有的政策性、体制性壁垒将被打破，西部地区的教育产权将面临更大的威胁。随着户籍制度的改革，逐渐取消户籍对人才流动的限制。加之，随着人事档案管理制度的逐步放松，如果需要，仅凭一张身份证、一纸文凭就可以到一些单位就业。可见传统上为维护人才安全采取的"强堵"之举已经不能奏效，也绝对不是明智的选择。但如果不及时采取相应措施，西部教

---

① 《市场报》2001.09.16 第一版。
② 顾新著：《区域创新系统的失灵及完善措施》、《中国软科学》2001.6.90—91。

育产权受到损害如果不能得到有效控制，其后果将愈来愈严重，西部人才流失的现状也会愈演愈烈。既然人才流动的社会规律不能违背，而西部对教育的投入又无法得到内化，所以必须想办法对西部受损的教育产权进行弥补，为西部获得外部要素的流入修建一个正规的渠道。否则，不仅会挫伤西部教育事业的积极发展和良性循环，还会最终影响国家人才的产出和整个社会的可持续发展。

值得一提的是，针对我国人才严重流向发达国家，致使我国教育经费投入无法得到回报的客观现实，我国制定了自费出国留学人员对我国高等教育的偿还制度，根据1999年教育部印发的《自费出国留学偿还的高等教育补偿费管理适用办法》，征收对象是对"大专以上在校公费学习提前退学的学生和毕业后工作时间没有达到国家规定的服务期的在职人员"，要求他们申请自费出国留学时，偿还公费学习期间部分高等教育培养费。"各省、自市区、直辖市及计划单列市教委、教育厅（高教厅）所收取的培养费的70%须于当年12月10日上交教育部，由教育部集中上缴中央财政专户，其余30%的培养费由各地方教育行政部门上交同级财政专户"。可见，在出国留学人员偿还我国高等教育经费制度上，不仅体现了对国家教育经费成本的补偿，还一定程度上补偿了地方政府的高等教育投入。

这种方式不失为实现弥补地区教育产权受损可以借鉴的办法之一，但我们认为并不适合用于东、西部之间的教育产权损害，其原因仍然是东、西部间人才的自由流动是市场经济的基本规律，而且最终受益的是国家经济发展，所以不宜于受益的东部地区承担补偿责任；同时也不能过多的要求个人对西部地区承担补偿责任，因为西部学子能够完成大学期间的学业家庭已经不堪重负，即使有助学贷款制度，毕业后无法偿还助学贷款的也不少，如果强调个人的补偿责任无疑是加重其家庭的负担，这正是出国留学人员偿还高等教育培养费制度不适合直接照搬套用于西部教育补偿的原因。

可见，如何调整国家对西部地区的公共教育政策越来越成为需要迫切研究解决的问题。东部发达地区因为西部教育产权损害而获得外部经济，成为西部培养的各类人才的接收地,这一现状在短期内将不会改变,以往传统的狭隘封闭式"关起门来成一统"的保护方式早已无法适应市场经济规律的要求,而西部的受损产权又必须得到补偿,用已有的制度无法妥帖应对,制度创新显得非常重要和紧迫。正如十六大报告指出的:"要坚持教育创新,深化教育改革,优化教育结构,合理配置教育资源。"可以看出,教育制度创新是解决西部产权损害问题的关键。以上正是下文构建的西部开发中的国家教育补偿制度产生的时代背景和现实基础。

4.3 西部大开发中的国家教育补偿制度

上文对西部教育产权损害的分析,引出需要进行补偿的观点,而国家补偿制度的基本理论以及如何进行补偿,补偿的主体是谁,受偿方又是谁,以及补偿多少、补偿费如何运用,则是本章要解决的问题。我们从教育经济学和法学的角度分别对国家教育补偿制度进行探讨,指出国家教育补偿制度是教育经济学上教育成本分担补偿制度在东、西部之间分担教育成本领域的延伸,从法域上来讲属于经济法的范畴。本章对国家教育补偿制度的阐述未能面面涉及,未尽事项如国家教育补偿制度的基本原则、适用程序等可以参照第六章相关部分。

4.3.1 国家教育补偿制度的理论基础及其法域性质

(1)教育经济学的教育成本的分担和补偿理论

西方教育经济学者试图把经济学上的成本应用到教育领域,如教育经济学家希恩曾指出:"教育部门,同其他经济部门一样,要使用一些宝贵资源,这些资源,如不用于教育部门就可用于别的部门。"[1]因此,西方教育经济学者是把教育成本视为"生产教育财所投入的资源的价值"[2]。或者说是指"学生在学校接受教育期间所支付的直接和间接费用"[3]。1986年,美国教育经济学家约翰斯通针对这种不合理的公共教育分配政策提出应由

---

[1] 希恩:《教育经济学》,教育科学出版社1981年版,第1页。
[2] 林文达:《教育经济学》,台湾三民书局1984年版,第49页。
[3] 盖浙生:《教育经济学》,台湾三民书局1982年版,第59页。

纳税人、家长和社会人士(捐赠)共同分担高等教育成本,即著名的成本分担理论。1993年,他又进一步扩展了成本分担的范围,认为企业应通过支付雇员的部分或全部学生贷款,或者通过特别税款,对高等成本在通常的税收之外进行额外的补偿。① 教育的直接成本就是直接以货币形式支付和物质资源投入的所有费用总和,主要指国家的教育拨款、学校产业对教育的投入、社会的资助、捐赠以及受教育者个人的投入等。间接成本就是除直接成本外所有的成本的总和,包括学生个人的机会成本、国家对教育产业的税收减免、银行对教育贷款的利息优惠、土地和建筑物的潜在租金及固定资产的折旧费等。②

所谓教育成本分担补偿是随着教育观念的改进,人们投资教育的意愿增强,教育财政日益紧张而出现的,它是指教育成本由谁支付、如何支付的问题,即教育成本如何在政府、企业、个人等社会各方之间合理分担并最终实现的问题。③

可见,我们已有的教育成本分担补偿制度,以往只是局限于企业、个人来分担国家对教育经费投入的成本方面,而且多指高等教育成本的分担和补偿,理念只是个人分担国家教育投资,没有发展到东、西部教育投资成本分担和补偿。二者的区别在于前者侧重点使教育经费来源的途径,即应该由谁来承担教育经费以及为何要个人及企业分担国家的教育经费负担的问题;后者在于强调地区之间尤其是西部地区教育经费随着人才的严重流失而流向东部,随之而来的西部教育投入成本得不到补偿和内化的问题。

(2)西部教育投资成本的分担和补偿的可行性

自80年代中期财政改革以来,中央和地方财政分灶吃饭,把普及义务

---

① D. B. Johnstone. The Cost of High Education: Worldwide Issues and Trands for the 1990s. The Funding of Higher Education. edited by P. G Altbach and D. B. Johnstone Ganland Publishing. New York. 1993. 转引自《教育决策和管理中的投资问题》蒋鸣和《教育与经济》(武汉)1997.4. 第6页。

② 林荣日著:《教育经济学》,复旦大学出版社2001年版,第52页。

③ 范先佐、周文良著:《论教育成本得分担与补偿》,华中师范大学学报(人文社科版)[武汉]1998.1.22。

教育所需资金几乎都交给地方政府负责筹措与分配。根据《国务院关于基础教育改革与发展的决定》,"确保农村中小学教师工资发放是地方各级人民政府的责任"。此外,就对义务教育经费的分担比例而言,在我国,中央财政负担2%,省、地区负担11%,县级负担9%,乡镇负担78%;美国则是中央负担6.2%,州负担48.3%,地方负担45.5%;法国仅中央政府就负担了68.4%。① 可见,我国地方政府承担教育经费比例在国际上也是很高的,这就使得财政本来就紧张的西部地区普及义务教育的经费更加短缺。因而大部分经济落后地区,尤其农村,都把重点放在提高学费和教育附加费上,这就导致农村的学杂费比城市高,西部地区的学杂费比东部地区高。

在此,韩国的经验值得我们思考和借鉴。韩国的免费初中教育首先是从海岛和边远地区开始的,与此同时,在大中城市及其他经济富裕地区实行收费的初中义务教育。1993年以后,全国范围内的免费初中教育才得以逐步地实施。②

(3)国家教育补偿制度的法域性质

首先,从法的理念上来讲,"经济法理念比民商法理念更加鲜明的体现了社会化的时代特征"。③ 无论将教育作为公共产品还是准公共产品,面对私人处于市场中理性的不足,市场带来的失真和滞后性,都显得无法充分的发挥效率。教育产权也就难以实现应有的价值,因此付出了成本却难以得到补偿。"这就要求公共领域的介入,通过较为温和的公共产品媒介,还原上述的调整。这种公共解决指向不是特定的市场个体或市场事件,而是一种不特定的市场主体,潜在的全局性的经济事件,我们发现这种目的与经济法的适用目的是完全一致的,这种竞合不正说明上述公共产品的涉及范围就是经济法的调整对象。""因此我们看到……强调合意的平等主体

---

① 《教育文摘周报》2002-6-19。
② 苗苏菲著:《从无偿教育到有偿教育》,四川教育出版社1994年版,第142页。
③ 漆多俊《经济法价值、理念和原则》法律图书馆网站收藏 http://www.law-lib.com/

的行为，如果引入契约来实现，毫无疑问就是与民商法相统一的"。①

虽然一些学者也开始强调民商法的"社会责任"，认为民商法由极端尊重个人自由变为重视社会公共福利，并对其三大原则有所修正，即对契约自由原则的限制；对所有权绝对原则的限制；和无过错责任原则的采用。②但重点在于认识民事法律毕竟是私法而不是公法，强调当事人自己协商决定他们之间的权利义务关系，原则上国家不直接干预，只在当事人间发生纠纷不能通过协商解决时，国家才出面进行"第二次的干预"，亦即由司法机关以仲裁者身份对当事人间的纠纷进行裁判。③从本质上讲，民商法还是以维护个体利益为中心任务的，只不过为了兼顾其他个体利益、国家利益和社会利益做出某些限制而已。它所调整的平等主体间的社会关系具有主体特定性、对等性、关系相对性等特点。而很明显，东西部之间关于教育产权损害的结果不属于特定当事人之间的权利义务关系，无论是"当事人"——东、西部间经协商或是启动民事诉讼程序来解决都是不妥当的。如前所述，教育产权损害多存在于一个行业或一个部门，所涉受益、受损主体众多且具有不确定性，东部地区作为一独立利益主体并不因此存在对西部的某项具体给付义务，也难以证明存在民商法上要求的"直接损失"。④同时，如果要东西部之间通过协商解决这一问题，必然成本过高、而且效率低下，也难以实现。而依靠市场机制自身不能解决外部性问题，因为外部性的产生是市场机制内生的缺陷和弱点，必须借助外力来矫正，即通过制度的调整及国家的干预来弥补市场的不足。正如经济学大师罗纳德·科斯所言："灯塔是经济学上的里程碑，一提起这个生意盎然的例子，经济学者都知道所指的是收费困难，这种困难令灯塔成为一种非政府亲力亲为

---

①陈慰星《经济法调整对象的再思考》法律图书馆网站收藏 http：//www.law-lib.com/

②梁慧星著：《民法总论》，法律出版社1996年版，第36、37页。

③梁慧星著：《民法总论》，法律出版社1996年版，第29页。

④郑导远著：《经济法本质新论》，法律图书馆网站收藏 http：//www.law-lib.com/。

不可的服务。"①相比较而言，通过国家作为主导的补偿制度比东西部双方协商效率更高而且更为可行。所以政府有必要进行干预，以降低交易成本，减少摩擦，矫正市场缺陷。那么，解决西部教育产权损害的重任必然转入能够弥补私权救济的不足、降低私权保护成本，并且以调整"社会整体利益"为己任的经济法的视线之中。

其次，从经济法的价值来看，对西部教育产权的补偿制度也是经济法"实质公平"观念的反映。"实质公平"不是要实行平均主义而是主张机会公平、分配公平的同时还要兼顾结果公平。② 而实质公平这一价值必然包含"地区公平"，即"用发展公平的规则和政策去调节、指导经济发展不均衡的各地区经济关系"。③ 经济发展的不均衡导致一个国家内部各地区之间发展的不平衡，这一问题在中国表现得尤为明显。当然，自然资源分布不均或者经济地理位置不同的事实是不能改变的，为谋求各地区的共同发展，也不是要用平均主义去解决地区经济关系，而是站在各地区公平发展的出发点上调整地区关系。要协调各地关系，不仅在于国家经济政策的问题，更在于要用法制的手段、公平的观念将地区经济关系的调整系统化、规范化，创立中观经济运行法，并把区域经济关系、部门经济关系纳入其调整范围，并作为经济法的重要组成部分之一。④ 由于地理条件、资源状况、产业结构等因素所导致的生产力水平的差异，导致各地的贫富分化，这并不是人为所至，也不是老少边穷的西部地区的人民不重视教育，而是先天性的不平等，这类地区的人民纵然付出多于条件好的地区 10 倍的努力也不一定能使教育赶上东部发达地区。诸如上述西部地区一方面教育发展落

---

①张五常：《卖柑者言》，四川人民出版社 1988 年版，第 31 页。转引自阎海《经济法调整对象的经济学研究—从国家与市场经济角度的思考》法律图书馆网站收藏 http：//www.law‑lib.com/。

②漆多俊著：《经济法价值、理念和原则》，法律图书馆网站收藏 http：//www.law‑lib.com/。

③单飞跃著：《经济法的法价值范畴研究》，《现代法学》2000 年 2 月 第 26 页。

④董玉明：《试论我国社会主义中观经济的法律调整》，第六届经济法理论研讨会论文。

后，一方面地区教育产权遭受损害，最终导致地区不公的结果就属于此范畴。而因为民法只强调形式平等或起点平等，不考虑或很少考虑结果公平。这样民法能使市场主体最大限度地追求自身利益最大化，至于这种利益是通过自身努力而获的，还是因外因而获的，民法对此不关注，因此民法根本不可能调整市场经济的外部性问题。而西部大开发中的教育补偿制度正是要达到发展公平，弥补西部地区的教育产权损害，以解决我国地区教育发展不平衡的现状，和经济法的公平观中的"地区公平"是相吻合的。

另外，经济法上的损害具有着特殊性，即包括"显露性损害"和"潜在性损害"两部分。这与民商法上的损害赔偿是不同的，"潜在性损害"是经济法的特色，是民商法上要求的"直接损失"、"间接损失"，故而不以存在民事纠纷中的直接现实的个体损害为必要。教育产生的外部经济使整个社会受益，相对于受益的整个社会的成员来讲，受损的西部教育产权主体又有特定性。当然，东部作为西部教育外部经济的受益者，虽然不承担私法上的损害赔偿，但基于"公平原则"也在一定程度上应对西部的人才培养承担责任。因此所遭受的利益损失具有特殊性，属于"潜在性损害"的范围，显然应该由经济法来调整。

所以，要解决西部教育产权损害这一问题，必须摒弃民商法"损害赔偿"的理念，强调创建有公域性质的国家补偿制度来弥补西部地区受损的教育产权。也就是说，我们的以政府为主导的国家教育补偿制度正是属于经济法范畴的法律制度。

4.3.2 国家教育补偿制度的主体及补偿方式

(1) 补偿主体。

① 补偿方

根据市场调节的基本原则及经济学上的"谁投资，谁受益；谁受益，谁承担成本支出"原则，应该由教育的受益者来承担教育的成本。而如上所述，随着教育"产品"——人才的严重外流，西部作为教育成本投入者应该享受一定的利益，之外，还应该承担教育投入的有东部的用人单位和随之受益的东部地区政府。而如果依据这一观点，我们发现应然的补偿主体为受教育者个人及东部政府和众多东部的用人单位。我们逐个加以分析。

首先，如果将补偿西部教育产权受损的补偿责任交给西部产出的各类人才，是欠妥当的。一则在西部人才的培养阶段，个人已经付出了一定比例的成本，虽然只是有限的部分，但和西部家庭收入相较比例也并不低，如果再强调他们个人的补偿责任势必会造成西部学子比东部学子更高的教育经费负担，引发社会不公。二则会影响西部学子平等的就业机会，使得西部学子择业中困难重重，比东部学生更处于劣势。

例如一直以来新疆采取的"出疆费"制度，即凡新疆生源的大中专学生完成学业后不回新疆工作的，须交纳一定培养费用方可离疆。出疆费 5000 元至 8000 元不等，并根据就业省份不同还有差异。而此项制度由于收效不佳又与国家出台的就业政策相违背，影响了新疆大学生的平等择业机会，已于 2001 年被新疆自治区教育厅取消。"出疆费"制度可以说是新疆自治区政府为了应对新疆人才过度流失的无奈选择，其适用的初衷不难看出是好的，即为了遏制当地人才的流失势头也为了补偿新疆地方政府对培养人才的投入，后者和我们国家教育补偿制度的这一目的相一致。但"出疆费"只是将地方政府对人才的培养费用简单地转嫁到了西部人才个人的身上，只是简单的认为"谁受益，谁补偿"，西部教育的受益者为西部人才自身，而且教育经费的流走也是由于这些人才的流失，所以西部受教育者应该补偿地方政府的教育投入。但我们说这一制度忽略了教育的其他受益者如东部地区的用人单位以及最终受益者国家，最终给人才的流动套上了有形的枷锁，成为现实就业政策的障碍，增加了西部学子的家庭负担。所以最终收效不佳只能成为历史。

再如前述，我国出国留学人员对国家高等教育偿还培养费制度与我们的国家教育补偿制度二者补偿的理念相同，都是为了实现付出教育成本无法得到回报的情形，但具体情况又有很大不同。如前所述，因为西部学子能够完成大学期间的学业家庭已经不堪重负，如果强调个人的补偿责任只能加重其家庭的负担，因此，个人作为补偿方并不适用于西部教育补偿制度。

其次，如果要让众多接收西部流失人才的广大用人单位或东部政府来承担补偿责任也是不可行的。一方面，根据外部经济的自身特点，受益的利益主体太多难以衡量和确定，这使得寻找受益方或称补偿方成为不可能；另一方面，东部对西部的横向财政转移与中央政府的财政援助有不同的性质，目前东部地方政府已经成为其行政辖区的公共利益主体，在这一约束条件下，地方既得利益的调整十分困难。所以在东部地区自我利益约束下，企望大规模增加横向转移支付数量显然不现实。

简言之，从受益者中间来确定补偿方是不可行的，所以我们的国家教育补偿制度构建的主要的补偿主体是国家。因为国家既是人才流动的最终受益者，而且从理论上讲也不存在障碍，在实践中国家通过提升自身的汲取能力来承担补偿责任也是可行的。

②受偿方

从我国工业布局来看，明显呈由东向西逐级衰减的梯度分布格局，这一梯度推移战略一方面确立了地方政府作为区域调控主体的职能和地位，调动了地区发展的主动性和积极性，增强了区域经济的自我组织和发展能力；但另一方面又使区域经济发展陷入严重失衡状态，使国民经济面临一系列区域性问题和矛盾诸如前文提到的区域间的不均衡发展等等。[①] 也就是说，东西部能够成为独立的利益主体也和上述国家推行的宏观梯度发展政策有关，也是如此布局的必然结果。加之，我国实行分税制之后，地方财政和中央财政相对独立，这些都使得西部地区的地方政府成为独立的利益主体代表区域利益行使自主权成为可能。

具体而言，确定西部地方政府作为受偿方，正是符合产权理念中的明确利益主体才能对其投入和付出产生了补偿的可能。即投资西部教育的各级地方政府由于人才流失到了东部使得教育投入也流向东部地区，白白的付出教育经费而又劳而无获。所以西部各人才输出地教育部门都有权依据当地教育产权损害的程度和其投资比例获得补偿，这样才符合"谁投资，

[①]张友树：《区域经济发展战略的演进》，《财经科学》(成都)1996.6.55。

谁接受补偿"的产权基本理念。

（2）补偿方式。

①直接补偿

直接补偿最主要的方式当然是政府的转移支付。国际上，美国联邦政府一方面以其所集中的财力通过转移支付的形式对州和地方政府给予财政补助，以增强州和地方政府提供公共服务的能力，平衡各地区的公共服务水平。一般说来，联邦政府把财政支出的10%左右用于补助州和地方政府，其中大部分拨给了落后地区；德国联邦政府把财政支出的20%用于补贴低于各州水平的穷州；日本政府直接用财政转移支付和税收调节来提高落后地区的财政能力，此外，日本政府还设有面向落后地区经济发展的开发公库。[①]

实现分税制后，中央和地方的收支划分形成，这为中央向地方的纵向财政转移提供了条件。中央财政增加对西部纵向转移支付有较大潜力，将财政收入增量的绝大部分用于西部的转移支付完全有可能。因此，只有提高中央财政的汲取能力，才能为大幅度增加国家财政对西部教育的转移支付的总量规模创造条件，并将中央用于教育的财政转移支付补助的80%以上用于发展西部落后地区的教育，逐步取消各种不规范的"补助"和"税收返还"，建立科学规范的教育财政转移支付制度奠定基础。

实际上，目前已有一些类似教育补偿制度的财政转移支付制度，但就其实施效果或是支付方式看，尚不尽人意。例如1995年开始实施的"贫困地区义务教育工程"是近年来义务教育转移支付中投入最多的项目。该项目规定，中央财政在1995—2000年拨专款39亿元，地方财政以不低于2:1的比例投入配套资金，用于改善贫困地区的义务教育办学条件。此外，国家教委、财政部于1997年拨专款1.3亿元设立"国家贫困地区义务教育助学金"，作为"义务教育工程"的配套项目，用于直接资助贫困地区义务教育阶段的贫困学生，估计受资助者每年可达60余万人。这对于提高贫困地

[①]赵英兰、记鹤：《国外解决地区差距的宏观政策及启示》，山东财政学院学报（济南）2000.1.第67页。

区义务教育入学率、促进贫困地区教育的发展起到了一定的作用。然而，就缩小地区间义务教育发展的差距而言，我国教育财政转移支付还存在着一些问题，中央对西部的教育拨款结构还存在一些缺陷，不能发挥应有的调节作用。比如主要的转移支付项目从性质上讲属于均等化转移支付范畴，但由于未考虑各地区收入能力和支出需求存在的客观差异，缺少合理的标准，客观上仍延续维持了分税制改革前各省既有的利益格局，甚至在一定程度上扩大了地区差距，因而对缩小省际教育发展差距作用甚微。而且，专项转移支付用于特定对象，对于经常性经费没有影响，而专项补助的确定有很大的随意性，它无论是在财政均衡、实现合理的再分配、缩小各地教育基础差异，还是在教育资源配置等方面，都很难达到令人满意的效果，不能从根本上解决问题。也就是说通过改革已有的财政转移支付方式可以实现国家教育补偿制度的补偿作用，被国家补偿制度所合理借鉴。因此，鉴于我国东西部地区之间教育存在的巨大差异，在一个相当长的历史时期内，利用国家教育补偿制度中对无条件拨款的设计与实施是我国转移支付制度的重点和难点所在，也是能否逐步实现各地区教育公共服务水平趋于均等化和社会经济均衡发展的关键性因素。

②间接补偿

首先，是税收政策的补偿。美国针对不同地区的经济发展水平实行不同的税制。从30年代起，联邦政府对北部发达地区多征税，再把增量部分转移支付给落后地区；对落后地区多留资金少征税，积极培养其良性循环能力。随着落后地区经济的不断发展，这一总体趋势到90年代才有所调整，减少了南北税负的差异。①

其次，依据教育产权的特殊性的要求，补偿西部的科教人员的流失，做好对口的教育人员反向流动，即推行"人才补偿"政策。国家应当制定相关政策，保证各地区学校之间的人力资源的均衡配置。即制定如新教师必须先到西部边远地区也是人才流失严重地区服务一定年限的政策，再逐步

---

①连振隆：《简述美国区域经济的均衡政策及启示》，《甘肃理论学刊》(兰州) 2000.1. 第61页。

实现到所有教师都轮换到西部偏远地区服务的义务，将发展西部教育的发展真正看成是关系全局利益的事情。另外，也可以采取对口支教的政策，即东部强校应该承担一定帮助西部薄弱学校的义务，使这些真正成为系统化的稳定性的规范制度。这也是西部开发中的国家补偿制度中在教育领域的特殊补偿方式。

再次，还有鼓励资助，引导东部向西部教育自觉的捐资助学，逐步实现国家的政策导向，实现东西部的均衡发展。

③具体针对不同教育实行的区别补偿方法。

首先，对义务教育的补偿制度的具体途径和计算办法。应该分区域核算基础教育生均成本，制定基本教育生均公用经费底线及学校标准化的评估机制，以便核算西部教育产权受损的具体补偿金额。如前所述，义务教育经费负担很大程度比重在地方政府，但西部地区的经济发展缓慢，地方财政紧张。尤其是实行"费改税"之后，由乡镇直接负责的小学、初级中学遇到了严重的经费来源问题。甚至有些地区连县乡一级政府干部的工资都拿不出来，更不要说拖欠教师的工资了。因此作为整个社会的义务教育之类的公共产品，还是应该主要由国家财政来负担教育经费，尤其西部贫困地区，更应充分体现政策倾斜。一方面给西部贫困地区的学龄儿童有了平等的入学机会，避免学生因为机会成本过高而辍学；另一方面，缓解西部政府的财政负担，避免出现新的外部经济，即西部政府不断投入教育经费而没有受益的"内部"不经济局面。

其次，对高等教育的补偿办法。之所以要将高等教育与义务教育分开来分析，主要还是由于高等教育其外部性相对义务教育而言较小，而且高等教育能形成人力资本，可以为受教育者拥有并提高其收入，也直接有利于受教育者供职的单位。当然这时政府仍然应当是高等教育的主要补偿者，这是因为高等教育对社会的外部性仍然十分明显，仍然可以视为准公共产品，而且和义务教育不同的是，受教育者个人随着我国的高等教育改革也已经承受着不低的教育费用。这就仍然要求国家作为社会整体收益的代表来对西部进行补偿。和义务教育补偿制度不同的是，补偿主体应该加入受教育者供职的单位，只是从现实中操作上仍然有困难，所以建议由国家先来承担主要补偿责任，总之，由于人才的流失无法正常通过就业来实现对当地的教育投入的补偿，这就需要国家的介入，核算西部大中专学生的生均培养成本，实行流失一个补偿一个（生均成本），而且补偿到位的政策。

综上所述，我们认为，如果国家不能分区域实行不同的教育制度，尤其是通过区分不同教育阶段实行不同的国家教育补偿以降低西部政府和西部家庭对教育的负担，下大力气加大对西部地区教育的投入并且补偿西部仍在普遍流失的教育经费的话，西部偏远地区学生辍学的现象绝对无法遏制，而仅靠希望工程之类的捐款资助，只能是杯水车薪，远远不能满足如前所述基础薄弱的西部教育的渴求。

4.3.3 国家教育补偿制度中补偿费的主要使用用途

由于西部地区的出发点和东部并不处于同一起跑线上，通过补偿资金的使用，改善西部教育环境和就业环境，使西部与东部处于大体相同的起跑线上，以便使西部教育投资者获得与东部接近或比东部更高的投资回报。在此还应要明确，补偿不是永久性的，只是在某些阶段中发展过于不平衡时所适用的，一旦通过补偿能够达到使教育薄弱地区具有与发达地区相当的吸引人才的竞争力，不再只是如前所述的单向人才输出，而是均衡的人才流动，这时就不再需要国家补偿。

通过弥补西部受损教育产权，为西部获取教育发展所需资金是国家教育补偿制度的一项重要任务，而如何使资金得到适当、充分的使用，也是至关重要的，需要严格加以限制和管理，否则只能使良好的初衷化为泡影。我们考虑国际的做法以及结合我国的具体国情，主要有以下一些资金运用方式：

第一，建立"西部吸引人才基金"，用于提高西部科技人员的工资报酬水平，改善他们的生活条件，吸引并留住人才，以稳定西部人才队伍。留住人才，根本有效的途径和办法，是提高在西部工作的人才尤其是科技教育人才的物质待遇，缩小他们与东部地区工资待遇的差异。而要吸引人才，毋庸置言，比留住人才更加困难，只有更高的经济待遇才能对外来人才有吸引力。我们知道，就连五六十年代为了鼓励人们到中国西北、西南艰苦地区工作，都曾实行过高于沿海地区的工资或津贴待遇，所以西部开发要留住和吸引人才都必须有足够的资金。国家补偿制度的资金有一部分可以作为此用，以期逐步的提高西部人才的待遇，继而有可能提高西部为人才自身发展提供的平台。

第二，可以用补偿费用大力发展职业教育培养有利于西部留得住的人才。西部大开发不是仅仅需要高级人才，而且需要大量的配套的各种类型的高、中、初级人才。把西部发展的依靠力量和人才开发的重点放在引进少数高层次人才上，在人才激烈竞争的今天，既是不现实的，也是不可能的。实施人才挖潜工程，充分开发利用本地人才，具有成本低、见效快、无短期效应等优势。因为职业教育是我国现行各类教育中培养技术和技能应用型人才、提高广大劳动者劳动素质与职业教育道德素质的主要渠道，是科技成果转化为现实生产力的桥梁。

从现实性来讲，西部地区高中以上教育入学率远远低于东部地区，因此也为大力发展职业教育提供了较为充足的生源。根据国务院转发劳动和社会保障部、教育部、人事部、国家计委、国家工商局等六部门《关于积极推进劳动预备制度，加快提高劳动者素质的意见》，全国城乡要普遍推行劳动预备制度，并严格实行就业准入控制，对所有新生劳动力进行一至三年的职业培训和职业教育，未经必要的职业教育或职业培训的，一律不得就业。所以，绝大多数初、高中毕业生在劳动预备制度及其就业准入控制的规范下，必然选择职业教育。别外，对西部教育来说教育重心应更低一些，教育形式也应更灵活，着眼点应放在培养用得上留得住的人才上，完善职业教育体系，培养各层次应用型人才和高素质劳动者，积极举办高等职业教育，培养技术型人才。跳出普通高校"通才"教育框子，把握高等职业教育面向地方性、办学的开放性、培养目标的技术性等特点，为西部培养技术含量高、综合素质好、创新意识和能力强的技术人才。在此，应重视中等职业教育。中等职业教育主要承担着为地方经济建设和社会发展培养技能人才的任务，对当地经济、社会全面进步有着直接的推动作用。西部大开发所需要的技能型人才也主要依靠中等职业教育培养。西部地区在人才和劳动力资源开发上要重新认识中等职业教育的准确定位，引导不准备升学的初、高中毕业生接受一定形式的中等职业教育。应突出中等职业教育的办学特色，增强对西部大开发和当地大发展的适应能力，努力扩大规模，提高效益，培养劳动素质高、创业意识和创业能力强的技能型人才。人事部已经启动了"西部人才开发计划"；劳动和社会保障部提出，要推动建立西部劳务协作区，培育和发展西部劳动力市场，充分开发利用西部地区丰富的农村劳动力资源，鼓励地方搞"回乡创业工程"；国家社会发展计划委员会组织对西部地区的职业学校进行调查，确定投资去向，每县1所，每所40万—50万元。

《中国教育改革和发展纲要》规定，普及九年义务教育包括普及初中阶段的职业技术教育。西部地区特别是农村"普九"的任务十分艰巨，绝大部分学生没有条件和能力接受高中阶段以上教育。他们在完成小学或初中学业后，只带着一般的语文和数、理、化知识回到农村和城市，直接进入生产或工作岗位。因此，拓宽职业教育为西部大开发服务的领域，培养开发西部所需要的各类技术、技能人才和高素质劳动者，成为促进西部地区经济、社会全面发展的重要途径。

第三，改善西部教育设施，改善西部教师待遇，提高西部的教育水平，为西部及全国培养更多优秀人才。如前所述，西部教育设施严重落后，而仅仅靠西部政府的力量很难尽快得到改善，所以，通过对西部教育进行补偿可以很大程度上调动西部院校培养人才的积极性，最终推动全国的教育事业进步和经济发展。

简言之只有解决好西部教育产权损害，通过实施国家的教育补偿制度，才能逐步恢复西部地区教育的元气和调动积极性。这样既能保证包括人才在内的生产要素的自由流动实现东、西部地区的双赢，又不至于仅仅是"孔雀东南飞"，而是达到"飞入寻常百姓家"的良性循环态势。

第 5 章
西部国防装备工业的外部性损害与产权保护

建国后，国家在"一五"、"三五"、"四五"期间均将西部作为国防工业的重点，在此投下巨资，建立起庞大的国防科技工业体系。这些门类齐全、设施完备的国防科技工业曾为我国的国防安全做出了卓越贡献，也曾带动了西部地区经济的发展。但是国防科技工业的外部经济性特征，也限制了西部国防科技工业的自我发展能力，影响了国防科技工业对西部经济发展的应有推动力量。在西部大开发的大潮中，作为西部特色产业与支柱力量的国防科技工业，也面临着摆脱困境、走出低谷的境况，因此首当其冲需要解决的问题就是要克服西部国防科技工业的外部性产权损害，重振西部国防科技工业的辉煌。

5.1 建国后西部国防科技工业发展回顾

新中国建立后的"一五"计划期间，我国把苏联援建的 156 项工程和其他限额以上项目中的相当大一部分摆在了工业基础相对薄弱的内地，这些项目为西部及新中国的工业奠定了基础。1959 年西藏反动分子发动的武装叛乱平息后，印度当局一些人对我国西藏少数人的民族分裂活动采取或明或暗的支持。1962 年 10 月，在中印边境东、西两段，印度军队向我国发动大规模武装进攻。同时，美国在台湾海峡派驻军舰、飞机不断侵犯我国领海领空，并支持国民党当局袭扰大陆。甚至在 1961 派遣"特种部队"进入越南，直接威胁我国安全。而在苏共二十二大后，随着中苏关系的进一步恶化，中苏边境争端事件不断升级，苏联政府在边境地区增派军队达 54 个师近百万人，战略导弹也指向我国的重要设施。这些情况都对我国的国家安全造成了巨大威胁。

1963年9月5日—27日，中央工作会议在北京召开，会议确定了"按解决吃穿用、加强基础工业、兼顾国防、突破尖端技术"的次序安排经济计划。1964年6月6日，毛泽东在中央工作会议上讲话时重申了"农业是一个拳头，国防是一个拳头"，即"两个拳头"的精神，指出：只要帝国主义存在，就有战争的危险。依据中共中央提出的"备战、备荒、为人民"的战略方针，"三五"计划立足于战争从准备大打、早打出发，积极备战，把国防建设放在第一位加快三线建设。所谓"三线"是按中国地理区域进行划分的，即沿海和沿边疆的省、自治区为一线，全国战略大后方的省、自治区为三线，一、三线之间的地区为二线。三线又分为两大片，一是长城以南、京广线以西的地区，包括云南、贵州、四川三省的全部或大部分及湘西、鄂西地区的西南三线；二是包括陕西、甘肃、宁夏、青海四省、自治区的全部或大部分及豫西、晋西地区的西北三线。随着国内外形势的变化，加快"三线"建设，加强国防，被放在了越来越突出的位置。国家预算安排的基本建设投资为850亿元，比最初计划减少150亿元，其中国防工业和重工业的投资占60%，计划拟安排大中型建设项目1475个，其中国防工业项目98个。

"三线"建设中，在基本建设投资结构的安排上，首先满足国防工业和交通运输关键项目的需要。对国防工业按照"小而全"的有限目标进行安排。在工业基本建设投资中，国防工业和科研投资占到25%，累计达280亿元。其中，1965年—1975年为200余亿元，占同期"三线"地区基本建设预算内投资的18.6%，占同期工业基本建设投资的1/4，先后建成297个工厂，42个研究院(所)，形成了年工业产值130亿元的生产能力。主要包括：以重庆为中心的常规兵器工业基本体系，不仅能够大批量生产轻武器，而且能够生产相当数量、技术先进的重武器；分布在四川、贵州、陕西等地的电子工业基地，已经形成了生产门类齐全、元器件与整机配套、军民品兼容、生产与科研相结合的体系；四川、陕西的战略核武器科研生产基地，已形成比较完整的核工业科研生产系统，具有相当的科研生产能力；贵州、四川、陕西、鄂西北等地的航空工业基地，新建和扩建了125个项目，这些项目占全国总生产能力的2/3；航天工业是国防工业的尖端，建有96个项目，形成了比较完整的战术导弹和中、远程运载工具的科研基地，建成了具有世界先进水平的发射中心。始建于1965年的试验和发射中心，已经形成了一个试验设备配套、研究手段齐全、技术力量雄厚的研究试验基地，成为我国航空、航天等飞行器以及风洞工程研究与发展中心。到1975年，"三线"地区国防工业的固定资产原值、净值、主要产品生产能力、技术力量和设备水平都已超过一、二线地区，大大改变了国防工业的布局状况。①

5.2 西部国防科技工业的现状

5.2.1 国防科技工业取得的辉煌成就

国防科技工业是国民经济发展和科学技术现代化的重要推动力量。50年来，在以毛泽东、邓小平、江泽民同志为核心的三代领导集体的领导下，经过几代人的艰苦努力、顽强拼搏，我国国防科技工业从小到大、从弱到强，取得了举世瞩目的成绩。建立了独立的比较完整的国防科技工业体系，掌握了一批尖端武器技术，生产了大量武器装备，为壮大国防实力，捍卫国家主权，奠定了坚实的物质基础；满足了我军由单一陆军发展成为包括海军、空军、第二炮兵和其他技术兵种在内的合成军队的需要，成功掌握了原子弹、氢弹、导弹、人造卫星和核潜艇技术，使我国成为世界上为数不多的几个独立掌握核技术和空间技术的国家；国防科技工业军转民取得重要进展，初步形成了一批高科技产业群，形成了一批市场知名品牌和企业，为发展国民经济，增强国家经济实力做出了重要贡献：民品产值占总产值的比重由1978年的不足10%提高到目前的80%左右，已能生产50余大类，约1.5万种产品；取得了一大批科技成果，培养造就了一大批具有较高水平的科技人才，为推动我国科学技术进步发挥了重要作

---

①董辅：《中华人民共和国经济史》，经济科学出版社1999年版，541页。

用。仅 1985 年以来，获国家科技进步奖特等奖 29 项，一等奖 154 项，国防专用科技进步奖 1619 项，国家技术发明奖一等奖 8 项，二等奖 65 项，国防专用发明奖 685 项。①

5.2.2 "三线"建设遗留的问题

50 年的艰苦创业，国防科技工业虽然取得了辉煌的成就，但是随着改革开放的深入与西部大开发号角的奏响，多年来累积在国防科技工业内部的问题也日益暴露出来。

由于"三线"建设是在"文化大革命"的政治环境中展开的，在取得重大成就的同时，也出现了严重的偏差、失误，产生了一些不利后果。在不断加强战备的背景下，建设规模越铺越大，战线越拉越长，以至超过了国家的经济实力。1969 年—1971 年，新建和内迁的大中型建设项目达 1000 多个。由于资金、设备、原料难以到位，造成一部分工程只好中途下马，有些项目则长期不能投产，造成了一定的经济损失。1967 年—1976 年，由于受到多方面干扰，我国的国民经济增长缓慢，庞大的基本建设规模是通过提高积累率、紧缩人民生活来实现的。1967 年—1976 年平均积累率为30.1%，最高的 1971 年达到 34.1%。1976 年与 1966 年相比，国民收入增长 62.1%，基本建设投资增长 79.8%，再加上人口增长因素，全国居民人均消费水平只提高了 20.8%，平均增长不足 2%。"三线"建设将重工业特别是国防科技工业摆在突出位置上，10 年来累计的重工业投资占基本建设投资的 49.9%，且这些投资集中于西部地区，回收期长，效益低下，造成了国民经济一定程度上的被动。而在国防工业内部，比例也不协调，表现为机械加工能力增长过快，到 70 年代末，"三线"地区主要机械工业产品累计新增生产能力大致相当于 1965 年机械工业全年的产量，造成能源、原材料供给的短缺。②

---

①刘积斌：《波澜壮阔铸就举世辉煌 同心同德再担神圣使命——中国国防科技工业 50 年回顾与展望》，《中国兵工》，1999 年第 10 期。

②董辅：《中华人民共和国经济史》，经济科学出版社 1999 年版，542 页。

5.2.3 "三线"建设对西部地区的影响

"三线"建设是作为战备工程进行的,在"准备打仗"的浓厚氛围下,过分突出战备因素,忽视了客观经济规律,投资收益差,没有发挥应有效用,给西部地区造成了一定的负担。"三线"建设的有些项目,不讲资源的合理利用,不顾产业结构配置是否合理,这就导致了今天西部很多地区的资源被无限度开采,直至采掘一光。而产业结构过于单一,无法与市场经济有效衔接,无法适应市场规律和实现资源的合理配置。在建设中取消必要的基建审核程序和成本核算,其结果是花费了大量基建投资却没有建成与这些投资相称的基建设施,因此产生的维护与修缮问题,由于后来中央财政支持的下降,也逐渐转移到地方政府头上,这无疑加重了西部地区的负担。"三线"建设按照"靠山、分散、隐蔽"的方针布局,使国防科技工业企业远离城市,远离交通要道,远离经济中心,分散在深山大沟里,生产协作与管理极为不便,职工物质、精神生活严重匮乏。为了解决这些问题,企业不得不自建商店、学校、医院等基础生活设施,这在一定程度上也冲击了当地的第三产业的发展,又将更多本应由地方政府承担的工作转嫁到国防科工业企业身上。

"三线"建设遗留的问题使得西部地区承受着比较大的压力,再加上改革开放后国家经济重心的东移,更使西部经济的快速发展遭遇比较大的阻力。西部工业经济的最显著特征就是国有经济比重大,国有经济的滞后发展制约了整个工业经济的发展。从固定资产利用效率来看,每100元固定资产投资于西部地区,实现年利税平均只有8.24元,云南省最高也不过31.39元,青海省最低只有0.23元;从资金利税率来看,西部地区平均为6.29%,除青海省特低为0.21%,云南省因烟草支持而特高为22.77%外,其他8个省区分别在3.46%(重庆)到7.81%(西藏)之间;从百元销售收入实现利润来看,西部地区平均只有2.31元;从全员劳动生产率来看,西部地区除四川(1.87%)较高外,其他省区分别在0.38%(贵州)到1.36%(新疆)之间。虽然1999年来,由于国家采取多项政策措施,国有企业扭亏增盈收效很大,但到1999年9月,国有企业亏损面仍达50%,其中西部地区亏损面最高为58%（很多集中在国防工业系统内），比东部的45%高出13个百分点。西部的重庆、四川、云南、青海、新疆亏损面分别为67%、58%、65%、61%和59%，大大高于全国平均水平。西部地区国民收入和积累能力差，主要体现在西部地区国内生产总额占全国国内生产总额比重上，人均投资额低，且国内生产总额与消费总额之差，占该地区国内生产总额比重即实际积累率远低于东部地区。1990年—1998年，全国国内生产总额年均增长11%，西部地区年均增长为10%，东部为14%，中部为11%。在1995年东、西部之间9740亿元的国内生产总额差距中，最终消费形成的差距为1717.8亿元，占17石4%；投资形成差距为6606亿元，占67.82%；净出口形成的差距为1415.76亿元，占14.54%。西部地区劳动者工资水平也较低，在列入西部大开发的12个省、市、区中，其城镇居民平均每年家庭收入，只有重庆市高于全国平均水平，其余11省、区均低于全国平均水平，其中城镇家庭收入最低的甘肃省只有4034.26元，相当于全国平均水平的74%，仅及全国最高水平广东的45%。由此也导致西部地区储蓄水平低下，1990年—1996年西部地区储蓄资金占全国的比重不足20%。这种低水平的储蓄能力进而又导致了西部地区自我积累能力的低下，从而影响西部地区经济大发展。尽管情况如此严重，西部地区的资金仍然严重流失，有调查显示，仅1992年西部银行就有20%～50%的资金贷到或拆借到广东、海南、山东等东部地区。[①]

出现上述问题，有一些原因是客观的。面对60年代特殊的国际国内环境，"三线"建设是必要的。即使到现在，出于应对国际局势变化的需要，"三线"建设所进行的国家战备资源布局，仍然是有其合理性的。但也有一些原因是人为的。在60—70年代末的纯计划经济时代，分配上的绝对平均主义掩盖了个人实际的劳动贡献，完全的国家所有制也抹杀了区域利益及个人利益之间的差别。改革开放以后，产权多元化及区域（包括个人）利益差别的显露，就使得产权区分成为一个突出问题。但我们对国防科技工业

[①] 王文长、李曦辉、李俊峰：《西部特色经济开发》，民族出版社，2001年版。

的产权界定仍然困袭传统的思路。因而，国防科技工业的投资义务人发生错位，国防科技工业的产品认定出现扭曲，导致国防科技工业的外溢收益没有回流机制。地区、企业和劳动者的产权利益遭受一定程度的社会侵蚀。对于西部地区而言，由于国防科技工业的区位集中，其危害自然也首当其冲。

5.3 关于西部国防科技工业的外部性损害

从西部地区的发展现状可以看出，西部地区远远落后于东部地区，而作为西部地区支柱产业的国防科技工业无疑会受到地区经济的影响，其所面临的困境也更为艰难。由于改革开放以来，世界形势的相对稳定，国家战略重点转向经济建设，因此军品订货大幅度减少，生产力闲置，国防科技工业面临着投资主体单一、理念落后、结构不合理、效益低下、许多建设项目长期不能为国家和企业创造利税等问题。国防科技工业作为公共物品——国防安全的主要创造者之一，除了国家直接投入大量资源进行生产外，西部地区的大量区域性资源也参与其中，并与国家所有资源一起共同完成公共物品的生产。当地区资源替代国家所有资源[①]被用于公共物品生产时，其所形成的地区资源转移的外部性影响必然对地区产权构成侵害。

国防科技工业的外部性影响主要有以下几个方面。第一，国防科技工业的最终产品——国防安全作为一种典型的公共物品，其基本特征就是"搭便车"消费。消费者并不需要为其消费支付价格，是一种完全外部性产品。这种完全外部性产品应由国家提供全额资源投入，但当国家投入不足，而由地方资源补充投入时，其完全外部性即被分割为两部分：由国家所有资源提供的外部性和由地方资源提供的外部性。西部地区作为我国国防科技工业的集中生产地，其资源投入显然要大于其他地区资源的投入，

[①] 作者认为国家所有资源与地区所有资源应存在一定区别。虽然从其概念上看都属于国有资源，但过去有"全民国有"与"地方国有"的划分，这就说明二者之间存在区别。这种区别主要表现在这两类资源的来源与服务对象存在着一定的差异。因此，不能将二者完全等同。

因此必然发生地区资源的净外部性转移。第二，我国国防科技工业的发展实践反映出国防科技工业的一个重要特征是投入多，产出少。其中投入多表现在两个方面：一是直接产品产出率低，一是产出在很大程度上不能得到一个正常的交换价格。之所以出现这种情况是由国防科技工业的特殊性所决定的。为了建立起强大的国防，要求国防科技工业必须超前创新，追踪世界军事工业的最新发展，其创新技术并不需要直接外化为实物产品，表现为直接产品产出率低。作为非产品状态的创新技术也不可能存在一套市场定价系统，即使是具体的实物产品，作为公共物品的中间状态也不可能得到正常的市场价格回报，这就意味着国防科技工业是纯释放外部性的特殊部门。但具体到生产企业，如果国家不能按创新技术和具体军工产品形成的实际成本给企业以充分补偿，其差额部分等于是转由企业来负担，企业付出了资源却无法从市场上取得正常的价格回报，也得不到国家的完全补偿，企业成为外部性的实际承担者。企业承担了外部性，必然表现为企业资源发生了净转移，企业产权遭致损害。第三，国防科技工业的外部性还表现为"投入闲置"的必然性上。按一般理解，投入闲置即意味着资源过剩，配置不合理，缺乏经济效率，但并不意味着必须摧毁所有的军品生产能力。为了保卫国家安全，维护祖国统一，保存一定的国防生产能力是非常必需的。为此，要求配置一定的资源（劳动、资本）等生产要素，作为战备之用。所以，虽然闲置，仍是有限度的闲置。但因为这种投入闲置并不形成直接经济效益，没有直接的价格表现，也就很难得到一个正常价格，付出资源——形式上表现为"闲置"，不能得到合理的价格回报，等于是为国家、为社会做出了无私奉献，提供了一种积极的外部影响。

国防科技工业的外部性中由西部地区承担的部分对国家、对社会是有利的，但对企业本身，对国防科技工业集中的西部地区而言，外部性引起的地区利益净转移，必然对地区产权构成一种削减力量，损害到地区局部产权的完整性。第一，对国防科技工业劳动要素的产权损害。劳动要素的产权，其实体内容也即劳动要素的价格体现，表现为收益或工资。劳动要素的收益（工资）具体可划分为两部分：一是基于政策规定的基本工资，一是体现企业收益的奖励工资,包括奖金、补贴和各种福利待遇,也可以叫效益工资。就工资的实际运行看,民生产业的效益工资在正常情况下一般都在工资构成中占很大比例,甚至远远高于基本工资。但国防科技工业企业由于前述的特殊性,其生产过程主要表现为技术创新过程和战略资源储备过程,虽然这两个过程在事实上构成国家安全的重要内容之一,但一国国防安全的增减并没有一套利益量化机制,并以此来确定其效益价值,这就使得奖励工资缺乏一个确定性的量化依据,在物质产出不明显的情况下,往往给人一种没有效益的直观错觉。这就决定了国防科技工业的劳动要素在得到政策性基本工资之外,奖励工资的数额一般都很小,大多数企业的奖励工资也多源于各种形式的民品生产加工。劳动要素的这一部分也无法得到相应的价格回报,发生劳动资源的净转移,削减了劳动要素的完整产权。第二,对地区其他产权的损害。按照产业区域配置理论,一般情况下,产业的配置必然带动地区相关产业的发展。但因为国防科技工业固有的封闭性,与其他产业之间的关系被人为割裂,影响其对地区产业发展的示范、带动效应,并在事实上形成了国防产业和民生产业互不关涉的二元经济结构。这种结构的存在造成地方得自国防科技工业的外部性影响——对地区产业发展的积极作用十分有限,而地方的相关资源,诸如水、电、路等基础设施却被国防科技工业无偿使用或低价使用,导致地方投入资源,但不能取得完全的经济补偿,发生地方资源的净转移,对地方相关产权构成侵害。

  国防科技工业对地区产权的侵蚀,是构成地区经济落后的原因之一。一是地区参与其中的各种经济资源不能取得正常价格,特别是地区劳动要素投入不能取得正常的工资收入,对地区人民收入产生了一定程度的消极影响。二是导致地区财政受到很大制约。因为地区财政资源大量替代国家资源被用于公共物品的制造,加之国防科技工业与地方财政的关联度小,地方源于国防科技工业的收入有限,造成围绕国防科技工业的地方财政收支明显不平衡。收入小于支出的状态严重制约了地方的财政能力,以及地方财政对增加人民收入、推动地区经济增长应有的贡献。三是由于国家没有一套有效的机制促使国防科技工业的外部影响内部化，经费投入明显不足，加之合理的国防资源储备在形式上表现为"资源闲置"，既影响地区资源的合理配置，也增加了地区的就业压力和地方财政的转移支付能力，进一步降低了地区经济总量和平均收入水平。

5.4 国防科技工业的外部性克服与产权保护

5.4.1 以国家补偿的方式克服西部国防科技工业的外部性

国防科技工业的最终产品——国防安全，是民族国家和全国人民的最高利益所在，处于国家公共物品的第一序列，必须优先保证其必要水平的供给。但实际情况是：中国目前及今后长时期内为公共物品的生产提供成本的预算内外财政支出在国内生产总额中所占的比例很低（2000年为20%），不足西方发达国家的一半（1995年经济合作暨发展组织国家平均为42.6%，其中英美两国分别为54%和42%，1996年法德两国均为57%）和西方典型福利型国家瑞典的1/3（1996年为71%）。[①] 面临此种情况，我国要发展西部地区，必须先为西部地区承担的公共物品生产提供足够的财政支持，而作为西部地区支柱产业的国防科技工业更应该是这种支持的重中之重。

围绕以国家补偿为核心的国防科技工业的外部性克服与产权保护，首先应解决两个问题：一是对国防科技工业不能单纯以生产率高低作为衡量标准。因国防科技工业作为中间公共物品的生产者之一，其着重在于科技创新和军事资源储备两个方面。而科技创新与军事资源储备本身并不存在一个效益量化系统和市场价格标准。作为公共物品，应由国家无代价投入进行生产。所以，不能以企业实物生产率高低作为非国家生产要素价格回馈的标推，而应以要素市场价格作为要素收益供给标准，克服非国有生产要素投入而无足够收益的产权扭曲现象。二是应区别国家补偿与国家投资的界限。国家作为公共物品的唯一供给者，其投资于国防科技工业领域完

[①]《1998年世界发展报告》，中国财政经济出版社1999年版，第44页。

全是国家义务的必然体现。而国家补偿则是基于前述外部性分析,对非国家资源参与公共物品生产时,在其收益不能充分实现的情况下,为了避免造成不必要的非国家资源产权的损害,而做出的合理补偿。

在国外开发落后地区的历史中都可以找到国家补偿的先例,如:英国1938年将全国要刺激发展的地区分为四个类型(中间区、发展区、特别发展区、北爱尔兰区)。同样投资项目,在不同区域内获得税务优惠不等,越不发达地区,对投资高的补偿就越大,避免发达地区投资过于拥挤。此外,欧洲共同体为开发落后地区采取的优惠政策包括利息补贴、优惠贷款、税收减免、加速折旧、投资补贴、政府采购合同、价格补贴和就业机会奖金。而美国联邦政府为支持落后地区的经济发展,对在经济开发区投资并且符合条件的项目提供大约1/3的投资补助。

(1)国家对西部国防科技工业进行补偿的经济学依据

根据西方经济学家所阐述的公共物品原理,所谓公共物品(英文为Public goods,其意为公众的货物,由于对词义理解不同,相应的中文有的译为公共产品,公共财物,公共财货,公共商品,最近又有人译为"公共善","公益物品"),是具有消费上的非竞争性和非排他性,且其直接成本和直接收益与全部成本和全部收益不对称——或直接成本低于全部成本而发生成本外溢,或直接收益低于全部收益而发生收益外溢,因而通过市场机制难以实现最佳提供——成本外溢的提供过多,收益外溢的提供不足,从而需要有代表公共利益,适用公共选择机制的社会组织提供的物品。根据防止成本和收益外溢,或称"负的或正的效益外溢性"原理,凡是收益范围为全国人民的公共物品,其责权无疑就属于中央级国家机构,相反,凡是收益范围限于某一级地方辖区公民的公共物品(如城市供排水、供热、供电、交警、消防、绿化、公园、图书馆、市内电话等),其责权就属于该一级地方政府。如果所有公共物品的收益范围情形只有这两类,公共经济责权的纵向划分将十分简单,即,只要按照公共物品的收益范围相对应划归不同层级的政权机构即可。但是,由于各种原因,许多非常重要的公共物品(如教育、传染病防治、市场环境秩序、生态保护、打击犯罪等)简单的按照行政辖区划分经济责权,将不可避免的发生负的或正的效益外溢,这是公共经济责权纵向划分的难点之一。解决这一难点有两个可供选择的方案:其一是将提供这一公共物品的责权上移到不再发生效益外溢的那一层级政权机构,但却会发生上级政权机关做出的普遍性决策与具体情况不同地区的实际需要相背离,因而妨碍效率的可能性。其二是由直接受益的地方政府承担这种公共物品的提供责任,而上一级政府对承担提供责任的地方政府给予必要的成本补偿或利益激励,同时上级政权机构必须掌握对该公共物品提供标准的决策权和监督权。根据物质利益关心和尽可能实行民主自治的原理,对成本易于测算与控制的公共物品通过采取后一种方案来处理公共经济责权划分问题,而对效益外溢程度特别大的公共物品则倾向于采取前一种处理方案。① 而国防安全无法划分到任何一类中,首先因其产品的特殊性,而致其成本不易于计算和控制,同时作为贡献于全国的公共物品,其效益的外溢性又特别巨大,于是对其可采取的处理方案是采取上述两种方案的折中,即对其公共责权的分配方案应是:首先,将提供国防安全的责权上移到不再发生效益外溢的那一层级政权机构,这里显然只能是中央政府;其次,再由中央政府对承担相应公共物品提供责任的地方政府给予必要的成本补偿或利益激励。也即对于国防安全这一特殊公共物品其提供责任应集中在中央政府手中,又因为不同地区承担直接提供责任,譬如西部地区承担了相比其他地区更多的责任。因此可由中央政府对西部地区政府予以合理补偿。为了克服公共物品效益外溢性,兼顾效率与公平,必须明确财政支出责任与公共经济责权配置的一致性原则。推而广之,即必须明确国防科技工业的财政支出由中央政府负担。同时,因为国防科技工业的效益外溢性,只有在得到上级政府给予适当补偿的情况下,其生产的公共物品才能在数量和质量上实现最佳提供,这也符合纠正效益外溢性的成本补偿原则。

  任何一个现代国家,只要有不同层级的政府机构,并且存在着区域间

---

①齐守印:《中国公共经济体制改革与公共经济学论纲》,人民出版社2002年版,第124页。

经济发展水平方面的较大差距,由于高一级政府承担着解决下一级政府提供公共物品效益外溢性问题和平衡地区间经济社会发展的责任,事实上都必将存在不同形式的政府间转移支付。在规范的政府间财政收入初次配置格局下,由于分配给同一层级政府的收入是统一的,同时按照不同地区公民基本生存与发展权利平等的原则要求,配置给不同地区政府的公共物品和财政支出责任是大体相同的。但由于诸多因素,特别是经济发展水平差距的影响,各地区政府在相同的征收努力之下所获取的财政收入量不可避免的产生差距,这样就产生了财政收入能力不同的地区政府履行大体相同的公共物品提供责任和相应的财政支出之间的矛盾。改革开放以来,我国执行了一条投资向东部地区倾斜的政策。中央财政投资的安排明显倾向于东部地区,这在一定程度上也是造成西部地区落后的主要原因之一。例如:在整个"八五"期间,中央财政投入到西北五省(区)的资金总额还不及广东一省得到的投资额。1998年基建投资中,项目在东部地区的投资为1641.92亿元,而西部仅为711.26亿元,是东部地区的43.3%。资金是经济发展的第一推动力和持续推动力,其流向能引导其他资源的流动与配置,从而带动一个地区经济发展。资金不足,且投资乘数作用较小,西部地区的国防科技工业势必发展艰难。

(2)国家对西部国防科技工业补偿的具体措施

①建立规范的财政转移支付制度

传统经济学认为,对国防科技工业的投入是国家财政的再分配,是用于国家安全防卫的纯消耗产业,与经济发展直接负相关。而从全球来看,国家集团冲突是不可避免的,而武力冲突的表现必将是以国防科技工业的产品输出和消耗为依托。对于输出国来讲,是一国国防科技工业产品的国际商品化、海外市场化,直接拉动该国经济的发展,呈直接正相关。在阶级与国家客观存在的今天,国家安全是国内经济发展的大环境,军事力量是一国立足于世界的根本,任何一国的国家防卫都不能放松,因此对国防科技工业的投入也是十分必要的,且可体现出产业链的后关联效应,即对化工、机械、钢铁等产业的一定拉动作用,表现出国防科技工业与经济发展的间接正相关。对于西部地区来讲，军工投入的增加在某种意义上就等于中央财政转移支付的增加，应追求其与区域经济发展的间接正相关作用。

西部地区财政收入较低，却承担了大量的公共物品生产责任，尤其是国防安全的提供责任。为了克服西部地区公共物品外溢性问题，最可行的途径就是中央政府通过纵向财政的转移支付对过多承担国家安全提供责任的西部地区地方政府给予不同形式、不同比例的资金补偿。财政体制改革的第二步是建立规范化的财政转移支付制度，其中一个重要目的就是援助不发达地区，缩小地区之间过分悬殊的发展差距。因此实施西部大开发，政府在缩小东、西部地区经济发展差距方面的作用，应主要通过财政转移交付制度来实现。1. 从实现政府间转移支付制度的"政治社会保障功能、宏观经济调控功能、促进发展与效率的激励功能"，同时参照市场经济国家长期实践经验，以及强化中央政府的宏观调控能力，缩小地区经济差距出发，应实行"财政贡献与经济贡献成比例"政策，废除1993年实行的"按原财政基数返还"的做法。根据人均GDP水平的高低实行有区别的财政转移政策，人均GDP水平高，中央财政援助额低，反之则高。使财政转移支付的构成，在保证转移支付资金占财政支出比重不变的情况下，逐步增加专项补助资金比重，加大有条件地区援助西部国防科技工业基础设施建设和开发人力资源的力度。2. 国家对西部地区的政府间转移支付形式应为经常性专项补助。其分配依据和方法是：属于上级委托事项的专项补助分配数额，要根据委托事项的直接成本计算确定。无配套条件要求的专项补助资金分配数额，要按照各种保障性公共物品提供水平达标缺少的数量和受援地区该项公共物品的单位成本计算得出。有配套条件要求的专项补助资金分配数额的计算，不但要测算出受援地区改善性公共物品提供的资金需求量外，还要根据受援地区不同的人均财力水平确定有差别的资金配套比例。据此，除了对于兵器等公共物品的生产要拨付足额款项外，在国防科技工业的高技术转化过程中也需要中央财政的支持，包括进行科研的启动资金、设备的添置、人员的培养、后勤服务等一系列问题。

②加大对西部地区的税收优惠

要激发经济主体在西部地区投资的积极性,唯一的办法是使其能够获得比在其他地区投资更高的净投资收益率。由于西部地区的地理环境恶劣,在西部地区的投资费用支出过高,相应的税收收益率较低。要提高在西部投资的净收益率,关键要给予西部地区更优惠的税收政策,使潜在的投资者有能力向西部投资。在已有的财税体制的基础上,建立专门的西部开发财税体制,中央与地方政府财税返还、体制补助和专项补助都要相应增加。对设在西部地区的国防科技工业中刚刚起步、又关系国计民生的民品生产企业,一定期限内减免征收企业所得税,对国防科技工业中的民用高新技术产业及与外商合作的产业及优势产业的项目在投资总额内进口自用先进技术设备时,适当减免征收关税和进口环节增值税。对西部地区的国防科技工业企业实行更加优惠的边境贸易政策,在出口退税、进出口商品经营范围、进出口商品配额等方面,放宽限制。

加大对西部地区的税收优惠,矫正原先对东部地区的税收优惠倾斜,降低西部地区国防科技工业企业的生产成本。2000年初,国务院公布了中、西部地区可以享受东部地区外商投资的税收优惠。但这并不能从实质上改变东、西部竞争的不平等地位,为此,有必要采取以下措施。1.借鉴历史经验全面降低西部地区的税收负担,对在西部偏远地区的、有内外商投资的国防科技工业企业在获得盈利前和盈利后的若干年内实行零税率政策,"历史上许多朝代都给西部地区以指令性优惠政策。如元代在西北屯田,'无力者给以牛具、农器',明代屯田西北也实行'永不起科'的政策。清代鼓励湖广等省移民入川垦殖,先是3至5年才起科,对于山地则6至10年才起科,有些地方甚至'水免起科',官府还发给牛种、口粮等。"通过大幅度的税收优惠,以克服西部地区投资环境差对企业盈利的消极影响,矫正因环境性价格效应引起的东、西部企业的不平等竞争地位。2.调整中央与地方的共享税比例,对西部地区的共享增值税比例可以调整提高到44%,对偏远、条件差的地区甚至可以"五五分成",即中央、地方各占50%,使地方政府能从对国防科技工业企业民品销售缴纳的所得税中获取一些收益。3. 因军工企业的生产必须利用当地的一些稀缺资源，因此，可适当加大资源税的税档差距并扩大资源税的征收范围，增加的收入归地方财政，用于军工企业的环境保护和提高军工企业的社会保障水平。增加的资源税转嫁至加工环节，通过提高加工业的效率予以消化，以克服西部地区资源性行业产品价格的剪刀差效应。

③价格政策适当向西部倾斜

长期以来，中西部地区的能源、资源和原材料价格受国家严格控制，一直偏低，影响了西部地区资金的积累和经济发展。为了调动各方面向西部地区基础设施、基础工业投资的积极性，建议国家适当提高能源、资源型原材料及初级产品的价格，以加强西部地区自积累能力，同时价格的提高也是吸引东部资金参与这些行业投资的重要手段。在具体操作上，对军工企业生产的民用产品的销售上，可以由国家物价局在合理限度内制定较高标准，尤其对于军转民的高新技术产品可以规定保护价格。而对于西部地区内为军工产品制造提供初级品加工和配套零部件生产的厂家的产品，可以核定一个稍高于其原来标准的价格，以逐步割断西部军工对东部产品的依赖性。

5.4.2 通过对西部国防科技工业的自身改革克服其外部性

要克服国防科技工业的外部性损害，还应从国防科技工业企业自身做起。因为单方面依靠国家的补偿，势必又使国防科技工业企业重蹈覆辙，重新走"等、靠、要"的路子，自身不做任何努力，长此以往，不仅会使国防科技工业企业，举步维艰，与市场经济严重脱离，更会进一步增加西部地区的负担。因此，我们务必做好国防科技工业自我创新的工作。

坚持军民结合，大力发展民品，是党的三代领导人对国防科技工业发展的一贯要求，也是国防科技工业发展的客观规律。当前军工经济形势十分严峻，全行业亏损的局面还没有根本扭转，军工企业生产经营状况和经济效益普遍较差。近年来，军工工业企业亏损面在40%以上，而兵器工业则高达80%，一大批老军工企业负债累累，资产负债率普遍超过80%，这严重制约了以武器装备现代化为主要标志的国防现代化的进程。国防科技工业的发展特别是高科技项目的研制需要投入大量人力、物力、财力，而我国目前投入国防科技工业的军费开支严重不足。据《2002年中国的国防》白皮书披露：中国年度国防费占同期国家财政支出的比例1979年为17.37%，2001年为7.65%，2001年与1979年相比，下降近十个百分点。2000年、2001年中国年度国防费分别为1207.54亿元、1442.04亿元人民币。2002年国防费预算为1694.44亿元，占同期国家财政支出的比重分别为7.60%、7.65%和8.03%。增加的国防费主要用于增加军队人员生活支出、建立和逐步完善军人社会保障制度、增加军队维持性支出、配合国际社会打击恐怖主义袭击等，真正用于国防科技工业建设投入的少之又少，向西部的国防科技工业投入就更少了。

解决军工行业当前存在的问题，实现扭亏脱困目标，必须把发展军工经济，特别是大力发展民品摆到极其重要的位置。根据《国民经济和社会发展第十个五年计划纲要》，国防科技工业军转民"十五"计划纲要总的指导思想和要求是："坚持军民结合，寓军于民，大力协同，自主创新的战略方针，以市场需求为导向，以结构调整为主线，以改革开放和科技进步为动力，以提高军工整体效益为中心，以信息化带动和提升传统产业的发展，优先发展军工主导产品，大力发展军工支柱产品，择优发展优势民品，积极发展高科技产业，努力培育新的增长点"。要做好这项工作必须从以下几方面入手。

第一，牢固树立市场观念，把市场作为民品发展的出发点和落脚点。民品发展必须始终坚持以市场需求为导向，必须适应市场竞争的要求，下大力气改变军工企业"国有老大"的思想观念，切实加强市场预测、分析和经营策略研究，充实市场营销队伍。国防科技工业企业要放下架子，变被动为主动，不能坐以待毙，争取融入市场经济的运作中。

第二，进一步解放思想，不断深化改革，推进国防科技工业体制、机制和管理创新。1. 大力推进投资主体多元化：军工民品大多数处于竞争性领域，今后发展不能都依靠国家投资，其自身积累能力又有限，必须用市场经济的办法筹措资金，开展有效的资本运营，广开筹资渠道。尤其是大力发展股份有限公司和多个投资主体的有限责任公司,并争取上市。2. 大力推进有条件的单位实现军民分线、分离、分立。根据军品任务的不同特点,实行军民品分线、军民品单独核算和分开管理,有条件的民品项目要剥离出来,组建独立的公司参加市场运作。3. 大力推进资产重组。按照专业化协作和规范经济原则,以重点骨干企业和优势企业为依托,以资产为纽带,以名优产品为龙头,通过改制、联合重组、兼并、参股等多种形式,积极推进集团化、规模化和产业化。大力推进企业内部改革,进一步深化企业内劳动用工、人事、分配三项制度的改革,切实抓好减员增效工作,精干主业、降低成本,提高产品竞争力,有条件的企业可以探索企业经营者年薪制、股票期权制、经营者和职工投资入股、科技成果入股等办法。大力推进管理创新,向管理要效益,切实加强财务管理,加强成本费用核算制,培育企业的成本优势,重视产品质量,搞好质量认证,完善售后服务体系,加强安全生产管理,消除安全隐患。

第三,切实加强自主创新,提高企业市场竞争力和持续发展能力。1. 要抓紧建立以企业为主体的技术创新体系,要认识到技术创新工作的战略意义,加快企业技术开发机构建设,建立和完善企业、研究院所、高等院校以及政府、中介组织之间的分工合作关系,加大开发研究投入,逐步提高研究开发费在企业销售收入中的提取比例。2. 要加强产学研结合,加快军工科研院所改革转制步伐。进一步拓宽科研生产结合的途径,推进科技成果转化和高技术产业的进化进程。开展多种形式的联合和合作,将高等院校、科研院所和研发力量较差的企业作为高技术产业的"孵化器"。建立和完善国防科技工业知识产权管理制度,加速科技成果的转化。3. 坚持"两条腿"走路的方针,处理好自主创新与对外引进的关系。通过多种形式引进国外先进的关键技术,加强消化、吸收和创新,提高产品竞争力。

第四,大力推进社会化协作,进一步优化资源配置。根据江泽民总书记关于军工企业要搞"哑铃型",而不是搞"橄榄型"结构的重要思想,推进社会化大生产关系和专业化协作。凡是生产最终产品的企业要着力掌握产品的开发技术、核心制造技术和产品总装、总测和营销服务,抓好关键部件的生产，中间的加工制造尽量利用社会力量进行专业化协作。另外，有效利用企业现有生产能力，积极承担其他企业产品的协作配套加工生产任务。同时要发挥本企业优势，发展专业化科研生产能力，形成一批具有拳头产品和较高市场占有率的专业化"小巨人"企业。

第五，积极参与国际竞争，进一步提高对外开放水平。1. 要进一步发展对外贸易，积极扩大民品出口。要立足于国内国外两个市场，特别要开拓国际市场和发展跨国经营，优化出口商品结构，提高高新技术比重，形成出口基地。2. 要努力引进国外先进技术，扩大利用外资规模，提高利用外资的水平。可以建立中外合资或合作的高技术产业和民品开发机构。3. 贯彻"走出去"的战略，有步骤地组织和引导有条件的军工单位到国外开展经济技术合作，建立组装加工点或投资办厂。探索同国内有关单位组成"联合舰队"，承揽技术含量高、能带动国产设备、技术和劳务出口的国际总承包工程项目。4. 将国际化大协作作为民品发展的重要措施，积极参与国际分工协作，对于一些国内技术不过关价格昂贵的配件和零部件，充分利用进口或与国外合作生产供应。

第六，正确处理"保军与转民"的关系，在抓好军品任务的同时，全力抓好民品生产。集团公司要充分发挥好作用，改变"厂自为战"、"所自为战"的状况，加强与各地方政府的联系，推进各种形式的科技合作，加速国防高科技成果的转化。

第八，培育国防科技工业与区域经济发展的共生机制。

我国庞大的国防科技工业群散落于中、西部地区，国防科技工业要与西部大开发有机协调，培育国防科技工业与区域经济发展的共生关系，这是发挥国防科技优势，带动地方经济发展的关键。(1) 打破国防科技工业运作的体制屏障。计划指令贯穿于国防科技工业运营的全过程，这种体制在保证军品生产的同时，也存在自我封闭，分工过细，军民分割的弊端。1999 年国家改革国防科技工业管理体制，撤销行业部委，组建 10 个国有独资的产业集团公司，初步引入竞争机制，实行军队装备采购制度，军工产品交易方式变计划统购为合同订货，走国防科技工业与国民经济互相促进，协调发展的新路子。(2)培育国防科技工业与区域经济共生的发展进程。实现军民有机结合，在确保军品生产的前提下，以民品生产带动地方经济发展；遵循市场规律，建立国防科技"寓军于民"的新体制。(3)以共生关系的培育来发挥国防科技工业在西部大开发中的带动作用。要将国防科技工业的发展纳入地方经济发展的大框架，积极争取国家国防投入的倾斜，充分发挥国防科技工业的科研优势和人才优势，获取其扩散效应，并将国防科技工业的民品开发和生产活动纳入地方经济发展的战略规划中，加大对国防科技工业高、新、尖的军民两用技术开发和应用，加强科技成果向市场转化；深化国防科技工业改革，创造其发展优势的体制条件，鼓励军工企业发展民用产品，允许军工企业与民品企业相互兼并，逐步向多元化、集团化发展；按照军民兼并，重点发展军民两用产品的思路培育新的经济增长点。国防科技工业专业技术实力强，不断的技术创新可以为经济带来更多边际效应，民品企业在竞争中市场阅历丰富，"技术＋市场"的互融机制可使军工技术有效提升地方经济的产品结构和附加值，达成共生的双赢效果。[①]

5.5 国防科技工业要结合自身优势，全面参与西部大开发

5.5.1 国外国防科技工业参与落后地区开发的经验

二战期间，美国政府在西部投入巨资，创办了许多军事基地。冷战时期，又继续在西部投入巨额的国防经费，这些投资为西部创造了大量的就业机会，刺激了西部地区人口的增长，繁荣了西部的市场。同时，由于资本、技术和人才的引入，导致了西部大城市产业结构的调整，使得国防工业逐步成为西部主导产业，并吸引了众多相关工业部门和企业迁往西部。战后，随着部分国防工业的军转民，以及制造业和服务业的迅速发展，西部产业结构日趋合理与完善，逐渐形成了独立的综合工业体系。此后60年代的科技革命催生了西部高技术产业及其与西部国防工业密切结合，进一

[①] 马红光：《培育国防科技工业与区域经济发展的共生机制》，《经营与发展》。

步促进了西部的经济发展。①

国防高科技本身具有高、尖、新的特点,是科学技术领域中先进性的典型代表。许多高新技术往往是在军事领域获得突破与应用,进而转为民用的。核能技术、航天技术、电子计算机技术和其他许多新材料、新工艺都是先在国防领域取得突破,运用于军事,而后才逐步转为民用的。

自20世纪70年代以来,美国、日本、西欧、苏联,以及发展中国家印度、巴西等国都先后制定了以开发高技术和发展高科技产业为中心的国家战略。这些战略无论是公开打出军事目的的招牌,还是举着发展国民经济的旗子,一个明显特征就是军民两个领域交叉发展,达到互相转移,共同促进,协调发展,以增强综合国力,提高在未来世界关系中的地位。

为了发展高技术,20世纪40年代以来,美国先后制定了三次以发展军事技术为龙头的高技术发展战略与计划。第一次是40年代的"曼哈顿"计划,第二次是"阿波罗登月"计划,他们分别以原子弹爆炸和美国宇航员登上月球为标志,其广泛效果则使得核工业与航天、电子工业为代表的新兴产业得到迅速发展,由此分离出来的产品导致半导体和计算机产业的兴起,直接促进了硅谷和"128号公路高技术产业带"的崛起。1983年3月13日,里根政府提出了重振美国军事实力的"战略防御倡议"(即SDI或称"星球大战计划"),其内容是要在空间拦截和摧毁战略弹道武器和航天兵器的"防御性计划"。90年代,克林顿公布的美国国防技术转移的战略中,把保护国防工业基础的重点放在开发军民两用技术上,以推动军工高科技产业化,促进美国经济增长。日本把军民两用的航天产业作为龙头,高度重视对空间技术的开发。1989年6月,西欧独占计划集团13个成员国的国防部长商定,发起并实施"欧洲长期防务合作研究计划",即"军事尤里卡计划"。通过加强联合、合作与一体化,发展国防高科技产业。印度、巴西也相继制定了发展战略,其中国防高科技及其产业占有重要地位,期望在世界性竞争中跻身于经济和军事强国之列。

---

①李京文:《美、日等发达国家开发落后地区的经验教训及对西部大开发的启迪》,《中国经济:"十五"计划预测与21世纪展望》,社会科学文献出版社,377页。

5.5.2 国防科技工业全面参与西部大开发

我国西部的国防科技工业在过去的几十年中，不仅创造了"两弹一星"为代表的民族高科技的辉煌，也为西部地区经济发展奠定了厚实的科技和工业基础，当前的西部大开发所处的环境，和过去西部地区三次大规模经济建设不同，和我国十几年前东部沿海地区开发的环境也不同。西部地区国防科技工业长期游离于区域经济发展之外，自成体系，自我封闭，很难使其技术优势和人才优势在区域经济中发挥增长极作用，同时也难获得较大的产业经济效益。当前，国防科技工业参与西部大开发，应当吸取历史教训，在民品发展上必须首先在战略上予以突破。按资源组合，协同发展的开放型战略，定位于西部区域经济发展的主脉上。在军品发展上，按照"小核心，大协作，寓军于民"的建设思路，集中力量搞好武器装备研制的总体设计、总装、总测和专用系统，一般军民通用零部件和原材料，要打破军品和民品的界限，扩大市场准入范围，通过竞争招标或择优安排，把新型武器装备的研制和配套生产，作为带动西部经济发展的重要方向。积极探索国防科技工业与西部大开发，与区域经济协调发展的有效途径。

一、搞好国防科技工业参与西部大开发的规划，使之成为国家西部大开发总体规划的重要组成部分。搞好国防科技工业参与西部大开发的规划，使之和区域经济协调发展，不仅可以避免和减少地方的重复建设，也将促进国防科技工业的结构调整，盘活军工存量资产和闲置资产，从整体上节约西部开发成本，提高开发效益，尤其是要把大力发展军民两用高新技术及其生产作为主要内容，对科技强军和西部地区产业升级，是互动双赢的。

二、采取"委部合作、委省（市、自治区）合作"的方式，组织和引导军工加入西部开发主战场。一是发挥军工的主体技术、设备和设施优势，军地共用开发运输飞机、直升机、通用飞机，发展地方航空运输业；利用军工试飞机场进行改造，参与西部地区支线机场建设网络等。二是组织军工企业参与国家和地方大型建设项目的招投标，为西部地区基础设施建设与资源开发承担重大技术攻关任务和提供先进机械工程设备。三是依托国家和地方高新技术开发区，或营造"虚拟园区"实行军地合作，建立军民两用技术开发中心和中试基地，在电信、通讯、生物工程、高效农业、环境保护、新能源、新材料等多个领域，促进高技术成果的转化。

三、采取"充分后合"方式，营造专业化经营集团，在"整合与搭链"中推进企业发展。目前军工企业摆脱困境的主要措施是在原有范围内实行军民分线和划小核算单位，分块搞活，将一个个民品单位分开、剥离，再同社会资源嫁接组合，或东西联合，或中外合作，形成新的多种所有制的专业化经营集团。

四、改三线军工企业搬迁为就地调整改造，促进西部地区小城镇建设迅速发展。一是对尚未搬迁的企业进行改造，结合地方交通建设规划营造新的城镇；二是利用已经迁出企业的旧址和设施，改造建设为新的物资集散地和旅游景区；三是可以依托调迁到平原地区的军工企业，扩大原有城镇范围和规模；四是对于"全转民"的中小军工业进行属地化管理，既可以增加西部地区小城镇建设，又能为国防科技工业结构调整开辟新路。

五、适当进行军品科研生产任务西移，扩大西部地区军工配套市场准入范围，以军工任务带动地方经济发展。按照中央建立"寓军于民"的国防科研生产的新体制的要求，结合西部大开发，适当将国防科技生产任务安排到西部军工企业和科研院所，同时对西部地区民用科技和工业能力进行调查，选择可研制生产一般军品分系统、军民通用的零部件和原材料的民用单位，颁发军工生产许可证，带动经济发展。

六、采取多种方式，推动军工和地方人才队伍建设和素质提高。一是通过组织军民两用技术工程中心和军地结合的"产学研"联合体，在技术开发攻关会战中共同提高科技人员的技术水平，为地方培养科技人才；二是组织国防科技工业人才支援行动，鼓励军工科技干部、技术人员和军队院校教师承接西部地区技术培训、继续教育和远程教育工作；三是将军工企业的职工学校、子弟学校带人带资产实行属地化管理，使国防科技工业在参与西部的人才建设上做出贡献。[①]

[①] 梁清文、石金武：《关于国防科技工业参与西部大开发的战略思考》，《航天工业管理》，2000 年第 8 期。

第6章

外部性克服：国家补偿法律制度

"没有制度，就没有正式的经济理性"。本章承接前面对西部经济正外部性损害的经济分析，以法律的视角对正外部性损害的解决方法进行比较研究，得出要用以政府主导的非市场方法解决西部经济正外部性损害的结论；在此基础上提出了与这种解决方法相对应的法律制度：国家补偿制度，并从制度层面对该制度进行简单的创制。

6.1 关于正外部性损害经济解决途径的法学分析

正如前文分析到的，由于正外部性损害的存在，市场主体基于追求利益最大化的驱使，不会主动导致资源在全社会范围内有效配置及利益再分配的平衡。因而我们必须采取某种方式对这一市场自身无法解决的内在矛盾加以矫正。"无论采取什么特殊办法，对付外部经济效果的一般药方是，外部经济效果必须用某种办法实质内部化"。[1] "但如何是外部性内部化，经济学家有着不同的看法，存在较大的争议。在充分考虑庇古—科斯解决外部性问题的思想发展线索后，我们可以推导出一个重要结论：通过进一步界定当事人双方的权利界限，得到一种权利配置结构。"[2] 从经济学的视角看，就是把外部经济性制造者所付出社会成本或得到的社会利益，变成他们自己承担和享受的私人成本和私人利益。以法律的术语来表示，即通过重新确定市场主体的权利义务：给正外部性的制造者赋予权利，让负外

---

[1] [美]萨缪尔森《经济学》（第12版），中国发展出版社1992年版，第1203页。
[2] 吕忠梅、陈红、彭晓晖著：《规范政府之法——政府经济行为的法律规制》，法律出版社2001年版，第79页。

部性的制造者承担义务，将由于外部性失去平衡的利益恢复，使得主体的付出与得到相称，激励与约束并行，实现资源的有效配置。具体而言，可分为两种方式：一是以市场为主导的解决方式；一是以政府为主导的非市场解决方式。

6.1.1 市场解决方式解决西部经济正外部性损害的困境

1. 协调解决。

对于市场解决方式，经济学家们提出了各种解决方案，其中最主要和代表市场解决方式精髓的是当事人直接协商的方法，包括当事人的财产权利交易和损害赔偿。"科斯在《社会成本问题》中提出一个著名定理：在交易成本为零的情况下，产权界定对效率没有影响。这是因为，当事人可以进行协商和谈判，从而导致一个有效率的结果。"①举个例子说明。甲在其承包的荒山上种植树木。周围的居民因此收益，免受水土流失和土壤沙化的自然灾害。现在甲要收回在树木上的投资，应采取何种方式呢？最直接最容易想到的方法就是砍树卖树。显然这个方法行不通，因为长成的树木有利于荒山上的水土保持，砍掉树木无疑会有害于环境。因此甲植树行为创造的外部经济的存在使甲的树木已具备了公共物品的性质，它为特定的人群提供了一种服务，即创造良好环境的服务。这种外部经济对社会是有益的。若通过砍伐树木来收回投资，不仅切断了外部经济的产出，而且破坏了资源的高效利用。但是甲的利益又如何得以满足呢？即甲可通过什么方式来收回制造外部经济的成本才是适当的？协商成为首选。甲可以要求那些享受其树木创造的良好生态环境的人们为他们得到的利益付费。受益方可以联合起来和甲进行协商，达成协议，为其提供一份费用，以弥补甲制造该外部经济所花费的成本。而甲也会接受这笔对价从而维持其山上的树林。这样的结果对甲、对受益方及对社会都是有效率的。

---

①高德步：《产权与增长：论法律制度的效率》，中国人民出版社1999年版，第249页。

2. 当事人协商解决方式的优点及条件。

通过当事人协商解决外部性问题，具有许多显著的优点。最显著之处在于协商给了市场主体最大的选择空间。无论是协商的开始、内容还是结果都是在无政府干预的情况下由当事人自主自愿进行的。协商的第二个优势在于"是因为它不需要改变现有市场经济活动的组织机制，通过市场交易，经济当事人能获得更多利润。"①但是协商要发挥优势，必须在特定的条件下才能实现；如果不具有适当的条件，协商的优势反而会成为它的弊端。下面我们来逐一分析协商顺利进行的要素：

(1) 协商的交易成本为零。科斯认为在交易费用为零的条件下，私人之间所达到的自愿协议可以使经济活动的私人成本和社会成本相一致，从而可排除导致外部性存在的根源，实现资源的帕雷托最适度配置。这是协商产生效率的理想条件。

(2) 在存在正的交易成本时，进行协商必须具有清晰的权利界定。有学者认为，"科斯定理"，与其说明了在"交易费用"为零的条件下，效率结果与产权无关的结论，倒不如说它说明了在"交易费用"大于零的条件下，产权制度质量如何作用或影响了经济效率。"'科斯定理'引申出来的结论应该是，只要'交易费用'大于零，就可以通过合法权利的初始界定以及经济组合形式的选择来提高资源的配置效率，实现外部效应的内部化。"②

(3) 外部性不仅要符合其一般定义："它使得一个(或一些)在做出直接(或间接地)导致某一事件的决定时根本没有参与的人，得到可以察觉的利益(或蒙受可以察觉的损失)"③，而且要使受损人(受益人)可以获得足够的、及时的信息。即外部性损害不仅是"可以察觉的"，而且是"明显的"，市场主体才能获得进行协商的信息。

---

①吕忠梅、陈红、彭晓晖著：《规范政府之法——政府经济行为的法律规制》，法律出版社2001年版，第81页。

②扬明洪：《外部性矫正之争与建立退耕还林还草补偿机制》载《农业经济导刊》。

③[英]詹姆斯·E·米德《效率、公平与产权》，北京经济学院出版社1992年版，第302页。

(4)主体要求：特定、有限。外部性损害必须有特定的制造者和受益人，且无明显的强势群体与弱势群体之分，当事人的协商才具有可行性。

(5)标的易于货币化。无论外部经济或外部不经济都比较易于计算，具有转化成货币的可行性。

(6)交易成本必须小于交易主体预期所能获得的利益。这一条件的满足有赖于前述几个条件是否能花费较少成本得到满足。

(7)协商的结果应有益于社会。协调交易的结果，不仅是交易双方受益而且要不损害国家利益、社会公共利益。

3. 西部经济的正外部性损害不具有上述协商进行必需的条件。

结合西部经济正外部性损害的自身特征及协商的可行性条件，我们发现西部开发的正外部性损害不能为协商提供合适的土壤；协商本身所具有的优势在这里也不再是优势。由于前文已对西部经济正外部性损害做了详细的经济分析，此处将直接引用其结论来说明问题，不再展开分析原因。

(1)交易成本不可能为零。"威廉姆森将交易费用比作物理学中的摩擦力，认为没有摩擦力的世界是不可思议的，现实的经济运行也同样不可能没有交易费用。"[①]尤其现代经济发展的现状使交易成本越来越高，这在因西部经济的外部性损害进行协商的交易中体现的更为明显：不但存在交易成本，而且由于该种外部性损害的特殊性，还十分高。因此前提的缺失，导致结果不能实现，即有效率的协商无法进行。

(2)清晰的权利界定在解决西部经济正外部性损害中不具有完满性和现实可行性。国内的一部分学者依据科斯的理论认为，只要能界定其中的产权，在市场机制的作用下就能自动的解决诸如"退耕还林还草"等西部经济所产生的外部性问题。对此持异议的观点认为，这种认识只看到了市场经济条件下产权的初始界定在解决外部性问题方面时，具有节约因产权界定不清引起的内生交易费用的显著作用，而忽略了界定产权的外生交易费用。"而新古典经济学则认为，由于节约这两种交易费用存在着两难冲突，

[①]高德步：《产权与增长：论法律制度的效率》，中国人民出版社1999年版，第99页。

有时候，产权的模糊设计往往比清晰界定产权更有效率"①。

以退耕还林为例。"如果单纯从界定产权入手，必须面临着巨大的外生交易费用，例如长江下游的居民与长江上游的农户分别进行市场交易，则交易不可能进行，其原因不在于存不存在着这种可能，而在于外生交易费用太多，以致使交易变得不可能。进一步分析，我国的市场体系还非常不健全，目前还不存在一个所谓的有关生态产品交易市场……所以，试图按照科斯等人的理论而通过产权界定来解决退耕还林还草的外部性问题是不现实的。"②

可见，由于西部经济外部性损害的特殊性，存在着大量的外生交易成本，这使得进行清晰的权利界定存在着现实的困难，继而使得在此基础上的协商难以实现其效率的初衷。

(3)西部经济正外部性损害的特征不明显。因为它多发生在国防、农业、教育、能源等公共和基础经济领域，非常容易和地区间正常的收入差异相混。

(4)西部经济正外部性损害所涉主体众多，相对于西部区域外具有特定性，但相对于个体又具有不特定性，这使得协商主体的确定十分困难。

(5)交易成本高昂。由于正外部性损害的不特定性，其标的巨大，计算困难，而且取证困难，单单靠个体的力量很难完成。同时由于西部经济中外部性受益者相对范围的不确定性，使得其具有了公共物品的性质。而公共物品的使用本身不具有竞争性和排他性，因此通过市场难以确定正外部性的价格。而定价的困难、信息获得的困难都是交易成本的重要组成部分。

(6)基于此，再加上协商以当事人自愿达成交易为主要方式，这使得"搭便车"(free‑rider)现象难以避免。因为任何外部经济制造者即使有能力提供正外部性，法律也允许其向外部经济受益者收回成本，但高额的交易成本、不完全的信息使得制造者预计自己无法在"销售"这种外部经济服

---

①扬明洪：《外部性矫正之争与建立退耕还林还草补偿机制》载《农业经济导刊》。
②扬明洪：《外部性矫正之争与建立退耕还林还草补偿机制》载《农业经济导刊》。

务时完全收回成本,以至缺乏动力发起协商,而将协商获得补偿的希望寄托在其他制造者身上;外部经济的受益者更不会主动向制造者提起协商。基于经济人追求自身利益最大化的理性驱使,外部经济制造者由于无法收回成本,利益得不到满足,自然会减少外部经济的产出或停止产出,甚至采取自力救济(譬如滥砍滥伐)的方式。因此协商尊重当事人意愿的优点在这里反而成了弊端,它将导致外部性被忽略,"关键的一点是,当外在性被忽略时,错误决策和缺乏效率的资源配置很可能是最终结果"①。

6.1.2 以政府为主的非市场解决方式

面对西部经济的正外部性损害问题,由于以当事人协商为主解决外部经济的市场解决方式存在上述一系列障碍,以至陷入自身无法解决的困境,我们不得不寻求它法。"正如美国经济学家 K.E·凯斯和 R.C·费尔指出:'外在性的问题不存在唯一的解决方法。在美国,我们使用了所有可以采用的方法和其他一些方法。私人磋商在很多情况中足以保证资源的一个有效率的配置。在许多其他情形中,这种方法失灵。'"②当协商的方法失灵时,可以采取什么其他的方法呢? 早在庇古提出它的外部性理论时,就已经十分预见性的给出了外部性问题解决的第二种方法:国家干预。奥尔森也曾在《集体行为逻辑中》指出:由于个体之间的协商需要成本,他们之间达成一致以获得某种"集体产品"就很困难。在很困难的时候,可以借国家财政力量,以税收或补贴的方式对外部性的受损害方进行利益的补偿。这正是我们要分析论述的,即以政府为主导的非市场解决方式。具体到西部经济的正外部性损害问题上,正是我们所要建构的国家补偿制度。

1. 实证分析。

在西部经济正外部性条件下,例如某个产业(诸如教育、能源、国防、

---

①[美]K.E·凯斯.R.C·费尔:《经济学原理》,中国人民大学出版社1994年版,第471页。

②高德步:《产权与增长:论法律制度的效率》,中国人民出版社1999年版,第251页,以及[美]K.E·凯斯.R.C·费尔《经济学原理》,中国人民大学出版社1994年版,第471页。

农业)给其他各方带来了正的外部收益,但要直接得到对方的回报又行不通(前文对于协商的分析),现举例说明。仍以前文种树人为例。事实上前文中在说明协商是解决外部性问题的一种方式时,我们刻意忽略了几个因素:受益人群的数量,植树造林产出的正外性经济的货币计算及由此影响的交易成本问题,显然若此例中受益人群广泛,产出的正外部性计算复杂,甲进行谈判协商的交易成本必然很高。此时出于经济人追求利益最大化的理性驱使,甲若预计协商的成本大于或等于其通过交易所能获得的利益,他将放弃协商。结果是甲因无法收回正外部性制造成本而减少或停止正外部性的产出,即停止植树并伐树、卖树。显然这个结果有害于社会整体利益。因此必须通过其他方法将这一正外部性内在化。这些方法就是前几章分析得出的结论:财政转移支付、补贴、减免税收等。即通过国家补偿来将正外部性内部化。

2. 理论阐释：

以政府为主导的国家补偿法的形式来解决西部经济中的正外部性损害的理论支持可以包括两个方面：

一是从经济学意义上看,"补偿"可在不直接损害区外人利益的基础上,直接增加西部地区的经济福利,并因此推动国内需求的增长,为东中部地区的成熟创业创造更大的市场空间,整个社会的净福利会有较大程度的提高。这里可用福利经济学中的"补偿原理"来加以解释。"帕累托、卡尔多和希克斯等人提出的补偿原理认为,即如果一些社会成员经济状况的改善不会同时造成其他社会成员经济状况的恶化,或者一些社会成员状况的改善补偿了其他社会成员状况的恶化,社会福利就会增加。"社会资源可以此实现高效配置。

另一方面从法理学的意义上看,补偿符合法律的两个层面的要求。首先,对受损者进行补偿是法律对权利义务分配应该对等的形式要求。"在一个社会,无论权利和义务怎样分配,不管每个社会成员具体享有的权利和承担的义务怎样不等,也不管规定权利与规定义务的法条是否相等,在数量关系上,权利与义务总是等值或等额的。"①具体到西部经济的外部性损害中,若不通过某种方式解决外部性损害,就存在社会中一部分人群免费享受了不用付费的利益,而一部分人群单方面的付出制造外部经济的成本,利益受到损害。这形成了权利义务不对等的状态,这种状态的持续无疑会有害于社会整体利益。此时就应借助制度调整失衡的权利义务分配。即规定谁从中享受了利益,就有义务为其享受的利益付费;谁因此承担了特殊的损失,就得有权利请求补偿。根据前文的分析,将权利和义务直接赋予经济活动个体,通过协商的方式解决这一问题的途径是行不通的,因此我们不得不寻求它法。结合西部经济正外部性损害的特性,我们认为发展西部经济属于一国推行的宏观经济政策,虽然具体的受益者是相对区外特定的一部分人群,但西部经济对全国的辐射作用,会使社会整体利益得到增加。因此作为社会整体利益代表的中央政府,就有了这样一种义务,即向受损者,正外部性的制造者,为整个社会因此增加的利益支付对价,承担外部经济的制造成本(这在国家补偿责任中会又进一步的论述)。

其次,补偿是法律发挥调整社会利益关系这一功能的实质要求。法律的功能之一在于解决社会公共利益和个人利益的冲突。正如波斯纳所分析的,"大多数人所具有的个人动机和社会动机的辩证互动作用,似乎对极端的个人化政策或社会化政策都施以了限制。历史表明,要求承认个人权利的欲望在任何时候都不可能完全从人的头脑中消除。另外,似乎也没有一个社会能够消除公共利益的理念,因为它植根于人性的共有成分之中。"②而法律等制度的目的就在于"努力协调个人的目的与社会的目的并全力促进经济繁荣、文化发展和世界和平"③,若将补偿的经济原理制度化,即"通过政府的财政政策使社会变革的受损者得到补偿,具体说就是对受

---

①张文显:《法理学》,法律出版社 1997 年版,第 121 页。
②[美]E·博登海默著,邓正来译:《法理学 法律哲学与法律方法》,中国政法大学出版社 1999 年版,前言。
③[美]E·博登海默著,邓正来译《法理学 法律哲学与法律方法》中国政法大学出版社 1999 年版,前言。

益者征收特别税,对受损者支付补偿金,使受损者保持原来的经济地位"。这正是法律发挥其调整利益冲突功能的体现。

3. 以政府为主导的国家补偿法解决正外部性的利弊分析。

与协商相比,该方法在适当情况下的高效率,尤其是在西部开发这一特定的经济环境下的优势将是其他方法所不能替代的:

(1)补偿式的激励有利于促进正外部性产出,增加社会福利。在矫正外部性的以政府为主导的方式选择中,各国实践大多采取传统的直接控制手段,缺乏相应的激励机制,从而使管制成本过于高昂,市场交易难以进行。而补偿方法侧重于经济上的激励,以补偿方式向正外部性制造者交付对价,满足市场主体利益最大化的理性需求,符合市场自身的运作规律。

(2)速度快,效果明显。因为补偿的一方主体为政府,当政府认为必要时,即可启动补偿程序,扭转了等待市场主体自身协商解决正外部性的被动局面。基于政府行为的宏观性,信息获得的全面和快速性,使得正外部性的解决也可在短时间内见效,而不必因市场主体的单方困难而延迟。

(3)可以事前补偿,更利于正外部性产出和西部开发的进程。政府可以有预见性的在外部性问题产出之前就启动补偿程序,这样可以避免权利救济的滞后性,最大限度地调动正外部性制造者的积极性。这一优势在西部开发的特殊经济条件下更显突出。

(4)以政府为主导的补偿方式解决了西部开发正外部性问题中主体众多难以确定的问题。由于西部开发的正外部性问题具有宏观性,这使得其受益人群众多而广泛,在这种情况下,要把这个群体集合起来,要求他们为其所免费享受的利益支付代价,显然不具有可行性,也不符合西部开发的精神。因而必须寻找一个受益人群的代表来为他们所享受的外部经济向其制造者支付对价,而国家作为社会整体利益的代表来担当这个角色将再合适不过了(对此下文会更进一步论述)。

(5)有许多外部性后果很难通过具体的数字表述出来。这样使当事人用经济学上的费用—效益方法进行交易的难度加大。若以政府为主导进行国家补偿,则可从公平效益价值角度出发,给当事人一个数字概括相等的，内容灵活多变的补偿，以避免当事人之间进行交易时对标的精确性的苛刻要求。

但在市场经济条件下以政府为主导的解决方式很容易成为国家泛滥干预经济的典型，其弊端和优势都一样突出。

(1)这种方式是以国家为主体的政府经济行为为载体，易受政府偏好的影响。因为政府也是一个有限理性个体，不可能处于超脱的位置。政府作为行政主体代表公益，补偿的相对方代表私益。由于"社会资源总是有限的，或者，尽管特定社会资源并不稀缺，但获取这一社会资源的交易成本过高从而限制了部分社会资源的占有——譬如信息资源。"[1]社会资源的稀缺性使得代表公益的行政主体与代表私益的相对方经常处于对立的利益立场上。因而如果政府在信息资源占有不充分的情况下，错误的估计了正外部性的控制成本，进而做出带有政府偏好的解决正外部性损害的决定，这无疑会损害补偿相对方的利益。

(2)政府常常以直接管制的方式来干预经济，包括外部性问题，这对正外部性的解决不利。政府偏爱管制，是因为他们认为自己是管理者。但事实上在解决正外部性，进行国家补偿的过程中，政府并不是以管理者身份出现，而应和正外部性的制造者处于平等的法律地位，双方是权利义务关系，而不是管理与被管理的关系。政府代表社会整体利益即受益方向正外部性制造者支付其所享受的正外部利益。因而习惯了管制、指令的政府若以管理者的身份出现来解决正外部性损害，和正外部性制造者的信息不能充分沟通，将使补偿欠缺灵活性，难以达成一个切实可行的，更利于双方利益的补偿方案。

(3)政府以国家补偿的方式干预市场，补偿多少，怎样补偿为合适，这个标准是难以把握的。最可能出现的是两种情况：一是补偿泛滥，增加经济主体对政府的依赖性；二是补偿不足，不能发挥补偿对外部经济产出的激励作用。

---

[1]宋功德：《寻找均衡 行政过程的博弈分析》，载《中外法学》，2002年，第2期。

仅管存在上述缺陷，但在西部开发这一特定的经济环境下，以政府主导的国家补偿方式来解决正外部性问题比其他方式更具有优势。怎样才能更好地发挥这种优势，关键在于如何对它加以规制，以限制其缺陷，发挥其优势，这正是法律制度的任务。即设计怎样一种法律制度，使得权利义务的配置最切合资源配置的优化点，最大限制的减少交易的不确定性与风险。

6.2 国家补偿方法的法律分析

法律制度的核心是权利和义务。以法律的角度审视，无论是正外部性还是负外部性，其内部化的基本特点是通过重新确定市场主体的权利义务，把权利赋予正外部性制造者，义务由负外部损害生产者承担，以此将外部收益或损害的成本内部化。不同的外部性其内部化有着不同的经济学途径，这将促使法律产生相应的不同调整方式，这些调整方式从产生之初就接受着经济实践的选择和优化；同时经济实践又因这些法律调整而变得规范化、合理化。两者相辅相成，其共同的目的若用经济学术语来说就是以最低的交易成本换取最优化的资源配置；换作法律的术语即是用最小的牺牲和磨擦来尽可能多的满足各种相互冲突的利益，如何平衡这些利益关系？通过什么途径来平衡利益？怎样调整这些利益关系？这就是我们研究的重点问题。

6.2.1 以政府主导的国家补偿行为的法律属性：属于非权力手段政府经济行为范畴

何谓政府经济行为政府经济行为是与市场行为相对而言的，指政府对其经济职能的具体运用。"政府经济行为源于国家的社会经济职能，是政府管理、组织、调控监督和参与经济发展诸职能的总和，其实现方式包括一般和特殊两种方式：政府经济职能特殊的实现方式指国有资产管理行为；政府经济职能一般的实现方式则有诸如宏观调控、促进发展、维护公平、加强法制、协调对外经济等多种行为。"①

如何理解非权力手段政府经济行为："政府经济行为的作用方式多种多样，以行为的强度与效力为标准，可大致分为权力的强制性调整手段和非权力调整手段。权力手段，即通过国家经济管理机关的行政行为直接的对象对人进行管理，以命令方式单方面为相对人设定权利义务；……非权力手段是指政府及其经济管理部门为实现经济政策目标，通过向市场主体作工作或做出妥协，期待市场主体贯彻宏观经济管理意图的行为形式。"②可见非权力手段政府经济行为是一种与权力手段为主导的传统政府经济行为在理念和运作机制上多不同的一种政府实现其经济管理权的方式。与传统的行政管理式的政府经济行为不同之处在于：非权力手段政府经济行为所形成的主体关系不是管理者与被管理者、服从与被服从的关系，而是一种引导、支持的关系；所采取的手段也比以往的行政手段更加灵活和柔和，多以促进、激励、诱导、辅助等积极手段最大限度的尊重当事人的自由意志。

以政府为主导的国家补偿行为属于政府经济行为，且为非权力手段政府经济行为。国家补偿是国家对经济的一种干预，是政府行使经济管理权的体现。因而符合政府经济行为的特质。再进一步分析，国家补偿是由政府作为社会整体利益代表向正外部性制造者支付其所享受的正外部性利益的行为，因而主体的关系不是管理与被管理的关系，体现为一种引导、支持关系；其手段不具有强制性，而且以激励、诱导为主；其实施很大程度上取决于当事人意愿。这这些特征符合非权力手段政府经济行为的内涵。

6.2.2 规制该行为的法律制度的属性：我们认为以政府主导的国家补偿行为的法律规制应属于经济法理念上的法律制度

首先，国家补偿的"国家性"使其无法被纳入民法调整领域。作为政府经济行为的一种，国家补偿属于政府对市场的再次干预，符合经济法调整

---

① 陈宪：《市场经济中的政府经济行为》，立信会计出版社1995年版，第8—25页。
② 关于"给权力政府经济行为"请详细参见吕忠梅、陈红、彭晓晖著：《规范政府之法——政府经济行为的法律规制》，法律出版社2001年版，第208页。

对象的特质，这使其与民法的调整方式得以区分。"以前，人们一直深信市场能够自发地平衡和溶解私权的增长，深信社会整体利益就是个别利益的总和，建立在自由竞争机制上的民商法能够满足所有市场交易规则的需求；而事实证明，市场和政府两种机制校正和弥补是双向相互的，以市场自行调节为基础，放任自为的民商法并不能保证现代社会所要求的安全、秩序和实质性公正。"①如果市场主体基于利益最大化的理性驱使，能够依靠市场机制，通过协商、谈判在民商法的规制下，自主自愿的达成协议，解决外部性问题，则无须政府的再次干预（民商法的调整可视为"初次干预"②）；唯有交易成本巨大，协商难以实现时，政府有必要进行再次干预，以降低交易成本，减少交易摩擦，弥补市场缺陷。而这一干预和民法在公平、效率和安全的提供上其侧重点是有差异的。"如在保障公平方面，民法保障的是形式公平，经济法保障的是实质公平；在效率提升方面，民法主要提升微观权利的效率，而经济法则主要提升宏观层面上的权利效率；在安全提供方面，民法提供直接的内部性安全，而经济法则主要提供更为广泛的外部性安全。"③在西部经济的正外部性损害中，正是由于协商的交易成本过于巨大，才不得不由政府以补偿的方式对社会资源的分配进行再次干预，因而国家补偿无论是从对公平的实现，效率的提升还是对安全的保障，其理念都是与经济法相通的。因此，我们认为因立足于社会整体利益，以政府非权力手段干预为基础的国家补偿关系属于经济法调整对象。

其次，国家补偿的"非权力性"，使其不宜受行政法的调整。在行政法律关系中，行政机关处于优越地位，可以依法行使管理权，而无须征询相对人的同意。对行政机关的处理决定、命令，相对人只能无条件的服从。可见主体地位的不平等性是行政法律关系的首要特征。而国家补偿行为属

---

①吕忠梅、陈红、彭晓晖著：《规范政府之法——政府经济行为的法律规制》，法律出版社2001年版，第195页。

②参见应飞虎、王莉萍：《经济法与民法视野中的干预——对民法与经济法关系与经济法体系的研究》，载《现代法学》2002年，第4期。

③参见应飞虎、王莉萍：《经济法与民法视野中的干预——对民法与经济法关系与经济法体系的研究》，载《现代法学》2002年，第4期。

于非权力政府经济行为,正如前文中分析到的,无论是从主体关系上、作用机制上还是基本理念上,国家补偿都与以往的行政管理式的权利行使方式不同,因而国家补偿关系不是行政法的调整对象。

6.2.3 国家补偿与相关制度的比较分析

一个事物的特性就在于它和其他事物的区别。要想清晰的界定国家补偿行为的法律性质,就有必要把它与相似的制度区别开。下面是我们对国家补偿与行政赔偿及民事赔偿的比较分析。

从表面上看,国家补偿与其他两种赔偿制度的共性在于都具有补救性,即是对受损害方因另一方的行为引起的损失进行的补救。但是若从行为的产生到结果进行纵向分析及横向比较,即从原因行为出发,到形成的法律关系及责任,我们发现国家补偿具有其他两个相似制度所不具有的特性,这也证明了国家补偿制度存在的价值。

1. 原因行为不同。

原因行为是引起补偿或赔偿的基础。民事赔偿和行政赔偿的原因行为都是侵权行为,具有违法性。即违反"不得侵犯他人合法权益"之作为或不作为行为,这是引起赔偿责任的原因之一。民事赔偿因民事侵权行为引起,而行政赔偿因行政职务侵权行为引起。与这两个制度不同的是国家补偿发生的原因不是侵权行为,也不存在违法行为,而是由于正外部性制造者的行为在造成自身利益受损的同时,创造出了公共利益,国家通过补偿的方法弥补其利益,达到公共负担的目的。(关于这点,后文在"国家补偿责任在"中有详细论述。)

2. 法律关系的差异。

(1) 法律关系主体构成不同。

民事赔偿关系的主体公民、法人或其他民事主体。行政赔偿关系的主体一方是行政机关,一方是行政相对人个体。国家补偿关系补偿方只能是中央政府,受偿方是正外部性利益的制造者包括个体、行业协会及地方政府。

(2) 主体地位不同。

在民事赔偿关系中,主体双方处于平等地位;行政赔偿关系的主体双方是管理者与被管理者的关系。而国家补偿关系中的主体双方的地位比较特殊,虽然从身份上看一方代表国家,一方为个体(或行业团体,地方政府)。但是在国家补偿关系中,双方既不是平等主体,也不是具有管理与被管理关系。

(3)主体之间冲突利益的性质不同。

民事损害赔偿的主体双方都是个体利益的代表者,因而利益冲突表现为私利冲突;行政赔偿的一方主体是行政机关,代表国家利益,而另一方代表个体利益,因而利益冲突表现为私人利益与国家利益的冲突。与前两者不同的是国家补偿主体的利益冲突性质较为特殊。其主体一方虽代表国家,但其保护的利益基点落在社会公共利益上,另一方主体代表个体利益或地区、行业。因而国家补偿关系的主体双方的利益冲突表现为私利益与社会公共利益的冲突。

3. 法律责任的不同。

(1)责任的最终承担者不同。从法理上说谁施害,谁赔偿。即侵权主体与责任主体应是一致的。这在民事赔偿与行政赔偿中都得到了体现。而国家补偿由于其自身的特性,本来就不存在侵权主体,而是由国家作为责任承担人来对社会公共利益的制造者进行利益救济。

(2)归责原则不同。根据《民法通则》第206条第2款和第3款,民事赔偿责任归责原则适用过错责任原则为主,无过错责任原则为补充。根据《国家赔偿法》第2条的规定行政赔偿的归责原则应适用违法原则。而国家补偿责任不存在侵权行为、违法行为,也就不存在归责原则的问题了。

(3)责任范围不同。对于民事赔偿范围,《民法通则》规定了直接损失加间接损失。行政赔偿按照直接损失计算;与前两者相比,国家赔偿的责任范围要相对狭窄。因为国家财力的有限性和国家补偿自身的补偿性,国家补偿的范围仅包括直接损失,且为适当补偿。

(4)承担责任的方式不同。关于民事赔偿方式,民法通则第134条规定了10种赔偿方式。行政赔偿方式相对单一,主要是支付赔偿金,辅之以返还财产和恢复原状。而国家补偿的方式与前两者有很大不同,方式多表现为宏观的经济政策，如税收补贴、财政转移支付且以金钱形式表现出现。

6.2.4 国家补偿制度的价值体系

国家补偿制度的价值体系应是一个以公平为主导的价值体系。虽然在市场经济条件下，人们的价值天平总是倾向于效率，"效率优先，兼顾公平"也是我国长期以来在分配领域对待二者关系的一个基本态度。但是我们不能否认的是对效率的追求总是伴随着越来越多的不公平现象。在这里，我们要以经济法的根本价值取向来建构国家补偿制度的价值体系，即"公平优先，兼顾效率"。这里的公平绝不是"庸俗平均主义"，而是在一个合理的限度内尽量缩小收入差距，使之趋向于公平。"效率优先，兼顾公平"应适用于国家对经济的初次干预阶段，即以民商法方式进行规制时；但在初次干预的结果显失公平，权利义务失衡的时候，国家不得不进行再次干预，即以经济法的方式加以规制，此时就应奉行"公平优先，兼顾效率"的价值理念。因此，公平价值应成为其价值体系中的"先锋"。当然最理想的结局应是在公平与效率的最佳切合点上建构一个切实可行的国家补偿制度。

6.3 国家补偿制度建立的政策基础

在我国西部开发的相关政策中，我们可以很不费力的就找出一些体现国家补偿思想的政策。如国家发展计划委员会主任曾培炎在 2000 年 3 月第九届全国人民代表大会上关于财政与预算的报告中曾提及"国家要增加对中西部地区投入，加大财政转移支付力度"。朱镕基总理在 1999 年 8 月在陕西考察工作时的讲话中提到"黄河中上游地区不要再以牺牲生态环境为代价生产粮食，而是要治理水土流失，改善生态环境，为下游治理和经济发展创造良好的生态条件。各有关省一定要及早调整农业结构，大力植树种草，扩大绿色植被，搞好水土保持。由此而减少的粮食产量，完全可以通过减少水土流失，减轻下游洪水灾害而增产的粮食得到补偿。国家将采取有效措施，解决黄河中上游地区坡耕地退耕后农民所需的口粮问题，支持生态环境建设"。在讲话中所提到的坡耕地退耕正是我们前文中所提到的西部开发中的农业正外部性范畴，采取措施"解决黄河中上游地区坡耕地退耕后农民所需的口粮问题"已体现出了我们这里所说的国家补偿思想。但是我们不能把国家补偿仅停留在政策层面，因为西部开发不是三年或五年的短暂过程，而是一个十分漫长的过程。当这种政策经实践证明能够促进生产力发展并在长时间内必须存在时，我们就有必要将它上升到法律制度层面。从政策与法律的关系上说，当政策从产生、发展到成熟之后就应形成一种稳定的法律制度来避免政策的易变性、随意性。因而国家补偿制度的建立成为政策发展的必然。

6.4 国家补偿法律制度的主体

哈耶克在其《通往奴役之路》的著作中曾指出："法治的意思就是指政府在一切行动中都受到事前规定并宣布的规则的约束，——这种规则使得一个人有可能十分肯定的预见到当局在某一情况中会怎样使用它的强制力，和根据对此的了解计划他自己的个人事务"。[①] 因而把国家补偿设计为法律制度，这无论是对鼓励市场主体制造正外部性，增加社会福利，还是对约束政府经济行为，限制其随意性、突发性弊端都具有十分重要的意义。而且"我们必须知道谁应负责或是谁得请求救济，亦即我们仍要透过法律以赋予当事人的行为某种'价格'，否则纷争便无法依法解决"。[②]法律制度的目的应在于"以最少的牺牲和浪费来尽可能多的满足各种相互冲突的利益"。[③] 这应作为国家补偿制度建构的基点。

正如前文所述，我们必须知道谁应负责或谁得请求救济，即确定补偿制度的主体是我们要解决的首要问题。即谁得为补偿方，谁为受偿方。

---

①[英]哈耶克：《通往奴役之路》，中国社会科学出版社1997年版，第73页。
②王文宇：《民商法理论经济分析》，中国政法大学出版社2002年版，第177页。
③[美]庞德：《通过法律的社会控制：法律的任务》，沈宗灵、董事忠译，商务印书馆1984年版，第58页。

6.4.1 补偿方

依据"谁受益,谁补偿"原则,理论上的补偿方应为正外部性的受益者。具体而言即在西部开发过程中享受外部性利益的人群,不特定的数量众多的群体。但是这种理论上的应然性在解决实际问题时,却存在着障碍。这种障碍在于:

(1) 如前所述,受巨大的交易成本所困,寻找受益方及确定受益方数量都不具有现实可能性。

(2) 若将这一群体作为补偿义务的承担者,无论从西部开发的宗旨和现实操作上都不具有可行性。这一群体包括西部开发的参与者,而西部开发所需的外部力量包括资本和技术都是由开发者带来的,开发者能将其资本投资于这块还未发育成熟的市场,就是因为这里有能源、劳动力、环境等多方面的便利,现在若要让受益方为其所享受的便利付费,其结果必然会扼杀他们投资于西部的积极性,这当然不符合西部开发的初衷。

(3) 一国区域之间利益的协调,应属于一国政府当然的责任。如果因外部性障碍致区域之间利益扭曲,而要由区域之间加以协调,则必然会激化区域竞争,加剧区域对立。所以,选择受益方作为补偿方,在这里也是行不通的。

因此,我们必须找出一个可以代替受益者向正外部性制造者支付对价的主体,于是由国家代替受益者对正外部性制造者进行补偿进入我们的现实选择中。选择国家作为补偿方具有以下几个优点:

(1) 经济上具有补偿能力。西部开发正外部性问题多为大范围、宏观层面上的,补偿数额巨大且难以计算,例如农业基础产品的价格补偿。由国家充当补偿义务方,可以解决个人力量不可能办到的难题。

(2) 国家所具有的宏观协调能力,可使补偿发挥经济调控工具的作用,来协调一些在西部开发过程中出现的社会整体利益与局部利益之间,以及局部利益与局部利益之间的冲突。

(3) 理论上的应然性。事实上,国家是外部经济的最大受益者,因而国家应作为外部经济的最主要补偿者。关于这一点,我们将在国家补偿责任中有更深刻的论述。

6.4.2 受偿方

受偿方即外部经济的制造者,包括地方政府、行业团体及个体。

1. 区分利益的存在是地方政府、行业团体及个体成为受偿方的经济基础。在这里,我们将社会利益划分成三个层次:首先最基础的是社会成员的个体利益,由个体代表;个体利益整合之后形成第二个层次的利益:部分社会成员所组成的子系统的利益。这个层次的利益包括局部利益、地方利益及行业利益,代表者有地方政府、行业协会、或产业组织等;第一和第二层次的利益再经整合后形成第三层次的利益:社会整体利益,即社会共同的、长远的、根本的利益,代表者是中央政府。基于这样的利益划分,我们认为外部经济的制造者作为第一和第二利益群体,相对于第三层次社会整体利益,它们具有自己独立的可以区分的利益。因而在他们为社会整体利益做出特别牺牲时,他们应该有资格成为权利请求人,即受偿方。

尤其是在我们实行分税制后,地方政府在一定程度上成为真正独立的利益主体。从政府体系的结构看,中央政府的职能主要在于用市场以外的力量处理宏观问题,"从这个意义上说,地方政府类似于一个'团体利益主体',它的政策也是从团体利益极大化角度出发",[1] 此时我们不能一味的要求某个利益群体为整个国民经济宏观目标单方面的付出,而不收取报酬,这是不符合市场经济运行规律的。因而我们认为地方政府也是可以成为国家补偿制度中的受偿方的。

2. 外部性损害事实的存在是地方政府、行业团体及个体成为受偿方的法理基础。正如前文分析到的,西部经济的外部性使得外部经济的制造者单方的付出制造成本(承担义务),却无法收回相应的利益(享受权利)。此时这些外部经济制造者们,如地方政府、行业团体或个体的利益受到损

---

[1] 杨灿明:《政府间财政转移支付制度研究文集》,经济科学出版社2000年版,第9页。

害，基于此，应赋予他们补偿请求权。

6.5 国家补偿责任

6.5.1 理论依据

国家对其违法侵权行为造成个体利益损失，要进行的赔偿属于国家赔偿范畴。但在西部开发中，国家面对区域经济的非平衡发展，针对区域间的外部影响所引起的利益扭曲实施国家补偿，这里并不存在违法行为。那么，国家为什么要对受到利益损害的群体进行补偿呢？对此可以借鉴已形成的两种国家补偿的理论支持学说加以解释。

1. 特别牺牲说。

该学说源于德国。1793年普鲁士法典第75条确定了国家承担补偿责任的原则，即为了公共利益。在必要时，个人必须牺牲其权益，同时社会必须从其设立的公共资金中对个人予以补偿。德国法院在以后的许多判例中支持并充实了这项原则，使公民求偿的范围从金钱损害扩大到非金钱损害补偿，从财产损害扩大到生命和健康损害的补偿。"19世纪末，德国学者奥托梅叶提出了特别牺牲理论。他认为，任何财产权的行使都要受到一定内在的、社会的限制，只有当时财产的征用或限制超出这些内在限制时，才产生补偿问题。也就是说，对行使所有权的内在社会限制是所有公民都平等的承受了一定负担，不需要赔偿。然而当这种负担落到某个公民头上，它就变成了一种特殊的牺牲，必须进行补偿。"[①]具体到西部经济的正外部性而言，国家为了社会整体利益发展西部经济，在西部经济发展中产生的正外部性损害使得部分群体义务的负担重于社会全体成员的平均负担，而另外一部分群体却免费享受了利益，社会整体利益也得到增加。此时外部经济制造者所承担的利益损害是具有公益性的，不应有由体来承担，而应由公众负担。既由国家代表社会整体利益来负担正外部性制造成

[①] 皮纯协、何寿生：《比较国家赔偿法》，中国法制出版社1998年版，第71页；以及周喊华、何峻：《外国国家赔偿制度比较》，警官教育出版社1992年版，第189页。

本，从公众的税收——国库中支付一定的补偿费用，以弥补少数受到利益损失的个体。

2. 公共负担平等说。

事实上这一理论是前一理论引申的结果。即因为发生了特别牺牲，所以有必要公共负担这种特别牺牲。这在德国也是一个被普遍接受的学说，即如果个别人所做出某种牺牲是为了公共利益，就可以向政府求偿。当然这种牺牲必须是超过正常人所能想象得到，所能忍受得了的损害。这种理论认为国家为公民设定的义务应以平等为基础。当一部分人或个别人承担的义务重于相同情况下的其他人时，国家应设法调整和平衡这种义务负担的不均衡现象。调整的方式则是通过财政转移支付等方式由国家对遭受损失的个人或部分人群予以补偿，从而在全体公民于受损者之间重新恢复平等的义务负担状态。这一理论给出了国家应对由于西部经济正外部性损害受损的群体进行补偿的更进一步解释。即国家以补偿的方式把外部经济制造者相对于普通社会成员所额外负担的成本转嫁到广大受益人身上，恢复公众义务负担平等的状态。

在此应当明确这两种学说，仅仅是可供参考的两种理论学说，因为它们解释的法律行业（如土地征收、征用）和正外部性行为是不同。土地征收，是政府实施的一种合法行为，具有强制性。这种政府采取的强制性合法行为，破坏了市场交易中的自愿平等原则，如一个新品卖5元，一方愿买，另一方愿卖。双方自愿达成交易。若一个新品市场价格可能是5元，但卖方不愿卖，而买者按相关法律规定必须买，旦卖者必须服从。这种行为就给卖者在精神上受到伤害，做出了特别牺牲。而正外部性制造者的行为，是一种自愿的行为，它是在国家政策的引导下，基于社会公共利益的需求自己投入财力、物力、人力而进行的一种行为。这种行为的结果，是正外部性制造者的利益受损，而其他人（地区、行业等）受益，以至于这种行为的后果对国家的社会经济发展、生态环境建设等都有益。因此可以说，正外部性制造者的这种特别牺牲，国家应该进行补偿。

将特别牺牲理论和公共负担平等理论结和起来解释国家补偿责任的产

生，即由于社会的个别成员或一部分成员为社会整体利益做出了特别牺牲，因此受益的社会全体成员应当公平负担这种牺牲。怎样负提琴这种牺牲？其主要方式就是由国家代表社会整体利益通过中央财政给特别牺牲人以补偿，以此恢复社会成员之间义务负担平等的机制。

6.5.2 西部经济正外部性损害引起的国家补偿责任构成要件

1. 国家补偿责任的一般构成要件。

（1）引起国家补偿的行为中不存在违法行为，而是合法行为。这一特征使之与国家赔偿责任得以区别。如果国家因其违法的或行为人的故意、过失引起的侵权而构成的责任，为国家赔偿责任。相反如果国家行为是合法的，且行为人主观上无过错，而且遭受利益损失的人并不是普遍的，而是特别的，则国家承担补偿责任。在日本，就以合法行为标准把国家责任分为损害赔偿与损失赔偿。① 在法国，行政机关为了防止社会动乱，不执行法院的判决所造成的特殊损害的赔偿责任就是一种补偿责任，虽然国家机关无任何过错，而是合法行为造成的损害，但国家根据特殊牺牲原则需承担责任。② 正外部制造者的行为，也是一种合法行为，有的事情本身就是国家应该做的，如"三北"防护林、塞坝林场等生态林建设，因此说正外部性制造者的合法行为给自身造成的损害国家应该承担补偿责任。

（2）受到的利益损失必须是特殊的、普遍的。这一要件使国家补偿区别于公共负担。即如果个体或部分群体受到的损失是因国家行为导致的普遍损害，如立法行为、税收行为等，这些都属于合理的公共负担，是每个社会成员平等承担的义务，均不应视为特别牺牲，国家也不承担补偿责任。唯有在国家为了社会整体利益依法施加于个体或部分群体重于其他社会成员的义务负担时，国家的进行补偿。"例如在法国，当一项法律对某个人或团体施加特别的负担而不影响处于同样情况下的其他人，受害人可以请求补偿。"③那么西部开发的正外部性损害是不是特殊而非普遍的呢？

---

① [日]田中二朗，《赔偿与补偿》，第6页。
② 皮纯协、何寿生：《比较国家赔偿法》，中国法制出版社1998年版，第71页。
③ 周汉华、何峻：《外国国家赔偿制度比较》，警官教育出版社1992年版，第71页。

答案是肯定的。虽然由于西部开发正外部性损害多存在于一个行业或一个部门，其制造者广泛而众多，相对于个体而言具有不确定性；但外部经济使整个社会受益，若相对于受益的社会整体成员而言，遭受正外部性损害的群体又具有一定范围的特定性，所遭受的利益损失具有特殊性，应属于特别牺牲。

2. 因西部经济正外部损害产生的国家补偿责任之特殊构成要件。

(1) 外部经济的存在。这应是这种特殊国家补偿责任产生的前提要件。国家补偿责任需有特别牺牲的存在，而外部经济则是产生特别牺牲的原因之一。特别是在西部经济发展中，若某一地区或局部的活动可以减损自身利益而惠及区外，产生外部经济，而利益的损失却得不到受益区的适当补偿，制造者因无法将这外部效应内在化，其私人成本与社会成本分离而遭受到利益的特别牺牲。此时应适用国家补偿。例如以农业为例。国家从环境保护、生态安全等全面因素考虑，用"退耕还林，退耕还草"的政策约束农民对土地使用技能的充分行使，因此改善了西部的自然环境，而这一改善将辐射全国，改善全国的气象条件，减少自然灾害。这里农民"退耕还林，退耕还草"而对全国环境的影响，就属于西部农业对外部的积极影响，即外部经济。

(2) 广泛受益与特别损失并存。仍以前述的农业外部经济为例。国家"退耕还林，退耕还草"的政策限制，实质上造成了对土地产权的制约。这种制约影响土地产权完全依土地所有权人(农业集体组织)的自主意志进行处分，使产权行使出现外部性障碍。产权所有人的收益因此减少，却无法收回成本，而同时西部农业产生的正外部效应辐射全国，其形成的"绿色屏障"，既有利于西部自然环境的改善，更有利于改善全国气象条件，减少灾害性天气的发生，从而使社会全体成员从中受益。因而这里社会成员的普遍受益和外部经济制造者利益的特别损失同时并存。

(3) 外部经济与受益和损失的产生有直接的必然的因果关系。

这里强调的是因果关系是直接的，而非间接的。对于因外部经济造成的间接损失，不存在国家补偿责任。

6.5.3 国家补偿责任的特征

(1)概括性。由于西部开发正外部性成本的价值难以判断,很难确定补偿的具体数额。因而国家补偿只能参照一定的经济标准给当事人以相当的补偿,而不可能在具体案件中一项项计算个体的损失。因此,补偿数额与利益失额之间具有概括性。

(2)适当性。在许多国家关于补偿数额的规定中,大多都采用"公正"、"相当"、"适当"等字眼规定补偿数额。但人们对"公正"、"相当"、"适当"的理解都是不一致的。有人将"公正"、"相当"理解为全额补偿,有人理解为足够补偿,还有人主张"最低标准"补偿。对此,我们应根据国家补偿责任的支撑理论:特别牺牲论和公共负担论来理解补偿数额与实际损失的关系。依据前两个理论,补偿的根本属性在于国家对特别牺牲人损失的弥补。这种弥补旨在平衡受损人与普通社会成员之间的义务负担,而不是让受损人因制造外部经济从中获利。而且国家补偿由中央财政支付,这将是一笔很大的支出,必须将这一财政负担降低到可能的最低限度,否则中央财政将不负较重。因而国家补偿责任应该而且必须为适度补偿责任。

事实上,世界上多数国家在制定国家补偿标准时(当然并不仅指外部性原因引起的),都以最高补偿限制把国家补偿责任限定在最低标准弥补损失的范围内。如在美国,政府如对私人利用核能的企业发放许可证有误造成损害的,政府要负责任,这种补偿责任有最高限额的限制。再如法国对于有关动物、飞机、汽车、农药、疫苗以及其他非常危险的行为,涉及国家补偿责任时,都有最高补偿额的限制。

(3 非后果发生性(或非事后性)。为了最大限度的发挥国家补偿对经济的作用,促进正外部性的产出,国家可以在外部经济产生前或产生过程中就进行补偿。国家补偿不同于私人协商,国家具有完全的主动性,因而应发挥这种主动性,采用事前支付补偿金的方式承担外部经济的制造成本,以此鼓励正外部性的产出,实现资源的高效配置。我们应将国家补偿制度设计成一种影响未来行为的激励机制。

6.6 国家补偿的原则

6.6.1 可持续发展原则

这一原则是针对西部开发正外部性问题进行国家补偿的特殊要求。在对西部经济外部性损害进行补偿时，一定要注意地区经济、社会、人文的短期发展目标与长期发展战略目标的衔接，要采取综合性的，灵活的手段进行补偿，协调经济发展、居民住房、人才培养，环境保护等问题，特别要培育受补偿的行业、部门在没有外部补偿条件下的自我发展能力。美国1993年通过的《联邦受援区和受援社区法案》规定了指导计划实行的原则中就包括可持续发展原则。

6.6.2 依法补偿的原则

这一原则要求进行国家补偿不仅要实体上有法可依，程序上也要有法可依。就因西部开发的外部经济而进行的国家补偿而言，依法进行补偿具有两方面非常的意义。首先，有利于国家补偿的科学性。进行国家补偿的决策一旦失误，轻者使部分群体利益受损，重者会影响经济全局。因而必须使决策的形成经过法定的程序，符合已定的制度，以此阻遏和杜绝决策上的个别意志、长官意志等人为因素和非理性因素，防止决策尤其是重大决策的失误。在这一点上美国的经验值得借鉴。因美国联邦政府的援助与我们这里探讨的国家补偿性质相似，就以此为例说明。美国政府把援助欠发达地区经济发展置于严格的立法、执法和司法的过程中。联邦政府对欠发达地区和社会的援助主要是根据国会通过的有关法律制订具体援助计划，审查批准援助项目的申请报告，拨付一定比例的款项给州政府，并定期审计资金的使用情况。近年来联邦政府围绕欠发达地区存在的一系列突出矛盾和问题，如提高就业率、救济残疾人、保护环境、基础设施建设等，先后建立了1324个项目基金会，每个项目基金资金来源，申报程序、实施要求等都相应制定了操作性很强的法律条款，为了提高这项工作的透明度，联邦政府服务管理中心将这1300多个项目每年汇编成"联邦政府国内的资助目录",并制成CD盘公开发行。① 这样无论款项申请人还是审批人都会各自按照法律进行操作,最大限度地排除了主观随意性。运用法制手段规范援助工作方方面面的责权和行为是美国以很有限的投入在援助欠发达地区发展方面取得较好成效的重要原因。这对我们依法进行国家补偿很有启示。

依法补偿的第二个意义在于给市场主体明确的信息,即外部经济的制造者可以通过法律的途径获得制造成本的补偿。这一信息将会影响市场主体的行为决策。在理性驱使下他会衡量自己的利弊得失。显然以法的形式告诉市场主体制造外部经济可以得到国家补偿的信息会比任何一种形式更具有效果,这会最大限度的鼓励市场主体外部经济的产出。

6.6.3 公平兼顾效率原则

这是一个最难把握又不得不遵循的原则。因为公平与效率的追求总是存在着冲突,这一冲突在西部开发的外部经济中表现的尤其突出。外部经济制造者要想向受益者索要报酬,成本是巨大的,若成本大于其所能得到的报酬,则这一交易是没有效率的;但若外部经济制造者单方面承担制造成本,受益者免费享受他制造的正外部性,又是不公平的,此时公平与效率发生了冲突。考虑到持续的不公平会阻碍正外部性的产出,最终有害于社会整体效率的实现,我们就必须解决这一不公平的经济现象。而无论采取何种解决方式都是需要成本的,一出现成本,相互矛盾的公平与效率的价值取舍又不得不进入现实选择之中。

若收入可能被无成本地分配,那么效率与公平之间就不会有冲突,不论对追求效率的特定分配结果还是对取得公平的收入分配都是这样,但是现实中无论通过市场主体自愿交易还是国家补偿来解决正外部性问题,成本都是存在的,那么效率与公平就会有冲突,无论事实上的冲突是为了实现高效率的资源配置还是公平的收入分配。正如波斯纳分析的"如何解决平等和效率之间的冲突最终取决于两者的相对重要性,如果推进平等是非

---

①陈元生:《美国区域经济政策分析与思考》,《沿海新潮》(汕头)1997年,第2期。

常重要的，那么为了社会更多的公平而牺牲一些效率还是有必要的"。我们所说的公平，即社会成员平等的承担义务，与波斯纳的"平等"具有质的相通性。因而最后的结论是：我们应寻找最适当的法律，通过权利界定和程序规定使收入分配成本最小化，这也正是我们选择国家补偿制度来解决西部开发中的正外部性问题的原因。(前文已论述)因而与以往的法律制度有所不同的是，国家补偿制度设立的初衷应侧重于实现公平，以公平来促进长远效率的实现，即以可持续发展的角度，通过维持社会成员义务负担的公平来鼓励正外部性产出，最终达到社会资源总体配置的高效率，增加社会整体利益。这与侧重于追求效率而忽略实质公平的民法有所不同，而是经济法所具有的独特价值理念。这一原则应贯彻于国家补偿制度的始终，无论在决定是否进行补偿，补偿数额及如何补偿的每个环节都要体现公平兼顾效率的价值理念。

6.7 国家补偿的程序

程序的意义在于使补偿尽可能的具有操作性和精细化，既不能助长地方政府向中央政府讨价还价的依赖性；又要给可以获得国家补偿的受损者和实施国家补偿的有关职能部门一个可遵循的行为指南。以美国区域发展政策的执行为例，可以实证的说明程序的作用。美国政府把向欠发达地区援助资金的行为规定了详细的程序和过程，并将其置于严格的法律控制之下。比如某社区需要申请建设高速公路，必须先查到有关法律条款，由社区董事会依法提出申请，说明在本地建高速公路的理由，上报州政府高速公路委员会审查，然后由州政府上报联邦政府高速公路管理委员会，该委员会依批准后分期拨付援助资金。在项目进行过程中，州政府和社区必须接受联邦政府按法律程序进行的监督，要保证资金专款专用，并要接受联邦政府的定期审计。如果发现有违法行为，则会停止援助计划进行，并向法院提出诉讼。情节严重的当事人将被依法判刑，投进监狱。由于操作程序明确，具体而且有严格的法律监督，因此很少发生将资金挪作他用，而使项目夭折的事情。这就保障了援助项目落到实处，提高了资金的使用效益，从而促进了欠发达地区经济的发展。美国政府以很有限的投入在援助欠发达地区发展方面取得较好的成效，重要的原因就是把援助欠发达地区经济发展行为辅之于具体、明确的程序中和严格的法律规制下，这对我们确立国家补偿程序有借鉴意义。严格规范的程序有助于遏制国家干预经济这一方式的弊端，将政府偏好和权利滥用现象发生率降至最低点。

本课题在此仅就个别地方政府或行业就某某一项补偿向中央政府提出国家补偿的简要程序，不包括国家或中央政策宏观政策制定方面，作以概括。

6.7.1 申请

在决定国家补偿是依受损失者申请发起还是由中央政府依职权主动发起的问题上，我们选择前者。理由有三：其一，国家承担的是补偿责任。而补偿的根本属性在于国家对遭受特别损失的人的利益填补，旨在平衡受损人与普通社会成员之间的义务负担，并不意味着对受损失者必须接受补偿的强制。即如果受损失者基于道德因素或其他原因放弃了要求国家补偿的权利，自愿承担外部经济的制造成本，国家应尊重受损者的道德选择。其二，对受损失者而言，获得补偿是一种权利，不积极的行使权利就意味着放弃。由受损失者来提出申请，可以督促其积极行使自己的权利；同时作为最了解自身利益状况的人，由他们来提出申请，可节约正外部性损害的发现成本。其三，国家作为补偿义务的承担者，补偿费的支出是一笔很大的财政负担。若再将国家补偿的提起作为有关职能部门的义务，一方面助长了市场主体对国家的依赖性；同时加重了国家的财政负担。因此国家补偿的第一步应是由认为遭受正外部性损害的一方向补偿机关提出国家补偿的申请，并说明应该获得补偿的理由，提供在其能力范围内可以提供的证据。

6.7.2 审查

审查可以分为两个阶段。第一个阶段是形式审查。审查的内容主要包括申请者资格的审查，外部经济的是否存在的审查。是否遭受外部性损害的个体或团体都可提出补偿申请？由于西部经济外部性损害方的特性，我们可以比照诉讼法中的集团诉讼制度，对其具体的由谁代表提出申请及相应的权利义务分担做出相关的规定，使得补偿程序运行起来更具有效率。通过形式审查后，进入实质审查阶段。这一阶段审查的内容主要是确认申请者主张的外部经济损害是否符合国家补偿的构成要件。

6.7.3 拒绝与接受

对于拒绝的申请，应设立申请复议的程序，完善救济渠道。

6.8 国家补偿的方式

对于补偿的方式的建构，我们决不能脱离实际。否则理论上再合理的成本分担与补偿模式在实践中也是难以行得通的。必须从西部各地区经济、社会发展的实践和地方本身的特点出发，坚持统一性和多样性相结合的原则，因地制宜的灵活采取最适宜的方式对外部经济制造者进行补偿。以是否直接给付财产性补偿为依据，补偿方式可分为直接补偿和间接补偿。

6.8.1 直接补偿

直接补偿中最主要的方式应属财政转移支付。转移支付制度是当今世界各国普遍采用的，用来分税制配套的公共财政政策工具。转移支付形式多种多样，但一般可归纳为一般性补助和专项补助。作为国家补偿方式之一的转移支付应指的是后一种，即用来加强对区域经济宏观调控为目的，主要用来缩小各地区教育、医疗、文化生活和交通、通讯、能源等条件差别的制定用途的，必须按中央指定的项目和范围使用的补助。

6.8.2 间接补偿

1. 税收政策。

中央对制造外部经济的地方政府、行业团体及个体实行税收优惠政策。比如说可以对该行业免征、少征或全额返还税收。免征、少征的部分或全额返还部分可作为国家的补偿；还可适当对该产业实行零税率。

2. 灵活运用宏观金融政策，达到补偿的实质效果。

资金是现代市场经济的血液，对西部开发当然也不例外。因而若能运用宏观金融政策工具进行补偿，必会收到事半功倍的效果。比如说在加强金融监管的前提下，采取倾斜政策，降低西部设立金融机构的条件，适当增加区域性商业银行和非银行金融机构的数量和规模；还可以设立西部开发投资基金、农业开发基金等，基金的来源可由预算拨款、专项借款、捐赠收入，以此通过社会力量，来减轻中央财政压力；在融资方面，可以适当放宽需要补偿的利益主体对外融资的条件。

另外，在市场机制作用下，我们承认经济人的唯利性，因而上面讲的方式都是物质补偿。但我们也不能忽略个体对自我道德完善的不懈追求，因而对外部经济制造者进行精神补偿也是必不可少的。国家可以通过政治上给予荣誉，在舆论上给予宣传，肯定他们的劳动贡献，以此在某些时候减少或取代经济补偿数额，可能会收到比经济补偿更大的效果。

在选择何种方式进行补偿时，一定不能为了补偿而补偿。"不是给他们多少钱，而是让他们感受到实实在在的公平"，这一点对于解决在西部开发者以特定经济环境下产生的正外部性损害问题具有十分重要的意义。要使补偿既能平衡冲突的利益，还能避免助长接受补偿者对补偿的依赖性和滋生的惰性。

附录1：
西部开发法律需求的经济学分析

中国社会之所以在本世纪初做出西部大开发的选择，在很大程度上是因为自改革开放以来，中国社会发展过程中，社会经济关系发展、变化的实然表现的客观要求。对这种实然关系中经实践检验认为是合理的那部分关系，需要法律予以确认。对其中被扭曲的、有违社会理想的实然社会关系则需要予以法律矫正。这种应然关系和实然关系的实际发生和客观存在都产生了对法律的直接需求[1]。针对这种法律需求，最有效的法律供给就是制定西部开发法[2]。在具体探讨实然社会关系对西部开发的法律需求时，本文着重于对其中被扭曲的需要法律矫正的实然社会关系的分析，而对其中需要予以法律确认的实然关系则存而不论。

一、应然法律需求

西部大开发是20世纪末21世纪初党中央贯彻邓小平关于中国现代化建设"两个大局"战略思想，而向新世纪作出的重大战略决策。1999年9月

---

[1] 本文将社会关系划分为实然社会关系和应然社会关系并不具有严格的哲学意义，本文这种划分的意义仅仅在于把由西部开发战略实施所引起的社会关系和西部既存社会关系加以区别，其中前者在本文中谓之应然社会关系，着重在于指出西部开发战略实施会产生哪些新的社会关系，由此会引起哪些法律需求。后者在本文中谓之实然社会关系，由此会引起哪些法律需求，着重于指出实然社会关系中必然存在的有违社会理想的那部分社会关系，有必要通过适当的法律共给加以矫正。由此引出了本文第二部分所探讨的法律需求。

[2] 关于制定西部开发法，作者将另文探讨，此处只是作为法律需求的相对方——法律共给的形式之一来凸显法律需求，对此不做更多的分析。

中共十五届四中全会提出：国家要实施西部大开发战略。到 2000 年全面启动①。围绕西部开发，在我国形成了国家与西部、东部与西部之间一系列新的社会关系，这些新的社会关系如何得以健康发展，并实现符合理想的应然社会关系，需要制定专门法对这些关系予以调整，以确保西部开发的顺利进行。这些应然关系法律需求主要包括以下内容：

（一）界定开发主体的法律需求

西部开发就其对象而言，可广义的理解为西部地区的经济、社会发展，进一步可理解为"开路（基础设施）、生态环境和特色经济（产业）"②。但由谁来开发？开发主体的法律界定，涉及开发过程的开发权利、义务关系，如果开发主体不明确，必然导致开发过程中的权利义务关系模糊，影响开发效果，出现开发责任不清、开发责任难以落实的情况。

正确界定开发主体需要紧紧把握以下三个制度性背景。一是从历史考察来看，我国西部在新中国建立后曾经历两次开发，一次是在 50 年代，全国安排的 156 项重点项目，大部分集中在西部，其中仅陕西、甘肃两省就占了 40 项③。一次是在 60、70 年代"三线"建设时期，在西部地区建立了一大批国防工业企业和设备工业企业。这两次开发都是以国家为主体开发的，西部地区被动的接受国家的资金投入和项目建设，开发主体单一。二是这两次开发都是在计划经济条件下进行的，绝大部分社会资源掌握在国家手里，支撑了以国家为主体的单一开发。而本次开发面对的社会主义市场经济，社会资源已经分散化，不再完全由国家进行计划控制，国家掌握的资源受到一定限制，国家的直接干预力较之先前明显软化，国家作为开发主体的能力受到很大的局限性。三是我国西部地区经过建国后 50 年的发展形成了比较典型的二元经济结构，落后的传统农业和相对发达的现代工

---

①西部开发政策的出台，经历了一个长期过程，从邓小平开始一直到现任中央领导人对此问题都多有论述，本文仅是从与西部开发全面启动的直接联系上，把上述两种情况作为西部开发启动的直接契机。
②许宝健：《瞩目西部开发》，载《经济日报》2000 年 2 月 3 日。
③陈锦华：《影响西部开发的几个因素》，载《光明日报》2000 年 3 月 7 日。

业并存,依靠现有工业积累资金改造传统农业,加速社会转型的能力有限,即西部自身的开发能力有限。

结合上述制度性背景,本文以为开发主体的界定宜构筑国家、地方和企业的三元主体结构。其经济学意义在于既可克服国家财力不足的矛盾,又可借助国家有限财力的集中使用,有利于实现单级突破(如上述开发对象的三个方面),冲破二元经济结构的封闭状态。同时,吸纳大量企业参与开发,亦可保证开发的市场适应性,避免国家(包括地方)计划开发有可能形成的市场刚性,使得西部开发能沿着市场轨道向前发展,并适应国家经济结构调整和世界产业升级的需要。

国家(一元)主体的法律地位集中在两个方面,一是集中国有资源进行计划开发;一是为地方计划开发和企业参与开发提供制度供给,充分调动地方和企业开发的积极性,发挥其主观能动性。地方(二元)主体的法律地方亦集中在两个方面,一是集中地方资源进行计划开发;二是为企业参与开发提供具体的制度供给,使得有限的地方财力直接使用到地方最重要的用途上,并为企业直接参与地方开发提供各种便利条件。企业(三元)主体的法律地位集中在三个方面,一是自主开发,应充分尊重企业的自主人格,并通过制度供给的各种优惠政策吸引企业参与地方开发,不能强行干预企业的经营自主权。二是自由进出,需要在资本流动、人力配置、资源使用等方面为企业自由进出提供便利,放宽企业准入条件,方便企业完全依据市场机制选择进出方式,确定产业方向,避免行政干预硬化企业流动机制,限制企业自由进出。三是利益保障,西部地区因其特殊环境,企业盈利机会明显小于东部地区,应提供相应制度供给,降低企业进入成本和经营成本,确保企业在正常情况下能维持盈利状态。

(二)明确开发目标的法律需求

西部开发目标也即西部开发所要达到的事实状态,他不仅是经济学研究所要解决的问题,也是法律价值的最终体现。通过立法形式,明确西部开发的目标,必将对围绕西部开发的经济活动实现有效的指引,有利于在西部开发改成中形成有序、良性互动和符合理想的经济关系。其法律价值表现包括以下几个方面：首先，法律作为配置资源的一种重要手段，主要通过明晰产权和对产权的重新安排来实现资源的有效率配置①，所以，法律配置资源的实现，有一个很重要的前提条件就是必须具有确定的价值取向，即资源配置所要达到的目标必须确定化。其次，西部开发作为国家主导之下的有组织的经济活动，不同于一般的市场活动，市场活动可以依据市场规律预测其发展目标，具有自发性和事后性，最终是否能达到预期目标，也存在不确定性。而国家主导之下的经济活动必须具有事先目标性，这样才有可能通过直接配置资源和充分利用市场机制的作用来实现先期确定的目标。再次，由于国家在直接配置资源的同时注意利用市场机制来进行资源配置，实现所确定的目标，而在利用市场机制时，着重于通过各种经济杠杆对市场机制的作用施加影响，所以，这就决定了国家对市场的影响在很大程度上无非是通过提供政策供给来实现，至于提供什么样的政策供给，显然是以能推动确定性目标的实现为基本依据。最后，依法确定开发目标，赋予开发目标以法律刚性，也有助于统一思想，集中全社会力量坚定不移的实现开发目标，避免因开发目标缺乏法律刚性而变得不确定，影响开发的最终成果。

在具体确定开发目标时，应紧紧围绕为什么进行西部开发这一主题，重点把握以下几点：一是改革开放以来，特别是20世纪90年代以来，我国东、西部地区收入差距明显拉大。东、西部地区农民人均纯收入比例差距分别从1980年的1.28:1.06:1扩大到1998年的1.95:1.37:1。1998年，东部地区农民人均纯收入为2854元，西部地区农民人均纯收入只有1474元，相差1倍。1981年，城镇居民收入最高的上海与收入最低的省份山西分别为599元和370元，其比例是1.62:1。到1997年，城镇居民收入最高的省份广东与收入最低的省份甘肃分别为8562元和3592元，其比例已扩大为2.38:1。1998年，人均可支配收入最高的深圳市为20245元，最低的西宁市人均可支配收入仅为4245元，两个城市的人均可支配收入相差4.8

---

① 李永宁：《法治经济论》，载《理论导刊》，1999年第12期，第25—26页。

倍。全国近600个贫困县，有90%以上集中在中、西部地区[1]。二是由于千百年来的战乱、自然灾害和各种人为的原因，西部地区自然环境不断恶化，特别是资源短缺，水土流失严重，生态环境越来越恶劣，荒漠化年复一年的加剧，并且不断向东推进。目前，全国水土流失面积360多万平方公里，其中西部地区就占了80%，全国每年新增荒漠化面积约2400平方公里，也大都在西部地区。日益恶化的生态环境，极大地制约着西部地区的经济社会发展，对中华民族的生存和发展也构成了严重的威胁[2]。三是我国西部地区边界线绵长，与10多个国家接壤，有50多个民族居住，占全国少数民族人口的80%，"东西部差距在一定意义上也可以说是汉族与少数民族的差距"。加快开发西部地区，有利于增强中华民族的凝聚力和向心力，从根本上挫败国内外敌对势力的阴谋，确保民族团结和边疆巩固，为国家的长治久安和社会主义制度的巩固，奠定坚实的物质和思想基础[3]。

基于上述分析，本文以为西部开发的目标应确定为缩小地区差距、实现生态平衡和确保民族团结三大目标。这三大目标应从法律上予以确认。其中第一个目标之所以确定为缩小地区差距，是考虑到西部开发将是一个长期过程，不能指望"一夜暴富"[4]，但经济开发，会逐步缩小地区差距，最终实现东西部地区的协调发展和共同富裕。第二个目标实现生态平衡，是把生态平衡作为西部开发要重点解决的问题，并在可预期的一段时间内使得西部地区的生态环境得到根本改善，建立优良的生态环境推动西部开发向纵深发展并为西部地区乃至全国创造一个可持续发展的外在环境。也只有在上述两个目标实现以后，西部各族人民才有可能真正安居乐业，西部地区的社会稳定和民族团结也才会最终实现。

---

[1] 李欣欣：《我国西部开发十年概述》，载《经济研究参考》2000年第1期，第15—22页。

[2] 曾培炎：《加快实施西部大开发战略》，载《经济日报》2000年3月14日。

[3] 郑必坚：《关于实施西部大开发战略的初步思考》，载《光明日报》2000年2月29日。

[4] 见许嘉璐刊于《中国经济时报》2000年2月23日的文章。

(三)界定开发范围的法律需求

西部开发的范围也即西部开发的区域边界和空间范围。西部开发本身意味着在各开发主体及开发主体与开发对象之间设定一种新的权利义务关系。所以,开发范围既反映为开发活动本身的区域和空间边界,也反映为围绕西部开发所设定的权利义务的区域和空间边界。所以,明确西部开发的范围就具有十分重要的法律意义。其法律价值主要体现在以下几个方面:一是开发范围明确有助于国有开发资源的合理配置。正如前文所述,西部开发过程中,国家作为一个重要的开发主体之一,有必要调动一定数量的国有开发资源直接进行开发,要使得有限的国有资源能准确到位,真正发挥国有资源"四两拨千斤"的作用,就必须为国有资源的流动划定明确的区域和空间边界,避免国有资源越界流动,配置不到位,分散有限的国有开发资源,扭曲国家经济力,影响国家在开发中的主导作用的发挥。二是开发范围明确有助于国家有效提供倾斜性制度供给。西部开发作为国家在特殊背景条件下的一项历史性选择,不仅要求国家直接投入人、财、物进行开发,还要为开发积极提供各种倾斜性制度供给。如果开发的区域和空间边界不清,倾斜性制度供给就不可能精准到位,导致目标区内制度供给短缺,使大开发不能得到充分的制度保障,或者制度供给发生相对过剩,使非目标区得到倾斜性制度供给,最终必然扭曲制度效率,使资源配置的实际效果发生变形,大开发的预期目标将难以真正实现。因为,国家的倾斜性制度供给无非是通过制度优惠以弥补市场机制的欠缺,有效发挥市场机制的作用,克服市场失灵对大开发的消极影响。但当制度供给短缺或过剩的情况出现后,都不足以克服市场机制的不足,在事实上反而有可能扭曲市场机制。如国务院近期公布的鼓励外商投资中西部的税收优惠政策,把中西部的税收优惠拉平,这一做法无疑对克服东部倾斜政策是有益的,但仅就开发西部的意义而言,其鼓励外商投资西部的力度显然不够。所以,有必要在明确开发的区域和空间边界以后实施不同的差别政策,对西部地区实施相比其他地区更优惠的税收政策,以刺激西部地区吸引更多的外资进入。三是开发范围明确有助于推进不同地区之间的经济合作。使得各地区都能看清国家政策对各自的意义,并在此基础上,用足用活国家政策,使得政策作用发挥到最大限度。

开发范围的具体界定,不能想当然的随意确定,中部地区更应该照顾国家大局,不宜在位置问题上进行纠缠①,应看到西部开发对中部地区也是一次发展机遇,要充分利用西部开发的机遇,发挥自身"承东启西"的区位优势,要认识到没有西部的发展,中部地区也很难实现快速的发展。在具体界定西部开发范围时,应结合西部地区特点,坚持三个原则来划定开发范围。一是尊重历史传统的原则。传统上我国西部地区即指西北五省区和西南五省市,俗称大西北和大西南,由于其在我国版图上的自然区位,传统上一直被称为"中国西部",所以,尽量不要在传统范围之外,再增加新内容,避免造成理解歧义。二是坚持突出地区特征原则,我国西部地区就其经济、社会结构来看存在明显的区位特征,应以这些区位特征为依据界定西部地区的范围。这些特征是:第一,我国西部地区的经济结构属于典型的二元经济结构,既有建国以来建立的以国有企业为主体的现代部门,又存在落后的传统农业部门,农业部门商品化程度低,农村乡镇企业不发达,广大农村很大程度上还处于封闭状态,全国600个贫困县的绝大部分位于西部地区,农民温饱问题尚未得到根本解决。第二,我国西部地区社会结构的典型特征之一是多民族杂居,生活着50多个少数民族,少数民族人口占全国少数民族人口的80%。第三,我国西部地区毗邻10多个国家,是祖国的西部边陲,绵长的国境线把西部地区大多省区连成一体,具有特殊的战略意义。三是严格把握中央政策的原则。严格把握中央政策,要求对中央政策要准确理解,要做到这一点,重点要区分"加快中西部发展"和"西部大开发"的内涵,要看到中央文件和中央领导人在不同场合使用上述两种不同的表达方式,其政策含义是有严格区别的。这种区别表现在:(1)两者力度不同。所谓加快发展,只是要求发展要快于常规的速度,而"开发"则是要求在更大程度上实现跨越式发展。(2)两者实现手

---

① 李予阳:《非东非西说位置》,载《经济日报》2000年3月14日。

段不同。"加快发展"着重于政策刺激和管理改进以提高效率；而"开发"应以国家主导为主要实现手段，着重于国家最大限度的调动资源和最大限度的政策供给。所以，不能把"加快中西部发展"误认为是"开发中西部"，使开发范围任意延伸。

根据上述分析，本文以为西部开发的范围除西部五省区和西南五省市之外，应再加上内蒙古，使西部开发的范围严格限定在西部11省区市的范围之内。

（四）明确东部地区责任的法律需求

如果把东、西部看成是具有各自利益的竞争对手，那么西部开发，对东、西部地区来说无疑是一个实现双赢的有利时机。西部地区会借助开发实现经济社会的全面、快速发展。同时，西部开发又会为东部地区提供产品市场，为东部地区传统产业的转移提供承接地，加速东部地区的结构调整和经济发展。但问题并不仅仅是这样，东西部之间也不仅仅是单纯的商品交换关系，此外，还存在着非交换互助关系。两者不同性质的关系交织在一起，就使得这种关系变得很复杂，东部地区对西部开发又无责任，承担什么样的责任，就成为问题的焦点，由此也产生了许多有争议的观点，如有学者认为，为了明确东部地区对西部开发的责任，国家应在东部地区增设"西部开发建设税"[1]，以及给西部地区适当补偿[2]等观点，东部好多地区在谈及西部开发时，又在很大程度上仅仅把西部地区当作一个淘金地。上述观点和倾向都有一定片面性。不利于互助互利、团结和睦、携手并进、共同发展的新型东西部关系的形成。有鉴于此，必须从法律上明确规定东部地区对西部开发的责任。明确东部地区对西部开发的责任，其法律上的意义为：第一，依法确定责任，目的在于把一般意义上的责任上升为法律责任，赋予责任以法律强制性，有利于搁置争议，克服消极态度，集中精力为西部开发尽责尽力。第二，明确责任还有利于克服西北地区

---

[1] 冯家臻、杜跃平：《西部大开发中陕西需要国家给予那些支持政策的建议》，陕西省迎接西部开发研究小组课题之十八，1999年。

[2] 李忠杰：《西部大开发的战略问题》，载《光明日报》2000年2月22日。

等、靠、要的依赖思想，使西部地区清楚认识东部地区支持的最大限度，激发西部地区自力更生、奋发图强、艰苦创业的精神。第三，明确责任还有利于在东西部之间形成一种互帮互学、合作互利、协调发展的人文氛围，有利于人民团结、社会稳定。

依法确定东部地区对西部开发的责任，应把握三个原则：一是大局原则。早在20世纪90年代初，邓小平就提出"两个大局"思想：一个大局是东部沿海地区加快对外开放，使之较快的先发展起来，中西部地区要顾全这个大局。另一个大局是当发展到一定程度时，比如20世纪末全国达到小康水平时，就要拿出更多的力量帮助中西部地区加快发展，东部沿海地区也要顾全这个大局。按照"两个大局"的思想，长期以来，西部地区一直积极支持国家对东部地区的投资倾斜和政策优惠，向东部地区输送大量高素质的人力资源，自觉服从了东部发展的大局。现在，东部地区发展起来了，东部地区自然的应该服从第二个大局，就是"拿出更多的力量帮助中西部地区加快发展"。二是互利原则。应看到西部开发也为东部地区提供了许多商机。首先，西部发展会刺激内需扩大，为东部地区提供市场。其次，西部地区发展也为东部地区实现产业转移、技术转让和联合开发提供了空间。再次，随着西部开发的进行，西部地区丰富的自然资源的开发成本也会降低，为东部地区提供更多优质价廉的自然资源和初级产品。在这一过程中，西部地区也会吸引越来越多的东部资金和技术，以及东部地区先进的管理经验，使得西部地区经济社会得到更快的发展。三是无偿援助原则。我国是社会主义国家，在充分尊重个人和地方利益的前提下，国家资源应为全体中国人民所共享，所以，在不同的发展阶段，先进帮后进、先富帮后富，是社会主义精神价值的集中体现。而且，由于国家采取梯度开发战略，东西部发展时期不同，在发展成本方面也存在很大差异。东部地区是在我国短缺经济时期开始发展的，凭借经济体制转型完成以前国家强大的经济力支持实现了快速发展，发展成本低。西部开发是在供给相对过剩和市场相对萎缩的情况下展开的，加之体制转型完成以后国家经济力的减弱，又面临国内经济结构调整和世界产业升级的特殊环境，发展成本相对提高。由于发展成本差异,直接影响到东西部的资金积累能力,东部明显优于西部。就此而言,东部地区应将帮助西部地区作为自己义不容辞的责任,各地可从自身实际出发,选择灵活多样的方式帮助西部,但作为一项法律原则,有必要将其规范化、固定化。

基于上述分析,本文以为东部地区对西部开发的责任应确定为六个方面:一是支持国家对西部开发采取倾斜优惠政策;二是为西部地区传授技术、培养干部和人才;三是帮助西部地区发展科技和教育事业;四是优先使用西部地区优势资源和产品;五是转移产业从西部地区取得的收入应有一定比例用于西部地区再投资;六是对西部地区提供适当的无偿援助①。

二、实然法律需求

西部开发就其目的而言,着重于从根本上改变西部地区的落后状态,而西部地区之所以落后,在很大程度上则是因为建国以来,西部地区的实然经济关系存在许多有违理想的被扭曲的部分,实然经济关系遭受扭曲,必然使得西部地区自身对资源发生不合理配置,其结果必然出现低效率资源配置,并导致经济利益在东西部之间发生非平衡流动,西部利益大量沉淀于东部②,构成西部地区落后的实质性障碍。所以,有必要采取法律手段,矫正实然关系被扭曲的状现象,实现资源配置的合理化和高效化,最终改变西部地区的落后面貌。所以,实然关系部分扭曲的客观事实,就产生了对法律的实际需求,集中体现在两个方面。

(一)界定产权的法律需求

深入考察我国西部地区的经济运动,不难发现我国西部地区长期的发展过程中一直存在许多向区外释放外部经济③的行业。这种外部经济的释

---

①关于无偿援助的法律依据将在后文述及。
②陈小玮:《我国东西部区域经济差距拉大的原因探析》,张积玉、许发民编《中国西北经济社会发展研究》,陕西师范大学出版社1998年版,第46—56页。
③外部性是指一个或多人的自愿行为在未经第三方同意的情况下强加于或给予他们的成本或收益。其中给予他人收益谓之外部经济,强加于他人成本,谓之外部不经济。

放使得西部地区相对于其他地区承担了更多的外在成本，但这种外在成本却未能通过一套有效的回收机制使"外部性的制造者把这些外部效应内部化"①，付出资源，却不能得到正常价格，地区产权遭受一定程度损害，形成低效率资源配置的主要的制度性根源。解决这一问题，有必要重新审视有关行业的产权界定，通过赋予其完整产权以弥补其效率损害。由外部性导致产权不清的领域在西部地区集中表现在以下几个方面：

1. 能源矿产资源行业的外部性与产权损害。我国西部地区地域辽阔，地形复杂，地质多样，蕴藏着极其丰富的各种资源。已探明矿种 121 种，占全国探明矿种 148 种的 81.8%，其中有 45 种矿种储量占全国一半以上或接近一半，有的如铬、钛、汞、铂、稀土、钾、石棉等，占 80% 以上，而且矿藏又相对集中。但由于历史原因，资源性产品价格一直偏低，西部地区输出低价矿产资源等初级产品，输入高价格的工业及生活用品②。这种不平等的几个交换，在国家工业化过程中，对积累工业资本，刺激现代工业的发展产生了积极的作用，犹如工农业产品价格剪刀差，依靠从农业吸收资金发展现代工业一样，西部地区在出让自己的资源性产品时，也部分的转让了自己的利益给国家工业化，造成付出成本而不能取得收益的客观事实。当东部地区的工业化在开放政策的推动下，快速走向成熟以后，又开始自然的选择某些更经济的环保型资源产品，如油、电对煤炭的替代，这又造成了西部地区艰难积累起来的某些生产能力出现过剩，像煤炭行业的普遍性亏损，而又没有足够的资金对初级产品进行深加工或进入其他产业，所以，能源矿产资源行业的产权不清，无疑是造成西部落后的原因之一。

2. 国防科技工业的外部性与产权损害。西部地区有庞大的国有工业体系，西部地区的国有企业主要是在"一五"时期和"三线"建设时期的基础上形成的。"一五"时期的 156 项重点项目，仅陕西、甘肃两省就占了 40 项。"三线"建设时期，西部有 6 个省区被划定为"三线"地区，成为投资和建设

---

① [美]考特·尤伦：《法和经济学》，张军等译，上海三联书店，1994 年版。
② 表成荣：《论东西差距和区域经济协调发展》。

的重点，仅四川（包括重庆）一省就只有当时全国投资总额的 1/10。西部地区的国有企业又主要集中在国防科技工业领域，据四川省 1986 年统计，国防科技工业拥有哦固定资产原值已占全国国防科技工业的 17.6%。国防科技工业由于其特殊性质，不可能纳入市场化的发展轨道。其高风险、低产出性质，也不可能通过公开市场取得正常的价值回报，但其受益者是整个国家。而且为了建立稳固的国防，保存强有力的国防科技工业能力也是必须的。虽然改革开放以来，国家一再鼓励有关国防科技工业向民用生产方面发展，但国防科技工业仍然需要配置一定的经济资源。但在和平时期，这种能力并不需要直接外化为各种军工产品。这在事实上会造成一定数量的资源闲置，但这种资源闲置完全是为维护国家利益而付出的一种正常代价。如果简单的让企业承担这种成本支出，无疑是对企业产权的一种社会剥夺。

3. 科技教育的外部性及对地区的产权损害。一般认为，我国西部地区教育落后。应当承认，西部地区的广大农村的教育普及程度确实偏低，但也应看到，西部有许多主要城市的科技教育事业在一定程度上领先于东部一些地区。如身处西部的陕西省，其综合空间实力仅次于北京、上海，曾位居全国第三，作为全国主要的教育大省，每年要向全国输出大量科技人才。教育作为一个典型的释放外在利益的行业，其直接的投资回报率很低，但对经济的推动力，以及在经济增长中的贡献率越来越高。西部地区将有限的资源更多的投向教育事业，结果是为国家培养了大量人才。改革开放以来的"孔雀东南飞"现象，使得西部不仅成为全国人才的重要培养地，而且成为重要的人才实习地，西部地区不仅为全国培养优秀毕业生，而且还输送成熟型专业人才与熟练劳动力。同时，西部地区产生的许多科技成果，大量的被在发达地区推广使用。仅就此而言，东部地区就要少支出大量培训、培养和教育费用，而这部分费用显然是由西部地区代为支出的，国家包括东部地区并未向西部地区做适当的补偿，造成西部地区有限的资源伴随"孔雀东南飞"大量无偿的流入东部地区。

4. 农业的外部性与产权损害。农业包括种植业、畜牧业和森林业。农业也是一个重要的外在性行业,不仅是因为其可以提供必要的农牧产品,还在于他对改善整个自然环境有着重要的意义。加之我国西高东低的特殊地理特征,我国的江河源头大多发之于西部,所以,西部地区的农业对东部地区就更有着特殊的意义,如果西部地区完全走粗放式工业化道路,大量占有耕地,毁坏森林,不仅会加快西部地区荒漠化的速度,对东部地区也会构成严重的威胁。同时,西部地区蕴藏大量珍奇物种也会走向灭绝,这对中国,甚至对人类都将是严重的灾难,山川秀美的西部地区也就永远不可能出现。所以,应看到西部的农牧业和森林业是对国家的一种贡献,是对东部地区的一种贡献,由这种贡献所引起的资源投入,理应得到适当的补偿。

(二)公平竞争的法律需求

西部落后于东部,单纯从东西部之间的经济关系来看,其中一个重要的原因就是东西部之间基于历史、政策等因素形成的非公平竞争的格局。其中东部明显优于西部,"市场准入和权利的不平等是西部经济发展落后的外部因素"[①]。开发西部,必须采取适当的法律措施改变竞争的不公平状态,使东西部完全站在同一起跑线上。具体表现在以下两个方面:

1. 资本流动的不公平制度供给。发展经济学的一个重要观点就是认为推动发展的主要动力源泉就是资本积累。自改革开放以来,在国家政策倾斜、税收优惠以及与西部地区的贸易中,加速了东部地区的资本积累过程。对西部地区来说,是否可以采取同样的步骤来实现自身的资本积累?本文以为,即使把赋予东部地区的各种倾斜优惠性政策同样惠及西部地区,但也难于实现类同于东部地区的资本积累过程。除了人口集中度、海外侨资等外在条件差异外,下列因素也使西部地区相比东部地区处于不利的地位。

第一,国有经济在区域经济中的比重。由于改革开放前,出于战备的考虑,主要的国防科技工业投资于西部,在私有制构成中,西部地区国有

---

① 王肃元:《西部经济开发的法律思考》,载《政法论坛》1998年第2期。

经济成分远远高于东部地区。资料显示，1994 年工业总产值中西北五省区国有工业所占比例高于全国平均水平 33 个百分点，集体和城乡个体工业所占比例却低于全国平均水平 23 个百分点①。这就使得西部地区虽然经济总量小，但承担的税赋比例相对高于东部。削弱了西部地区的积累能力，而且国有经济相对僵化的管理体制也很难使其采取类同与其他经济成分更为灵活的竞争方式，东西部之间的竞争地位因此发生差异，西部地区处于相对不利的地位。

第二，外资的进入成本差异。外资进入中国，特别是中小资本的进入，注重的主要是短期利益。相比西部地区，外资，特别是有形资本在进入东部时，不存在从口岸再到西部的中转环节，进入成本明显小于西部。加上各种优惠政策及报关、注册方面的简易程序，进入成本就更低。在这种情况下，即使给西部同样的政策和优惠待遇，西部的进入成本仍然高于东部，外资仍然会首选东部，如果享受不到与东部同样的政策倾斜和优惠待遇，无疑等于给外资进入西部人为的设置了一道屏障。因此造成"截至 1999 年 11 月，在全国累计批准的合同外资金额和实际使用外资金额中，西部地区所占比重仅分别为 3.88% 和 3.17%"②。在利用外资问题上，西部地区完全处于竞争劣势。虽然西部地区也采取了许多具体措施吸引外资，但由于无法克服外资进入成本偏高的实质性障碍，所能吸引的外资仍然很少。

2. 贸易自由的机制性制约。东西部贸易的不公平竞争除前文已述的西部资源性产品的高成本低产出与不合理价格外，还表现在东部地区向西部地区大量倾销低质伪劣产品上。按国家设立经济特区和开放东部的初衷，原本是以东部为试验区，通过各种政策倾斜和优惠待遇吸引外资和先进技术并出口制成品以换取外汇，推动国家经济的整体发展。但在这一过程中，港澳台地区以及外国的许多淘汰设备和技术很快登录东部，制成品大

---

① 李燕军：《西北地区经济发展浅论》；张积玉、徐发民：《中国西北经济社会发展研究》，陕西师范大学出版社 1998 年版，第 147—161 页。
② 李争平：《外资西进，政策先进》，载《经济日报》2000 年 1 月 31 日。

肆扑向内陆地区，西部地区的市场充斥的多是东部地区的制成品，某些东部地区在单纯 GDP 利益驱动之下，对经营、生产活动完全放手，假冒伪劣以及走私产品随之大量出现，如媒体曾披露过的进口旧汽车零部件组装生产基地、进口旧摩托零部件组装生产基地，以滑石粉为原料之一的豆制品地和曾经红极一时的温州假皮鞋走俏全国等等现象。所有这些低劣、假冒产品甚至走出国门，流向俄罗斯及东欧其他国家。大量低劣、假冒产品流向西部，使西部原本就很脆弱的民生产业体系受到了很大冲击，许多企业被迫关门倒闭，甚至出现劣胜优汰的可悲结局。继之而来的是一系列公开和隐蔽的地方行政保护。所以，如果不对东西部的分工协作关系从根本上加以正确定位，要解决已经存在的区际贸易冲突，克服地方保护主义，缩小东西部地区的收入差距，就只能是纸上谈兵，一句空话。

附录 2：
西部开发的法律对策

关于西部开发的法律对策，比较活跃的政策需求和普遍的民间渴望是促请中央政府尽快制定西部开发法，把开发西部的政策固定化、纳入法制轨道，明确中央政府和西部地区，以及东部地区和西部地区各自对西部开发的权利、义务关系，同时增加中央财政对西部的转移支付。本文以为这是西部开发的重要条件之一。但本文将立足西部，重点探讨西部之所以落后的一些制度性障碍。并由此引出克服这些障碍的法律需求，以及应采取的一般性法律对策。

低效率资源配置与法律需求

西部落后于东部，经济上的体现就是低效率资源配置，外在价格表现是低的 CDP 产出和人均 CDP 的低水平，谈及原因时，大多归结为西部经济起步晚、生产力落后、劳动力素质差，以及中央政策倾斜和东、中、西的梯度开发战略所致。实际上，这只是看到了问题的一个方面，是一种简单理解。本文以为问题的症结主要在以下两方面：

(一) 症结之一：产权不清

本文所谈产权不清并不是说产权归属不清，而是指西部地区在国家经济发展的过程中相对于东部而言承担了更多的外在成本，但这种外在成本并没有从国家或者从东部得到适当的补偿。付出资源却不能得到正常价格，形成一种人为的低效率资源配置。

1. 资源。主要指能源矿产资源。我国西部地区蕴藏着极其丰富的各种资源。已探明矿种 121 种，占全国探明矿种 148 种的 81.8%，其中有 45 种储量占全国一半以上或接近一半，有的如铬、汞、铂、稀土、钾、石棉等，占80%以上，而且矿藏又相当集中。但由于历史原因，资源性产品价格一直偏低，西部地区输出低价矿产资源等初级产品，输入高价格的工业及生活用品。这种不平等的价格交换，在国家工业化过程中，对积累工业资本，刺激现代工业的发展产生了积极的作用。犹如工农业产品价格剪刀差，依靠从农业吸收资金发展现代工业一样，西部地区在出让自己的资源性产品时，也部分的转让了自己的利益给国家工业化，造成付出成本而不能取得收益的客观事实。当东部地区的工业化在开放政策的推动下，快速走向成熟以后，又开始自然地选择某些更经济的环保型资源产品，如油、电对煤炭的替代，这又造成了西部地区艰难积累起来的某些生产能力出现过剩，像煤炭行业的普遍性亏损，而又没有足够的资金对初级产品进行深加工或进入其他产业。所以能源矿产资源的产权不清，无疑是造成西部落后的一个原因之一。

2. 国防科技工业。西部地区有庞大的国有工业体系，"一五"时期的156项重点项目，西部就占1/5。"三线"建设时期，西部有6个省区被划定为"三线"地区，成为投资和建设的重点，仅四川（包括重庆）一省就占当时全国投资总额的1/10。西部地区的国有企业又主要集中在国防科技工业领域，据四川省1986年统计，国防科技工业拥有的固定资产原值已占全国国防科技工业的17.6%。国防科技工业由于其特殊性质，不可能纳入市场化的发展轨道。其高风险低产出性质，也不可能通过公开市场取得正常的价值回报，但其受益者是整个国家。而且为了建立稳固的国防，保存强有力的国防科技工业能力也是必须的。虽然改革开放以来，国家一再鼓励有关国防科技工业向民用品生产方面发展，但国防科技工业仍需配置一定的经济资源。这在事实上会造成一定程度的资源闲置。但这种闲置完全是为维护国家利益而付出的一种正常代价，是社会必须的一种成本支出。如果简单的让企业承担这种成本支出，无疑是对企业产权的一种社会剥夺。

3. 科技教育。一般认为，我国西部地区教育落后。应当承认，西部地区的广大农村教育普及程度确实很低，但也应看到西部有许多城市的科技教育事业远远领先于东部许多地区。如西部的陕西，作为全国主要的教育大省，每年要向全国输送大量科技人才教育作为一个典型的释放外在利益的行业，其直接的投资回报率很低，但对经济的推动力，以及在经济增长中的贡献率却越来越高。西部地区将有限的资源投资教育，结果是为国家培养了人才。同时，西部地区产生的许多科技成果，大量的被发达地区推广使用。仅就此而言，东部地区就要少支出大量必要成本，而这部分成本显然是由西部地区代为支出的，国家包括东部地区并未向西部地区做适当的补偿，造成西部地区有限的资源大量无偿流入东部地区。

4. 农业。农业是一个重要的外在性行业，不仅是因为其可以提供必要的农牧产品，还在于他对改善整个自然环境有着重要的意义。加之我国西高东低的特殊地理特征，我国的江河源头大多发之于西部，所以西部地区的农业对东部地区就更有着特殊的意义，如果西部地区完全走粗放式工业化道路，大量占有耕地，销毁森林，不仅会加快西部荒漠化的速度，对东部也会构成严重的威胁。同时，西部地区所蕴藏的许多珍奇物种也会走向灭绝，这对中国，甚至对人类都将是一种灾难，山川秀美的西部也就永远不可能出现。所以，应看到西部的农牧业和森林业是对国家的一种贡献，是对东部地区的一种贡献，由这种贡献所引起的资源投入，理应得到适当的补偿。

(二) 症结之二：东西部的不公平竞争

东西部之间的不公平竞争，不仅表现为国家对西部地区的投资、政策倾斜和税收优惠上面，还包括上述西部地区的高成本生产却不能得到公平回报上面。除此之外，东西部之间的不公平竞争还表现在以下几方面。

1. 资本。发展经济学的一个重要观点就是认为推动发展的主要动力源泉就是资本积累。自改革开放以来，在国家政策倾斜、税收优惠以及与西部地区的贸易中，加速了东部地区的资本积累过程。对西部地区来说，是否可以采取同样的步骤来实现自身的资本积累。本文以为，即使把赋予东部地区的各种倾斜性政策同样惠及西部，也难于实现类同于东部地区的资本积累过程。除了人口集中、海外资金的故乡情结等外在条件差异外，下列因素也使西部地区相比东部地区处于不利的地位。

第一，国有经济在区域经济中的比重。西部地区国有经济成分远远高于东部地区，这就使得西部地区虽然经济总量小，但承担的税赋比例相对高于东部。削弱了西部地区的积累能力，而且国有经济相对僵化的管理体制也很难使其采取类同与其他经济成分更为灵活的竞争方式。东西部之间的竞争地位因此发生差异，西部地区处于相对不利的地位。第二，外资的进入成本差异。外资进入中国，特别是中小资本的进入，注重的主要是短期利益。相比西部地区，外资，特别是有形资本在进入东部时，不存在从口岸再到西部的中转环节，进入成本明显小于西部。再加上各种优惠政策及报关、注册方面的简易程序，进入成本就更低。这种情况下，即便给西部同样的政策和优惠待遇，西部的进入成本仍然高于东部，外资仍然会首选东部，如果享受不到与东部同样的政策倾斜和优惠待遇，无疑等于给外资进入西部设置了一道屏障。因此造成了在1985—1995年我国东西经济带实际利用外资总额中，东部沿海地区占87.3%，西部仅为4.29%（见《国法学》，97增，第38页）的局面。在利用外资问题上，西部地区完全处于竞争劣势。虽然西部地区也采取了许多具体措施吸引外资，但由于无法克服外资进入成本偏高的实质性障碍，所能吸引的外资仍然很少。

2. 贸易。按国家设立经济特区和开放东部的初衷，原本是以东部为试验区，通过各种政策倾斜和优惠待遇吸引外资和先进技术并出口制成品以换取外汇，推动国家经济的整体发展。但在这一过程中，港澳台地区及外国的许多淘汰设备和技术很快登陆东部，制成品大肆扑向内陆地区，西部地区的市场充斥的多是东部货。某些东部地区在唯金钱主义的驱使下，对经营、生产活动完全放手，假冒伪劣以及走私产品随之大量出现。大量低质、假冒伪劣产品流向西部，使西部原本就很脆弱的民生产业体系受到了很大冲击，许多企业被迫关门倒闭，甚至出现劣胜优汰的结局。继之而来的是一系列公开和隐蔽的地方行政保护。所以，如果不对东西部的分工协作关系从根本上加以正确定位，要解决已经存在的区际贸易冲突，克服地方保护主义、缩小东西部地区的收入差距，就只能是纸上谈兵综上可见，而西部地区的低效率资源配置，并非单纯源于西部的原因，更重要的是因为国家没能适当调整东西部的利益关系和东西部之间本来就存在的利益冲突。这些矛盾和冲突就为依法解决这些问题，把西部地区真正推向发展之路提供了法律空间。

法律对策

研究西部发展的法律对策，应着眼于解决西部地区的低效率资源配置问题，具体的法律对策应从两方面入手。一是从清晰产权的角度，使我国西部地区经济的外在利益能够得到正常的价格，从而维护西部地区产权的完整性，从根本上避免过度开采、滥砍滥伐的粗放式经营策略。二是针对东西部地区的不公平竞争，采取相应的法律手段，矫正各自在竞争中的地位，并在东西部地区经济之间建立起良性、有序的交易关系，逐步克服东西部之间的经济差距。

（一）关于建立国家补偿制度

既然西部地区在资源、国有企业、科技教育、农林牧业等领域都发挥了积极的外在效应，并惠及整个国家，包括东部工业经济发达地区，理所当然的，每受益者都理应为其所获利益支付价格。这里必须克服两个误区：一是西部地区所获补偿应属其资源使用的正常价格，绝不是什么救济款、扶贫基金，应将其严格区别开来，并纳入法制化的轨道。二是作为一种外在效应，按照科斯定理的理解，在实现产权的完整界定以后，可任由当事者依市场原则自由解决。但应看到，科斯定理论及的是私人产权，而本文所谈产权并不仅仅限于私人产权，更多涉及的是区域利益。对此，运用市场的办法是不能解决的，所以，我们一直提倡的东部帮西部，一省包一省的做法并不是解决问题的根本出路。事实上，对外在性的克服，各国多是依据庇佑原则，即征税和津贴的办法解决的。有鉴于此，本文认为有必要建立国家补偿制度，即由国家对西部地区经济的外在性预以补偿。但国家补偿应属专项补偿，应与正常的财政转移支付区别开来，不能用转移支付替代补偿，也不能用补偿替代转移支付。

作为制度化的国家补偿制度，可依据资源使用、国有企业、科技教育、农林牧业的实际情况区别进行，在不同领域确定不同的标准，还可参照一些其他指标，如水土流失、环境质量、教育水平与数量等指标进行具体的量化。国家补偿制度可作为西部开发法的一项独立内容，也可单独立法。

（二）关于设立西部经济特区

开发西部已成为本世纪中国社会、经济发展最迫切的问题之一。设立西部经济特区将是解决这问题的一个最有效途径。此外，设立西部经济特区也必将成为日渐成熟的中国经济向中西亚及前苏东国家渗透的主要桥梁，具有深远的战略意义；也有助于在广大的西部地区形成多个发展极，并不断向周边扩散，推动西部经济整体向前迈进；有助于冲破既成的思维模式即在东部走向成熟以后，东部没落产业和技术会向西部转移的保守观念，使西部地区在大开发的初期就进入一个高起点的产业进程，并成为西部邻国的技术和高精尖商品的主要供货地，不仅带动西部地区进入产业化时期，对西部邻国的经济也会发挥强大的推动作用。由于西部在经济环境等方面与东部存在较大差异，新设立的西部经济特区不仅应享受东部特区全部的倾斜性政策，有必要在一定时期内实行超特区政策，使西部特区在某些方面比东部特区更具吸引力，以此弥补西部在投资环境、通信、交通、人才等方面与东部的差异，使西部特区与东部特区真正站到同一起跑线上，发挥出特区应有的作用。

（三）关于外资税收优惠

外资税收优惠作为吸引外资的一种主要手段，虽然长期以来争议很大，但在实践中，税收优惠对吸收外资确实起到了积极作用。由于我国西部地区在吸引外资时，存在着许多相比东部不利的条件。因此，即使实行完全类同于东部地区的税收优惠政策，也不如东部对外资更具吸引力。基于此，本文认为在西部开发初期，应实行相比东部更优惠的外资政策，以克服妨碍外资流入的某些不利条件。（1）在减免费时间上应相对长于东部。由于西部存在许多不利条件，外资在西部进入正常盈利状态的周期必然会长于东部,适应这种特殊性,减免税的优惠期也应适当延长。(2)优惠范围应当适当放宽。可采取放松外商投资的技术要求、规模限制,并适当降低产品出口比例要求。(3)对进入西部设立的外商投资企业特许享受投资总额内的进口设备和原材料的减免关税和进口环节税优惠,以抵销外资从口岸进入西部的进入成本,使东西部对外资具有完全相同的吸引力。(4)在直接税收优惠基础上,适当采取一些间接税收优惠措施,如加速拆旧、扩大费用扣除范围和提取列支标准,以及提高抵扣等方式,鼓励吸引资本密集的大型外资项目,促进西部地区高新技术产业的发展。